Adi
15.10.97 #12

D1753879

Impressum:

Copyright © 1997 by Achim Stößer

dot Verlag
Dr. Dotzler Medien-Institut
Birsteiner Str. 16, 60386 Frankfurt

Digitalsatz: Achim Stößer
Titelbild: Achim Stößer
Umschlaggestaltung:
Fotografikdesign Gerhard Weber, Hainburg

Digitaldruck und Verarbeitung:
Hofmann Offsetdruck + Repro, Traunreuth

ISBN: 3-930617-05-6
Kurztitel: Stößer, A., Virulente Wirklichkeiten

Der Preis dieses Buches versteht sich
einschließlich der gesetzlichen Mehrwertsteuer

Achim Stößer

Virulente Wirklichkeiten

Erzählungen

herausgegeben von
Dr. Dotzler Medien-Institut

Inhalt

Virulente Wirklichkeit	7
Spurlos	35
Der elektrische Tellerrand	39
Lärm	71
Die Erdbeerdiebin	75
Packeis	111
Der Test	115
Blutige Engel	131
Sternsplitter	137
Amadeus	147
Kampfpause	159
Chronopsie	167
Das Mal	183
Kunstlicht	193
Sachschaden	213
WWW	217
Maulkörbe	229
Die Welt auf dem Dachboden	239
Erdpech	249
Chips und Spiele	255
Die Wunschmaschine	263
Atlantis	293
Veni, vidi	301
Glogauer pflügt	323

Virulente Wirklichkeit

> *Any sufficiently advanced technology*
> *is indistinguishable from magic.*
> Arthur C. Clarke

Der Minutenzeiger kroch auf die Null zu, während der Stundenzeiger kurz vor der Dreizehn lauerte. Alyssa konnte sich kaum noch auf ihre Arbeit konzentrieren, immer wieder haschte ihr Blick nach der Uhr in der Bildschirmecke. Der Sekundenzeiger überholte den Minutenzeiger, doch dieser sprang ihm nach, und gleichzeitig erreichten beide die Null; die Uhr schlug, der Sekundenzeiger lief weiter, während sein größerer Bruder sich ausruhte.

Mittwoch, dreizehn Uhr: Feierabend, Wochenende.

Alyssa beendete die Sitzung, dehnte und reckte sich. Die zwölf Wochenarbeitsstunden gingen nicht mehr so spurlos an ihr vorüber wie früher. Auf dem Terminal meldete die Kücheneinheit, daß das Mittagessen fertig war.

Sie stand auf und schlenderte ins Wohneßzimmer, wo die Vorspeise, ein grüner Salat mit Rapunzeln, Kresse und Keimlingen, bereits auf dem Tisch stand. Sie hatte der Küche die Wahl überlassen, aß lustlos und abwesend; sie war nicht wirklich hungrig.

Das Telefon läutete. „Ja?" sagte Alyssa; Alexander erschien auf dem Bildschirm.

Er nickte grüßend. „Entschuldige, du ißt gerade? Ich habe nicht daran gedacht, daß bei euch erst Mittag ist."

„Wo bist du? Noch in Wagga Wagga?"

„Nein, nein, in Wollongong. Ein Computerfehler in der Bahnleitzentrale hat ganz New South Wales lahmgelegt. Ich werde frühestens in einer Stunde in Sydney sein, dann bin ich gegen 19:00 Uhr MEZ in Frankfurt."

„Schade, so spät erst."
Alexander hob bedauernd die Schultern. „Leider, leider. Noch dazu wird dann für mein Zeitgefühl gerade die Morgendämmerung anbrechen. Nichts zu machen. Bis heute abend, Schatz. Und viel Spaß in Fancy."
„Wer sagt denn, daß ich nach Fancy gehe?"
„Gehst du nicht, jetzt wo du die Temps hast?"
„Sicher. Bis bald, und komm gut an." Alyssa warf ihm eine Kußhand zu, und der Schirm zeigte wieder eine Rousseausche Dschungellandschaft.

Sie schluckte den letzten Bissen der gebackenen Bananen, kratzte ein paar Buchweizenreste zusammen, stand vom Eßtisch auf und ging ins Schlafzimmer.

Auf dem Boden lagen immer noch die alten Databoots und -gloves, die Eyephones, die dem Träger ein bewegtes Stereobild vermittelten, und doch nur noch Spielzeug waren, jetzt, wo sie die Tempatches hatte, funkelnd, glänzend neu. Erst dreimal hatte sie damit Fancy besucht.

Sie machte es sich auf dem Wasserbett bequem und stülpte die Klammer über den Kopf. Die kühlen Kontaktplättchen legten sich an ihre Schläfen, Alphawellen drangen in ihr Gehirn, der Raum um sie verblaßte, und Alyssa wurde Gwendolyn.

Prinzessin Gwendolyns Zimmer war groß und hell, die weichen Teppiche auf dem Boden und an den Wänden leuchteten in bunten Farben. Es wimmelte auf ihnen von Phantasietieren; Gwendolyn mochte einen ganz besonders, auf dem nur schwarz-weiße Fabelwesen abgebildet waren: brütende Skunks; karottenkauende Pandas; ein Pinguinschwarm am Himmel; Zebras, die sich faul auf dicken Ästen räkelten; Elstern, die nach Schwertfischen tauchten; Weißkopfadler und wundertätige Nonnen.

Gwendolyn betrachtete sich in einem Spiegel, der fast eine ganze Wand ausfüllte. Sie war jung, keine zwanzig, nicht einmal halb so alt wie Alyssa. Ein Diadem aus Silber und Saphiren krönte ihr ebenholzschwarzes Haar, das sanft geschwungen über ihre bloßen Schultern floß. Das ebenso dunkle Kleid, besetzt mit Lapislazuli, von den Hüften bis zum bodenberührenden Saum glockenförmig aufgeplustert, pompöse Puffärmel, mit Goldfäden durchwirkter Tüll und scharlachrote Schleppe waren ihrer Stellung durchaus angemessen, doch bestenfalls bei offiziellen Anlässen zu tragen. Rasch entledigte sie sich, ohne eine ihrer Zofen zu bemühen, ihrer Kleidung und ihres Schmucks, und legte ein zweckmäßigeres Wams, Beinkleider und Gamaschen an, die so stark mit Indigo gefärbt waren, daß sie fast schwarz wirkten wie der Burnus eines Targi. Nicht, daß Tuareg hierhergehörten.

„Auf geht's!" rief sie fröhlich und gab Fips, dem blauen Zierdrachen, der auf seiner Stange saß und vergnügt vor sich hin quietschte, einen Wink.

„O, oh!" antwortete Fips. „Das wird böse enden. Böse enden." Doch gehorsam faltete das Drächlein seine rosa Fledermausflügel auseinander, flatterte durchs Zimmer und landete elegant auf Gwendolyns Schulter.

Gwendolyn öffnete die schwere Eichentür und stürmte die Wendeltreppe hinab. Nur wenige Fackeln vor rußgeschwärztem Gemäuer beleuchteten die Stiegen, doch selbst in finsterster Nacht wäre Gwendolyn nicht langsamer gewesen.

„O, oh!" rief Fips und klammerte sich mit seinen winzigen Vorderpfoten in ihrem Haar fest.

„Sattle Er Grobian!" gebot sie, bei den Stallungen angekommen, und kurz darauf führte der Stallmeister, der sich wieder und wieder verbeugte, so daß er an ein pickendes Huhn erinnerte, Grobian, den anthrazitgrauen Lieblingsreitdrachen der Prinzessin, am Zügel heraus.

„Hör Er auf mit diesen albernen Verrenkungen, und mach Er, daß Er vorankommt!"

Grobian war tumb und plump, doch kräftig und ausdauernd, wie geschaffen für lange Reisen. Er grunzte in Erwartung des bevorstehenden Abenteuers.

„Jemine!" seufzte Fips. „Da können wir uns wieder auf etwas gefaßt machen, was, alter Junge?" Er flatterte nervös von Gwendolyns Schulter und vor ihrem Gesicht auf und ab.

„König Pippin, König Pippin hat gesagt –"

Sie schwang sich in den Sattel. „Papperlapapp! Mein Vater ist vor Monaten nach Vanity gereist, um König Balthasar zu besuchen. Willst du mir wieder meinen Ausflug verleiden, kleiner Angstdrache?"

„Ich mein' ja nur, ich mein' ja nur. Tsk, tsk, das wird böse enden."

Mit rasselnden Ketten hob sich das Fallgitter. Grobians Krallen kratzten über die hölzerne Zugbrücke, ein paar Hausdrachen, die am Burggraben weideten, trotteten gemächlich beiseite, als das schwere Tier durch ihre Herde fegte und in einer Staubwolke davonstob.

„Wohin soll's diesmal gehn, wohin?" fragte Fips.

„Nun," antwortete Gwendolyn nachdenklich. „Reichskristallwald, Immermeer und Nimmermeer im Westen habe ich bereits gesehen; die Eisriesen im Norden können mir auch geraume Zeit gestohlen bleiben; im Osten gibt es nur Berge, Trümmer und Geröll – also, auf nach Süden!"

„Nach Süden", quietschte Fips. „Das wird böse enden."

„Schnickschnack!" Gwendolyn setzte sich im Sattel zurecht. Grobian fiel in einen fast gemächlichen Trab.

„Menü", gebot sie, und augenblicklich erschien vor ihr in der Luft eine Schrift aus loderndem Feuer. „Was nehmen wir diesmal?" fragte sie und fuhr mit der Hand durch die Flammen. Die Schrift veränderte sich. „Wald, das kann nie schaden." Das Wort brannte heller. „Eine Fee hätte ich gern." Auch dieses Wort leuchtete auf. „Orte... ,Meer der vergessenen Gedanken'? Das klingt hübsch. Flüssiges Gestein? Fein. Was ist das: Feuer, Wasser, Erde, Luft und Quintessenz? Meinetwegen, wir werden sehen. Zufallsfaktor – sagen wir null Komma vier."

„O je, nicht so hoch, nicht so hoch! Das ist viel zu gefährlich."

„Ach was, Humbug! Wenn alles so klar voraussehbar ist, wird es doch langweilig. – Menü Ende, Zeitraffer!" Die Flammenschrift erlosch, und sofort raste die Landschaft an ihnen vorbei, der Wind peitschte ihnen ins Gesicht, fahnengleich wehte Gwendolyns Haar, Grobians Beine verschmolzen zu unscharfen Farbflecken, die Wolken am rosa Himmel türmten sich auf und stürzten wieder in sich zusammen, die Sonne glitt übers Firmament, verschwand hinter dem westlichen Horizont, die Sterne erschienen, die drei Monde eilten der Sonne hinterher; das Universum schien sich um sie zu drehen, Sonne und Monde jagten einander wie verspielte junge Kollerkobolde. Tag und Nacht vergingen wie im Flug. „Normalgeschwindigkeit", befahl Gwendolyn. Wenn sie die Sonnenaufgänge richtig gezählt hatte, dann hatten sie sieben Tagesreisen hinter sich gebracht.

Gerade erreichten sie den Rand eines Walds. Die Bäume standen hier nicht sehr dicht, und sie ritten hinein.

„Oha!" rief Fips. „In Wäldern lauert die Gefahr!"

„Hunger!" grunzte Grobian.

„Ein Weilchen noch, Vielfraß."

Grobian trabte unlustig weiter. Als sie zu einem Bach kamen, folgten sie ihm bis zur Quelle. Der Bach entsprang inmitten einer kleinen Lichtung. Gwendolyn saß ab, und Grobian machte sich augenblicklich daran, Gras zu rupfen. Glitzernd und funkelnd brach sich das Sonnenlicht im Wasser, das geschwätzig plätscherte und gluckste. Nymphen zirpten, irgendwo hämmerte eine Sylphide, Blumenelfen sangen. Gwendolyn glaubte, leises Truthahnkollern zu hören, doch sie wußte, daß es Gobblehobgoblins waren.

Sie schöpfte etwas Wasser und trank. Fips sprang von ihrer Schulter, tauchte in die Quelle und planschte prustend und spritzend darin herum.

„O, oh." Der Drache rührte sich nicht mehr, wie festgefroren starrte er blaßblau vor Schreck auf etwas hinter Gwendolyn.

„Was hast du nun schon wieder?" Sie wandte sich um.

Grobian graste, als sei nichts geschehen. Doch neben ihm stand ein eigenartiges Wesen. Wie Nebel sah es aus, doch zugleich lebendig. Augen, Nase, ein Mund waren zu erkennen, auch wenn die Schwaden unruhig waberten.

„Wer bist du?" fragte Gwendolyn.

Eine süßliche Stimme ertönte: „Siehst du das nicht? Ich bin eine Fee, *n'est-ce pas?*"

„Eine so merkwürdige Fee, verzeih, ist mir noch nie begegnet."

„*Alors*, eigentlich bin ich Gynäkologin." Die Fee wogte hin und her.

„Wie bitte?" Natürlich waren nicht alle Wesen in Fancy simuliert, viele wirkliche Menschen hielten sich hier in unterschiedlichsten Gestalten auf, verbunden über das Netz. Doch es war unmöglich, zu entscheiden, wer von draußen kam, das machte gerade den Reiz aus. Fips und Grobian waren Gwendolyns Geschöpfe, alles andere, Menschen, Tiere, Feen, ja selbst Bäume und Büsche, konnten virtuelle Entitäten von Personen sein. Solch eine ernüchternde Bemerkung verstieß eindeutig gegen die Netiquette.

„Ich sagte: Schön, daß du hier bist, Gwendolyn, *ma chère.*"

Das hatte sie gewiß nicht gesagt, aber Gwendolyn ließ es dabei bewenden; Fips, der selbst Teil dieses Trugbilds war, ignorierte solche Vorkommnisse selbstverständlich, da sie nicht zu Fancy gehörten.

„Woher kennst du meinen Namen?" fragte Gwendolyn.

„*La belle affaire!* Ich kenne alle Namen. Wenn du gestattest, werde ich dir drei Fragen stellen. Als Lohn winkt, so du sie richtig beantworten kannst, je ein weißmagisches Accessoire. Bist du bereit?"

„O, oh. Ich trau' der Sache nicht, ich trau' ihr nicht."

„Willst du wohl still sein! – Aber ja, frag nur, ich habe dabei schließlich nichts zu verlieren, oder?"

„*Mais non!*" Die Nebelgestalt schwebte zu einem nahen Baum und winkte Gwendolyn, ihr zu folgen.

„Nun zieh an einem dieser Fäden, *s'il te plaît.*"

Von einem Ast hingen Hunderte von Spinnfäden. Gwendolyn wählte einen aus und zupfte daran. Augenblicklich huschte eine Christspinne an ihm herab. Statt des Kreuzes trug sie auf dem Rücken ein Zeichen, das wie ein winziges W aussah.

„M", sagte die Fee. „*Très bien.* Die erste Frage lautet: Was bedeutet ‚Mäeutik'?"

Gwendolyn lachte innerlich, bemüht, ihre Lippen ruhig zu halten. Mit dem Thesaurusimplantat in ihrem Kopf waren solche Rätsel gewiß kein Problem. Sie schloß die Augen und las vor: „Die Mäeutik ist ein Lehrverfahren des Sokrates, durch geschicktes Fragen auf die Lösung des Problems hinzuführen."

„*Ah, oui!* Hier ist dein erster Preis." Ein Teil des Feennebels waberte deutend in Richtung eines flachen Steins. Eine Wolke von Glitzerstaub wirbelte darüber, verdichtete sich, bis dort schließlich eine Feder lag. „Diese Kakadufeder."

„Kakadu?" quietschte Fips auf Gwendolyns Schulter. „Herrje, Ammenmärchen. Kakadus gibt es nicht."

„*Mon dieu!* Diese Feder, wenn du sie fallen läßt, verleiht dir die Gabe zu fliegen. Dazu sag folgenden Zauberspruch auf:

Garan, Vege, Sabo, Sor,
Resul, Hauptquar, Imi, Por,
Respek, Vorda, Exis, Arre,
spannen wir vor unsre Karre.
Dreizehn, fünef, sieben, vier,
jedes -tier ist ein Pläsier;
Ampu, Mon, Jus, No und Dik,
bringen uns jedoch kein Glück.
Murmel aber, Maul und Schnabel
sie gehörn ins Reich der Fabel."

„Herrjemine, wenn wir das nur nicht übersetzen müssen. Fliegen, das ist doch nichts Besonderes, nichts Besonderes."

„Schscht! – Ist dieser Spruch wirklich notwendig?"

„*Non.* Ich dachte nur, das macht es etwas interessanter. Du kannst auch ein wenig Latein versuchen. Doch nie darfst du den gleichen Zauber erneut gebrauchen – *bis repetita non placent*. Bist du bereit, die zweite Frage zu beantworten? *Pardon,* ich vergaß, wenn du die rechte Antwort nicht weißt, verlierst du die Flugfeder wieder."

„So ist das! Was ist der zweite Preis?"

„*C'est une surprise.*"

„Na schön. Ich wag's."

„Tu's nicht, tu's nicht!"

„*Alors*, die zweite Frage: Was ist der *Malleus maleficarum*?"

Gwendolyn tat, als müßte sie darüber nachdenken. „Der Hexenhammer", antwortete sie. Dazu gab es einen Querverweis mit einem ellenlangen Eintrag, den sie größtenteils übersprang: „Der von den dominikanischen Inquisitoren Sprenger und Institoris verfaßte Kommentar zur Hexenbulle Papst Innozenz' VIII zur systematischen Verfolgung von Hexen."

Die Fee nickte. „Der zweite Preis, *voilà*." Auf dem flachen Stein neben der Feder entstanden wie aus sprühenden Wunderkerzen zwei Glasfläschchen. „Du trinkst jenes, welches leichtes Wasser enthält, aus. Das aber, welches schweres Wasser enthält, schüttest du in einen Fluß oder See, und schon bist du in der Lage, übers Wasser zu gehen, ganz wie über feste Erde."

„Wozu das, wenn du fliegen kannst", flüsterte Fips, „wozu?"

„Zu Risiken und Nebenwirkungen fragen Sie ihren Arzt oder Apotheker", bemerkte die Fee. Gwendolyn sah sie scharf an.

„Frage drei, so du bereit bist, und die beiden ersten Accessoires aufs Spiel setzt."

„O, oh. Ich sag' nichts, ich sag' nichts."

„Nur zu."

„Diese Aufgabe besteht aus zwei Teilen. Erstens: Was ist ein magisches Quadrat?"

„Ein magisches Quadrat, auch Hexeneinmaleins genannt, ist ein Quadrat, das schachbrettartig in Zahlenfelder eingeteilt ist, deren Summe waagrecht, senkrecht und diagonal gleich ist", sagte Gwendolyn. Sie überflog den Text, der vor ihrem inneren Auge vorüberzog. „Zunächst in China, etwa das Saturnsiegel."

Sie nahm einen Zweig, kratzte ein paar Linien in den Sand und kopierte das magische Quadrat aus dem Thesaurus:

4	9	2
3	5	7
8	1	6

„Später beispielsweise in Dürers *Melancolia*." Sie fuhr fort, in den Sand zu schreiben:

16	3	2	13
5	10	11	8
9	6	7	12
4	15	14	1

„*Excellent!* Das ist fast schon der zweite Teil der Aufgabe: gib mir ein magisches Quadrat der Ordnung Sieben!"
Gwendolyn wischte ihre Zeichnung aus. Ein so großes Quadrat war in ihrem Thesaurus nicht angegeben. Sie schloß die Augen. War nun alles verloren? Doch sie hatte Glück: für ungerade Zahlen war ein Verfahren angegeben. Sie zeichnete ein Quadrat in den Sand und unterteilte es in 49 Felder. „Wir beginnen in der Mitte der ersten Zeile", sagte sie und trug an der genannten Stelle eine Eins ein. „Falls die gerade bearbeitete Zahl durch – hm, sieben – teilbar ist, ist im darunterliegenden Feld, sonst im rechts darüber liegenden fortzufahren." Sie bewegte den Zweig nach rechts oben – außerhalb des Quadrats. „Nanu? Oh, falls die erste Zeile oder die letzte Spalte überschritten wird, ist im gegenüberliegenden Feld fortzufahren." Sie schrieb eine Zwei ins fünfte Feld der letzten Zeile, eine Drei und Vier jeweils rechts darüber, die Fünf ins mittlere Feld der ersten Spalte, die Sechs und die Sieben jeweils rechts darüber, die Acht unter die Sieben, und so fuhr sie fort, bis das magische Quadrat vollständig war:

30	39	48	1	10	19	28
38	47	7	9	18	27	29
46	6	8	17	26	35	37
5	14	16	25	34	36	45
13	15	24	33	42	44	4
21	23	32	41	43	3	12
22	31	40	49	2	11	20

Auf diese einfache Methode reduziert, hatte das magische Quadrat absolut nichts mehr Magisches an sich. „Die Summe in jeder Zeile, Spalte und den beiden Diagonalen beträgt ...", sagte sie prahlerisch und murmelte vor sich hin: „Sieben mal – 49 plus eins, fünfzig – dreihundertfünfzig, durch zwei ..." Mit fester Stimme fuhr sie fort: „Einhundertfünfundsiebzig."

„Ah, c'est ça!" Neben der Feder und den Arzneifläschchen erschien inmitten funkelnder Sternchen eine Lupe. „Betrachte dich durch dieses Vergrößerungsglas, sag einen passenden Zauberspruch dazu auf, und du wächst und wächst und wächst. Adieu." Die Fee verblaßte, ihr nebelhafter Leib wurde noch vager, löste sich auf. Tausende von Christspinnen, die allesamt ein M auf dem Rücken trugen, fielen vom Baum wie reifes Obst und wuselten in alle Richtungen davon.

Gwendolyn spürte, daß sie tatsächlich durstig war. „Pause!" sagte sie. Der Wald um sie herum verschwand, sie lag auf ihrem Bett.

Alyssa nahm die Klammer ab und ließ die Küche einen Fruchtsaft aus Äpfeln, Orangen und Kiwis zubereiten. Am Terminal las sie die eingegangene Post, während sie trank. Den Großteil überflog und archivierte sie, eine Nachricht markierte sie als ungelesen, um sie später zu beantworten. Dann schlenderte sie zurück ins Schlafzimmer, stellte das Glas ab, legte sich hin und setzte die Klammer wieder auf.

Zurück auf der Lichtung ging Gwendolyn zu Grobian, der noch immer fraß – Grasbüschel hingen links und rechts aus seinem Maul, während der Unterkiefer geräuschvoll auf und ab mahlte –, verstaute Feder, Fläschchen und Vergrößerungsglas in der Satteltasche, saß auf und ritt weiter.

Rasch brach die Nacht herein. Als sie ein Licht entdeckte, stieg sie ab und schlich vorsichtig näher. Sie fand einen Jägersmann an seinem Lagerfeuer. Es roch nach gebratenem Fleisch. An einem einfachen Spieß, der über zwei in die Erde gebohrten Astgabeln lag, röstete der gehäutete Kadaver eines Gobblehobgoblin. Der Kobold hatte ausgekollert. Mit einem Messer, dessen Griff aus Drachenhorn gefertigt war, schnitt der Jäger große Stücke vom Fleisch. Zischend tropfte Saft ins Feuer. Ringsum waren Engelbälge zum Trocknen aufgehängt, stattliche ausgewachsene Engel mit prächtigem Gefieder ebenso wie junge, kaum größer als ein Kartoffelgnom. Manche Leute mißbrauchten Fancy, um ihre perversen Phantasien auszuleben. Entsetzt, und froh, unbemerkt geblieben zu sein, ritt Gwendolyn weiter.

Der Wald schien sich zu verändern, der Boden wirkte wie ein brauner, grobgewebter Teppich, die blattlosen, toten Bäume schimmerten in geisterhaft bleichem Grün. Dazwischen wuchsen zehn Fuß hohe, modrig riechende Pilze. Mondschatten schienen nach ihr zu greifen, leuchtende Augen beobachteten sie von ringsum, Dryaden huschten vorbei, Trolle flitzten vor ihr über den Boden und die Stiele von Riesenschirmpilzen und Spitzmorcheln hinauf. Es wirkte unheimlich, und der Schreck über den Jäger saß ihr noch so in den Gliedern, daß sie im Zeitraffer ein paar Augenblicke bis zur Dämmerung verstreichen ließ.

Morgennebel trieb zwischen den Bäumen, sie konnte kaum weiter sehen als bis zum nächsten Stamm. Tau rann über Grobians ledrigen Kopfschild, mit jedem Schritt lösten sich seine Füße schmatzend aus dem morastigen Boden.

„Ich habe Euch bereits erwartet, Prinzessin!" Die Stimme,

nachhallend wie ein Echo, schien von überall zu kommen und von nirgends. Fips flog vor Schreck quietschend auf. Gwendolyn sah sich um. Niemand war zu sehen.

„Hierher, Prinzessin!" Heiser und rauh klang es.

Gwendolyn lenkte Grobian zur Seite, wieder zurück, hin und her, bis sie schließlich inmitten des Nebels eine Gestalt entdeckte. Ein gnomenhafter Greis kauerte auf einem Baumstumpf, sein Bart schien fest mit den Wurzeln verwachsen. Runzlig und zerfurcht wie Borke wirkte seine wettergegerbte Haut.

„Wer seid Ihr, Herr?" fragte Gwendolyn. Jetzt erst erkannte sie, daß der vertrocknete Greis nicht auf einem Stumpf saß – er wuchs aus ihm heraus, der Baumstumpf war sein Unterleib. Er hustete, sein Körper wankte dabei vor und zurück, knarrte wie eine alte Eichentür.

„Wenn Ihr meinen Namen wissen wollt, Prinzessin, so tut es mir leid, ich habe ihn schon vor tausend und abertausend Jahren vergessen. Ich bin nur ein alter Baumgeist, müßt Ihr wissen." Er hustete wieder, sein Atem ging rasselnd. In der Hand hielt er eine kleine, blaue Schachtel. Er schnippte mit dem Finger dagegen, eine Zigarette sprang heraus, und er klemmte sie zwischen die Lippen. „Wenn Ihr mir Feuer geben könntet, wäre ich Euch zu äußerstem Dank verpflichtet."

Gauloises, bemerkte Gwendolyn. Nur mit Mühe widerstand sie der Versuchung, etwas darüber zu sagen; Tabak gehörte nicht hierher. Stattdessen gab sie Fips einen Wink.

Der kleine Drache flatterte auf die Zigarette zu, würgte Alkohol aus seiner Gärblase in die Mundhöhle und prustete. Durch ein funkensprühendes Krallenschnippen entzündete er die Wolke aus feinsten Tröpfchen. Flammen loderten vor seinem Mund und erloschen. „O, oh", sagte er. „Das wird böse enden." Er flog zurück auf Gwendolyns Schulter und nieste. Das Ende der Zigarette glühte.

Es war ein Glück, daß sie Fips dabei hatte, Grobian hätte lediglich Methan aus seinem Wiederkäuermagen gerülpst und den Baumgeist versengt.

„Ich danke Euch, verbindlichsten Dank", sagte der Baumgeist, stieß Rauch durch die Nase aus und hustete.

„Gern geschehen, es ist Eure Lunge." Sie kniff die Lippen zusammen. Nun begann sie schon selbst, Gedanken von draußen einzuführen. „Kann ich sonst noch etwas für Euch tun?"

„Das nicht, doch ich kann etwas für Euch tun." Sein Blick wurde glasig. „Ihr müßt das Meer der vergessenen Gedanken suchen, Prinzessin wo Ihr ..." Bei sich murmelte er: „Wer denkt sich nur immer diese albernen Namen aus?" Wieder hustete er, dann sank er in sich zusammen. Speichel rann aus seinem Mundwinkel. „Macht Euch keine Sorgen. Märchen gehen immer gut aus."

„Tsk, tsk!" zischte Fips.

„Wo ich was?" fragte Gwendolyn.

Der Baumgeist hustete nur, sabberte und röchelte.

„Nun sagt schon!"

Ein Moosweiblein trat zwischen den Bäumen hervor, ein weiteres und ein Moosmännlein folgten ihm. Die drei kicherten und tuschelten. Sie sahen fast menschlich aus, trotz ihrer Schweinsnäschen und dem Püschel auf dem Kopf, kaum einen Fuß groß und ganz in Moos gekleidet. „Reite weiter südwärts, Prinzessin", sagte eines der Moosweiblein, während die beiden anderen schnatternd den Baumgeist bestiegen und ihn mit einer Salbe beschmierten. „Du folgtest dem Fluß der ungedachten Dummheiten. So gelangtest du schließlich ans Meer der vergessenen Gedanken." Die Moosleute hatten große Schwierigkeiten, Vergangenheit und Zukunft zu unterscheiden.

Der Baumgeist schüttelte sich knarrend. „Geht, geht und laßt mich allein. Verschwindet!" Er konnte kaum noch sprechen; es war nicht zu erkennen, ob er Gwendolyn oder die Moosleute meinte. Winzige Tatzelwürmer mit kaum entwickelten Beinen, Schwänzen und Flügeln wanden sich aus seinem morschen Stumpf.

„Na schön, ich wollte ohnehin nach Süden, also was soll's?"

„Herrje, herrjemine, wenn das nur gut geht."

„Ich danke Euch, Baumgeist, und auch euch, ihr Moosleute."

„Nichts zu danken", schnatterte das Moosmännlein, „wir werden schon immer gern verirrten Wanderern helfen und taten dies auch in Zukunft."

Der Baumgeist schien Gwendolyn nicht mehr wahrzunehmen, und so ritten sie weiter. Bald verklang das Husten hinter ihnen, vielleicht, weil die Salbe der heilkundigen Moosleute half, vielleicht, weil sie sich entfernten.

Gwendolyn seufzte. „Märchen gehen immer gut aus, wie tröstlich."

„Oha, nicht für die Hexe und den Wolf", bemerkte Fips. „Und auch nicht für den bösen Drachen, den bösen Drachen."

Das Reittier grunzte protestierend. „Grobian lieb."

„Nicht doch, von dir hat niemand gesprochen." Gwendolyn tätschelte seinen Kopfschild. „Ich frage mich, was geschähe, wenn wirklich Drachen als Tribut dafür, daß sie das Königreich nicht verwüsten, alljährlich eine Jungfrau forderten, um ihren eigenartigen Geschmack *in puncto puncti* zu befriedigen."

Fips sah sich verdutzt um. „Nanu! Was zauberst du nun?"

„Gar nichts. Ich brüste mich nur mit meiner humanistischen Bildung. Es heißt: hinsichtlich des wichtigsten Punkts, also der Keuschheit, das ist alles. Ich schätze, ein religiöser Kult würde sich entwickeln."

„O nein, o nein. Ich glaube eher, daß es Viehzüchter gäbe, die sich auf Aufzucht und Verkauf spezialisierten."

„Da hast du recht. Oder die Folge wäre, daß alle Eltern ihre Töchter zeitig —"

Ein Wassertropfen zerplatzte auf Grobians Rücken, ein zweiter, einer schlug auf Gwendolyns Kopf. Augenblicke später ging ein heftiger Regen nieder. Fips faltete die Flügelhäute zu einem Schirm über seinem Kopf. Die Regentropfen schlugen kleine Löcher in den Nebel. Gwendolyn hob das Gesicht zum Himmel. Tiefe Risse durchzogen die Wolken, als seien sie geborsten oder von Bergketten aufgeschlitzt.

„He!" rief sie. „Ich habe keinen Regen bestellt! Aufhören, Frau Holle, oder Perchta oder Petrus, Jupiter, Zeus, Thor, Donar, Jahwe, Jehova, Hé-no oder wer immer dafür zuständig ist." Es regnete unvermindert weiter. „Menü!" sagte sie, doch die Flammenschrift erschien nicht. „Menü!" wiederholte sie – sinnlos. Vielleicht war ein Verändern der Parameter mitten im Ablauf der Geschichte nicht vorgesehen, zumindest hatte sie es noch nie versucht; es schien ihr unehrenhaft, sich auf diese Weise aus der Affäre zu ziehen. Sie wußte nicht, ob es möglich war, denn die Mühe, die Bedienungsanleitung zu lesen, hatte sie sich nie gemacht. Andererseits hatte es in Fancy, wenn sie hier war, noch nie geregnet. „Na schön", sagte sie. „Solange ich nicht wirklich naß werde ..."

Erst als sie den Wald verließen, verzog sich der Nebel, und der Wolkenbruch hörte auf.

Bald darauf kamen sie zu einem ausgetrockneten Flußbett. Obwohl es noch kurz zuvor so stark geregnet hatte, war keine Spur von Feuchtigkeit darin zu entdecken. Ein Netz von Furchen zog sich über den Boden, da, wo die Erde geplatzt war. „Knochentrocken", sagte Gwendolyn. „Also wenn das nicht der Fluß der ungemachten Dummheiten ist, weiß ich nicht."

„O nein!" widersprach Fips. „Der Fluß der unge*dachten* Dummheiten. Da wir gerade von Dummheiten sprechen, wollen wir nicht lieber umkehren, wie? Umkehren?"

„Hab dich nicht so, kleiner Feigling, das sind doch Kinkerlitzchen!" Gwendolyn lenkte Grobian die Uferböschung hinab in die Mitte des Flußbetts.

Nach einer Weile pflückte sie von Disteln, die zahlreich am Ufer wuchsen, ein paar Feigen, und aß sie, und von Dornensträuchern Johannis- und Heidelbeeren, die sie sich mit Fips teilte. Es war kalt geworden. Grobians Atem stand in kleinen Wölkchen vor seinen Nüstern. So ritten sie weiter, bis sie schließlich an eine tiefe Schlucht gelangten.

Gwendolyn sah nach unten. Geröll löste sich unter Grobians Füßen vom Rand und fiel hinab. Es fiel und fiel immer tiefer, bis es schließlich in einem Strom glühender Lava versank.

Fips sagte, was er immer sagte: „O, oh." Links und rechts führte die Schlucht bis zum Horizont, ein Ende war nicht abzusehen. „Jetzt müssen wir zurück, hier gibt es kein Weiterkommen, kein Weiterkommen."

„Unsinn, wir überfliegen die Schlucht."

„Das ist gefährlich für dich, bitte nicht, bitte nicht!"

Sie holte die Kakadufeder heraus und ließ sie in die Tiefe fallen. Mit kreiselnden Bewegungen sank sie der glutflüssigen Lava entgegen.

„Den Zauberspruch, vergiß nicht den Zauberspruch!"

„O ja, wie war das noch? Ach was, ein wenig Latein sollte genügen: Es ist zwar eigentlich eine Feder, aber *alea iacta est, in hoc signo vinces.*" Sie spürte, wie sie ihr Gewicht verlor, federleicht wurde, und Grobian unter ihr löste sich von der Erde wie ein Heißluftballon. Doch was war das? Sie trieb fort von der Schlucht statt darüber hinweg.

Fips flog auf. „Ich hab's gewußt!" kreischte er. „Ich hab's gewußt!" Er nahm eine Haarsträhne Gwendolyns zwischen die Kiefer, eine weitere in jede Pfote und schlug mit den Flügeln auf und ab, so schnell er konnte. Sie klammerte sich fest an den Sattel. Es war für das schmächtige Kerlchen nicht ganz einfach, die Masse des Reitdrachen und der Prinzessin gegen die Luftströmung zu bugsieren, er schubste und stieß, zog und zerrte, doch schließlich gelang es ihm. Über der Schlucht ließen die warmen Aufwinde sie noch höher steigen, auf der anderen Seite sanken sie wieder. „Oh", brummte Grobian bedauernd; er hatte den Flug offenbar genossen. Als seine Füße den Boden berührten, fühlte Gwendolyn ihr Gewicht zurückfließen.

„Das hast du gut gemacht, Fips", lobte sie.

Der kleine Zierdrache ließ sich wortlos und keuchend auf ihrer Schulter nieder. Nicht einmal ein „Das-wird-böse-enden" brachte er heraus.

Sie folgten den trockenen, sandigen Mäandern des Flußbetts. Grobians Füße zogen Spuren ins Craquelé der staubiger Risse. Sie ritten, ohne daß etwas Erwähnenswertes geschah, und gerade, als Gwendolyn „Zeitraffer" sagen wollte, stieg ihr ein abscheuliche Geruch in die Nase.

Auch Fips hatte es bemerkt: „Jemine, das kann nichts Gutes bedeuten."

Das Flußbett, das immer breiter geworden war, machte eine letzte Krümmung. Da war es: das Meer.

Alyssa hatte so etwas schon viel zu oft in den Nachrichten gesehen, doch was den Nachrichten fehlte, war der entsetzliche Gestank. Seltsam künstlich wirkten die schmutziggrauen Wellen, die müde auf dem Strand zu gischtloser Brandung ausliefen: Öl.

Wie eine platzende Seifenblase zeigte sich ihr die Erkenntnis: das war nicht mehr ihr Fancy, die fröhliche, atavistische Märchenwelt – es war ein Alptraum. Die Realität war in Fancy eingebrochen – oder ausgebrochen wie ein todbringender Vulkan.

Gwendolyn stieg ab und nahm Grobian beim Zügel. Ölige Klumpen, Seetang, Engel mit verklebtem Gefieder, tote Nixen mit glasigen Augen übersäten den Strand.

„Das Meer der vergessenen Gedanken", sagte sie kopfschüttelnd. „Das genügt. Schluß damit!" Doch das schreckliche Bild blieb. „Aufhören! Ende! Abbruch!"

Fips schwieg.

Sie saß in Fancy fest. „Nothalt!" schrie sie.

Eine dumpfe Stimme ertönte. „Das ist zwecklos."

Gwendolyn fuhr herum. Halb aufs Ufer geworfen wie ein gestrandeter Wal lag eine zwei Meter lange Makrele und sprach. Als Gwendolyn genauer hinsah, bemerkte sie, daß die Makrele keinen Fischschwanz hatte, sondern menschliche Beine, die in verschmierten Jeans steckten. Öl schwappte klatschend über die Füße.

„Es hat keinen Sinn. Wir kommen nicht mehr hier heraus. Glauben Sie, ich hätte es nicht versucht?"

„Was hat das alles zu bedeuten? Wer sind Sie? Kommen Sie von draußen?" Ohne Bedenken verstieß sie gegen die Netiquette.

„Liegt das nicht klar auf der Hand?" Die Makrele wirkte schwach und erschöpft. „Haben Sie nicht Dinge erlebt, die nicht hierhergehören, widerliche Dinge? Sterbende Lichtelfen, bei lebendigem Leib von Tolltrollen zerrissen, Sylphiden, von Sylphen massakriert? Mich hat eine böse Fee verzaubert. Früher hätte ich sie jederzeit überlistet, aber jetzt ... sehen Sie mich an! Ich bin hilflos, verrotte hier inmitten dieser stinkenden Ölpest." Schwären auf der schuppigen Fischhaut unterstrichen seine Worte.

„Aber wie ist das gekommen?"

„In welcher Welt leben Sie eigentlich?" Aufgebracht zuckte der Leib der Makrele, trotz ihrer Schwäche. „Verstehen Sie denn nicht?"

„Nein. Nein, ich verstehe überhaupt nichts mehr."

„Ein Virus! Irgendein Wahnsinniger hat einen Computervirus in das Programm eingeschleust, das diese Pseudorealität aufbaut. Aber es ist kein harmloser Scherz, wie Maden, die über den Bildschirm kriechen und die Fenster annagen, schlimmstenfalls ein paar Daten zerstören. Das ist blutiger Ernst!"

„Das glaube ich nicht! Das kann nicht wahr sein."

„Nein? Dann sehen Sie sich doch um! Versuchen Sie, Fancy zu verlassen!"

Gwendolyn biß sich auf die Unterlippe. „Können wir nichts dagegen tun?"

„Doch. Das ist das Heimtückische, der Virus ist nicht unbesiegbar, der, der ihn erschaffen hat, hat zugleich eine Sollbruchstelle eingebaut; aber er ist nur von innen zu knacken, von außen ist er völlig abgeschirmt."

„Sie haben es versucht?"

„Ja. Bis hierher habe ich es geschafft, dann hat die Kürbisfee mich erwischt. Aber eines habe ich herausgefunden. Sehen Sie dieses Eiland dort?" Die Makrele machte eine vage Bewegung mit der Flosse.

Gwendolyn ließ ihren Blick übers Meer schweifen. Etwa zwei Dutzend Meßketten entfernt entdeckte sie eine kleine Insel. Sie nickte.

„Gut. Dort befindet sich in einer Höhle eine Instanziierung des Virus. Sie muß vernichtet werden. Daß wir hier an diesem Meer sind, ist kein Zufall. Der Virus hat dafür gesorgt, hat uns goldene Brücken gebaut. Gehen Sie! Zerstören Sie ihn!"

„Aber ich kann Sie doch hier nicht allein lassen."

„Es bleibt keine andere Wahl, Sie müssen den Virus vernichten. Hören Sie, wenn Sie es schaffen – ich bin seit vier Tagen hier, und mein echter Körper liegt ebensolang hilflos in meiner Wohneinheit. Sorgen Sie dafür, daß –"

„Selbstverständlich. Wie ist Ihr Name?"

„Leberecht."

„Ich meine draußen, wie soll ich Sie denn finden?"

„Oh, natürlich. Jost Müllerschön, Bochum-Süd."

Sie schaute übers Meer. „Auf dieser Insel, sagen Sie?"

„Ja. Hier, nehmen sie das." Leberecht ließ ein Päckchen aus der Flosse fallen.

Gwendolyn hob es auf und untersuchte es: in Ölpapier eingeschlagene Oblaten. „Was ist das?"

„Geweihte Hostien. Vielleicht werden sie Ihnen nützlich sein."

„Und was soll ich damit anfangen?"

„Transsubstantiation", sagte die Makrele verächtlich.

Sie schlug in ihrem Thesaurus nach. „Ich verstehe."

„Sprechen Sie ausreichend Latein für einen Zauberspruch?"

„Ein wenig. Ich denke, es genügt."

„Gut." Leberecht atmete schwer. „Wie wollen Sie hinüberkommen?"

„Wir werden sehen. Eine gewisse Gesetzmäßigkeit scheint es ja zu geben. Auf Wiedersehen."

„Hoffentlich. Viel Glück."

Gwendolyn wandte sich dem Meer zu.

„Igittigitt, wie das riecht." Fips schüttelte sich. „Das wird böse enden."

Gwendolyn nahm Grobian Sattel und Zaumzeug ab und legte sich die Satteltasche über die Schulter. „Du kannst leider nicht mitkommmen, alter Freund", sagte sie. „Die Kliffs der Insel sind zu steil für dich." Sie nahm die beiden Fläschchen aus der Tasche. Das mit schwerem Wasser gefüllte leerte sie ins Meer, dann hob sie das zweite an die Lippen.

„Nicht!" kreischte Fips. „Du weißt nicht, was das ist, was es bewirkt!"

„Hör auf! Das ist kein Spaß mehr. Ich habe keinen Beipackzettel, und das Etikett sagt lediglich, es sei leichtes Wasser, also muß ich es riskieren." Sie trank aus und setzt dann vorsichtig einen Fuß auf die Wellen. „*Fluctuat nec mergitur*", wisperte sie.

„Was heißt das, was?" fragte Fips.

„Von den Wogen gepeitscht, geht es doch nicht unter."

„Ich sehe schwarz, schwarz."

Sie watete knöcheltief in der Ölschicht, doch das Wasser trug. Sie schwankte, aber wenigstens glättete das Öl die Wogen. Rutschend und schliddernd bewegte sie sich vorwärts. Das Wasser bot weniger Reibungswiderstand als Eis, und bewegte sich noch dazu auf und ab, hin und her, schlimmer als ein Wasserbett. Sie glitt aus, fiel hin, versank mit Knien und Händen in der zähen, klebrigen Ölschicht. Mühsam richtete sie sich auf. Vorsichtig, Schritt für Schritt, näherte sie sich der Insel. Immer wieder strauchelte sie, bis sie über und über mit stinkendem Öl bedeckt war.

Endlich setzte sie ihren Fuß auf die verschmutzten Felsen. Ein hölzernes Schild stand dort, verwittert und flechtenbewachsen. Die Schrift war kaum zu lesen: Insel der gelöschten Datenträger. Gwendolyn schnaubte.

Sie ging daran, den Steilhang zu erklettern. Es begann wieder zu regnen. Der glitschige Fels machte den Aufstieg nicht leichter. Binnen kurzem war ihr Wams durchnäßt und klebte klamm an ihrer feuchten Haut. Ihr Haar wurde schwer vom Wasser. Fips flatterte um sie herum und wies sie auf sichere Tritte und Griffe hin, krallte sich ins Gestein, prüfte hier und da den Halt.

Eine Wurzel, an der sie sich festhielt, löste sich. Erdklumpen stürzten polternd in die Tiefe, nur mit Mühe fand sie ihr Gleichgewicht wieder. Fips schlug entsetzt einen Rückwärtssalto. Er fiel in Ohnmacht und trudelte abwärts. Gwendolyn schrie. Nur wenige Spannen über dem Boden kam der Drache wieder zu sich, flog einen Looping und schraubte sich nach oben. Er blinzelte benommen.

„Du hast mir vielleicht einen Schrecken eingejagt!" sagte Gwendolyn. „Mach so etwas nie wieder!"

Vorsichtig setzte sie den Aufstieg fort. Endlich erreichte sie die Kante der Klippe, wälzte sich darüber und erhob sich.

„O, oh."

Ein Rudel Tolltrolle umringte sie. Sie kauerten auf kurzen Beinen und doppelt so langen Armen, ihre Spanielohren reichten bis zum Boden. Stumpfes, zottiges Fell bedeckte ihren Körper. Zwischen spitzen, rachenbedeckenden Zähnen, die aussahen, als hätten die Trolle einen umgestülpten Igel im Maul, stießen sie ein böses Knurren aus, ihre Katzenaugen leuchteten gefährlich.

Langsam und vorsichtig öffnete Gwendolyn ihre Satteltasche, wickelte die Hostien aus dem Ölpapier und warf sie den Trollen vor. Sie schnupperten mißtrauisch daran.

„*In nomine patri et filii et spiritus sanguinei*", flüsterte Gwendolyn fast lautlos.

Die Oblaten verwandelten sich. Keifend und fauchend stürzten die blutgierigen Tolltrolle sich auf den Köder, zeternd stießen und kratzten sie sich, da jeder dem andern diese Leckerbissen mißgönnte.

Gwendolyn schenkten sie keine Beachtung mehr, und sie machte, daß sie davonkam.

Nach einer Weile entdeckte sie einen Pfad, dem sie folgte. Schließlich sah sie von einem Hügel aus ein Dorf und ging darauf zu. Die Regenpfützen waren mit einer dünnen Eisschicht bedeckt, die mit jedem ihrer Schritte knirschend brach.

Das Dorf bestand aus behelfsmäßig wirkenden Wellblechhütten. Verwesungsgeruch hing in der Luft. Die wenigen Menschen, denen sie begegnete, waren ausgezehrt und wichen ihrem Blick aus. Schmutzige, trotz der Kälte nackte oder nur in ein paar Lumpen gehüllte Kinder mit die Haut zerstechenden Rippen und aufgedunsenen Bäuchen starrten sie teilnahmslos an. Auf einem Platz in der Dorfmitte brannte ein großes Feuer.

Sie ging auf einen alten Mann zu, der vor einer Hütte saß und auf einem dicken, fleischigen Blatt kaute, und grüßte ihn.

Er spuckte aus. „Verschwinde! Gesindel wie dich können wir hier nicht gebrauchen!"

„Kerl! Weiß Er denn nicht, wen Er vor sich –" Sie stockte. Natürlich bot sie in ihren öl- und schlammbesudelten Kleidern keinen allzu vertrauenerweckenden Anblick, nicht einmal hier. Und Prinzessinnen-Gehabe war längst nicht mehr angebracht. Sie nahm eine Handvoll Golddukaten aus der Satteltasche und ließ sie klingend auf ein Faß fallen, das vor ihm stand.

Wie eine Schlange schnappte seine Hand danach, seine Augen blitzten. „Was will Sie hier?" fragte er, nun etwas höflicher.

„Nur eine Auskunft, nichts weiter. Hier auf der Insel soll es eine Höhle geben. Kann Er mir den Weg dahin weisen?"

Er schlug die Augen nieder. „Scher Sie sich weg! Wir brauchen keine Almosen."

„Ja, geh Sie dahin zurück, wo Sie hergekommen ist!" Unbemerkt hatten sich weitere Dörfler um sie gesammelt. „Weg von hier!" – „Solche Leute wollen wir hier nicht haben!" – „Elendes Gesindel!"

Der Wind drehte sich und wehte beißenden Rauch vom Feuer herüber. Es roch nach verbranntem Fleisch.

Fips keckerte.

„Merkt Sie nun, daß Sie hier unerwünscht ist?" fragte der Alte. Er sah sie jetzt wieder an. „Ihr Gold heilt uns nicht, und es macht uns nicht satt. Wir wollen nichts, als täglich unsere Algen ernten und in Ruhe gelassen werden."

Gwendolyn horchte auf. „Algen? Aber das Öl –"

„Das ist die göttliche Strafe für unsere Sünden." Er hob den verklärten Blick zum Himmel. „Ebenso wie die Pestilenz."

Sie wandte sich um, schob sich durch die Menschenmenge

und verließ das Dorf. Ein paar Kinder liefen ihr noch nach und bewarfen sie mit Schlamm.

Gwendolyn folgte dem Weg. Sie war hungrig und erschöpft, doch sie ging weiter. Die Kälte stach ihr in die Glieder. Selbst der Gestank ihrer Kleider war kaum mehr zu ertragen.

Es wurde bereits dunkel, da trat plötzlich ein Moosweiblein aus dem Wald. Es nickte grüßend mit wippendem Püschel.

„Ich freue mich, dich zu treffen", sagte Gwendolyn. „Weißt du vielleicht, ob es hier eine Höhle gibt?"

Das Moosweiblein kicherte. „Die kenn' ich, aber ja. Geh diesen Weg weiter, bis du zu einem Bach gelangtest. Diesem folgtest du. Er mündete in einen Fluß. Überquere ihn. Du sahst dort eine alte Buche, die der Blitz spalten wird. Geh an ihr vorbei, und nach tausend Schritten kamst du ins Tal der erloschenen Lichter. An dessen Ende fandest du die Höhle, die du suchst."

Kichernd verschwand das Moosweiblein zwischen den Bäumen.

Gwendolyn ging weiter, fand den Bach, und dort, wo er in den Fluß mündete, sah sie im Licht der drei Monde am gegenüberliegenden Ufer den vom Blitz zerstörten Baum. Nirgendwo war eine Furt oder gar eine Brücke zu sehen. „Und nun?" fragte sie. „Ich glaube, wir machen erst einmal Rast." Ihre Füße schmerzten. Sie kniete nieder, trank etwas von dem kalten Wasser, obwohl sie wußte, daß dieses Blendwerk nicht ihren wirklichen Durst – den von Alyssas Körper – stillen konnte. Sie sammelte Bruchholz, errichtete aus großen Steinen eine Feuerstelle und ließ Fips Flammen speien.

„Vielleicht sollte ich mich vergrößern, um einfach einen Schritt über den Fluß zu machen." Sie wärmte die ausgestreckten Hände am Feuer.

„Lieber nicht, lieber nicht, das ist doch Verschwendung!"

„Du hast recht. Aber ist das nicht merkwürdig: magische Utensilien scheinen Ereignisse zu provozieren; wenn ich Zauberbohnen hätte, müßte ich sicherlich irgendeinen Berg ersteigen."

„Das mußtest du auch so, ohne Bohnen – die Klippen, die Klippen."

„Sicher, ich sage nicht, daß für jedes Hindernis ein Zauber zur Hand ist – es ist umgekehrt: jeder Zauber zieht ein passendes Problem an. Wären die Tolltrolle auch aufgetaucht, wenn Leberecht mir keine Hostien gegeben hätte?"

„Natürlich, natürlich, woher hätten die Trolle denn davon wissen sollen?"

„Ja, woher wohl?" Sie wußte es natürlich, doch sie sagte es nicht. Beide schwiegen, und es dauerte lange, bis Gwendolyn endlich einnickte. Es war das erste Mal, daß sie in Fancy schlief.

Sie träumte wirres Zeug: Jemand rief ihren Namen, ohrfeigte sie, sie wurde hochgehoben, schwebte; überall waren blitzende blaue Lichter, ein Ungeheuer jaulte; Schlangen krochen über ihren Leib, unzählige Schlangen, kalt und leblos ...

„Sieh nur, sieh nur!" Fips' Gekeife weckte sie. Sämtliche Glieder schmerzten, sie spürte ihre Zehen kaum noch. Das Feuer war erloschen, der Wind spielte mit weißer Asche.

„Der Fluß, Fips! Er ist zugefroren!" Diesiges Licht sickerte aus dem wolkenverhangenen Himmel.

„Ich weiß, ich weiß."

Sie nahm die Satteltasche und prüfte vorsichtig mit dem Fuß das Eis. Es knackte, doch es trug. Sie schob reifbedecktes Schilf beiseite und begann, den Fluß zu überqueren. „Was sagst du dazu, Fips? Es muß gar nicht so schwierig sein, übers Wasser zu gehen."

Das Eis knirschte wie Kork. „O, oh. Das wird böse –"

„Schon gut!"

„Mein Gewicht, mein Gewicht muß das Eis nicht auch noch tragen." Fips flog auf und landete auf einem Ast der Buche. Sicher gelangte Gwendolyn ans Ufer, Fips kehrte auf ihre Schulter zurück, und sie setzten den Weg fort, vorbei an dem toten Baum. Es war nicht nötig, die Schritte zu zählen. Das Tal der erloschenen Lichter war nicht viel mehr als ein klaffender Riß im Fels, so völlig überwuchert, daß es darin stockfinster war.

Gwendolyn brach einen verdorrten Ast von einem Baum. Mit schrillem Kreischen flog ein Pterodaktylus auf.

„Was war das? Was war das?"

„Es sah fast aus wie ein Flugsaurier. Merkwürdig, die gab es doch wirklich. – Hier, steck die Fackel an!"

Im spärlichen Flackern des brennenden Asts drangen sie in das Tal ein, tiefer und tiefer. Der Rauch zog nach oben ab, zwischen die Gewächse, die das Tal bedeckten. Es schien kein Ende zu nehmen, wand sich hierhin und dorthin. Es kam Gwendolyn vor, als seien Stunden vergangen, seit sie es betreten hatten, doch die Fackel war kaum abgebrannt.

„Da! Da!" Der Drache sah im Dunkeln trotz des Feuerscheins besser als Gwendolyn, doch gleich darauf erkannte auch sie den Eingang zur Höhle. Geruch von Fäulnis schlug ihnen entgegen. „Das riecht nach Gefahr, Gefahr!"

„Ich kann nicht."

„Was? Was?"

Gwendolyn atmete schwer. Sie bekam kaum noch Luft. „Ich kann die Höhle nicht betreten. Ich habe Angst vor engen Räumen." Sie schluckte krampfhaft. „Klaustrophobie."

„Aber du mußt! Du mußt!"

Sie stieß ein schmerzhaftes Lachen aus, verschluckte sich, würgte. „Das sagst ausgerechnet du?" Zaghaft ging sie einen Schritt weiter. „Ich muß." Noch ein Schritt. „Muß." Jetzt stand sie in der Höhle: sie war gigantisch, die Decke war nicht zu erkennen, tauchte unter in der Finsternis. Das Fackellicht versickerte auf dem Weg dorthin. Gwendolyn versteinerte.

Vor ihr, fast zum Greifen nah, stand der Virus.

Wie hypnotisiert starrte sie das glitzernde Gebilde an. Ein riesiger Vielflächner, wie aus Quecksilber gegossen, über und über besetzt mit spiegelnden Kugeln an klobigen Verbindungsstäben.

Der Virus vibrierte.

„Tu etwas! Tu etwas!"

Wie aus einer Trance erwacht rührte sich Gwendolyn. Ihre Hände nahmen, als wären sie eigenständige Wesen, das Vergrößerungsglas aus der Satteltasche. Gwendolyn betrachtete ihre Finger durch das Glas. „*Vis consili expers mole ruit sua*", preßte sie hervor.

„Was heißt das? Was?"

Gwendolyn fühlte, wie sie wuchs. „Macht bar guter Absicht..." Ihr Leib blähte sich auf, Muskeln dehnten sich, Knochen ächzten, Sehnen waren bis zum äußersten gespannt. „... zerbricht unter ihrer..." Der Virus war nun nicht mehr vor ihr, sondern *unter* ihr. „... eigenen..." Schwerkraft zerrte an ihr, Blut quoll aus ihren Poren, Sehnen rissen, Knochen barsten unter der Last ihres Gewichts.

Gwendolyn brach zusammen und begrub den Virus unter sich.

Verschwommen sah Gwendolyn ein Gesicht über sich. Ihr Gehirn brannte wie glühendes Eisen. Sie wußte, daß sie das Gesicht zuvor gesehen hatte, sie erkannte es jedoch nicht. „Was ist geschehen?" fragte sie; oder versuchte es, doch ihre Zunge wollte ihr nicht gehorchen. Nur unverständliches Brabbeln kam aus ihrem Mund.

Von den Lippen in dem fremdvertrauten Gesicht lösten sich Sprechblasen. „Alyssa", sagte es. „Alles ist gut, alles kommt wieder in Ordnung."

Wer war Alyssa? „Was ist passiert?" wiederholte sie ihre Frage, deutlicher diesmal. Alyssa? Sie hatte einmal eine Alyssa gekannt.

„Mach dir keine Sorgen, keine Sorgen, ich bin bei dir."

Alyssa... ja! Sie war... „Ich bin Alyssa!" rief sie aus.

„Ganz ruhig, Schatz. Es wird alles gut. Es wird alles gut."

Langsam konnte sie den Raum um sich wahrnehmen. Monitore blinkten und piepsten, Kabelstränge klebten an ihr wie die Fäden an einer Marionette, Infusionsschläuche steckten in ihren Armen. „Wo bin ich?"

„Hab keine Angst, Alyssa, keine Angst. Die Ärzte sagen, du –" Es folgten Worte, die sie nicht verstand, scheinbar sinnlose Worte. Sie versuchte, sich aufzurichten. Schmerz brandete durch ihren Körper.

„Bleib liegen. Du mußt liegen bleiben."

Unscharf sah sie auf der Bettkante einen Tolltroll sitzen, der böse den gespickten Rachen bleckte. „Was ... wie kommt er hierher?" Sie deutete auf den Dämon; ihr Arm schien zu explodieren.

„Wer? Wovon sprichst du?" Seine Hände drückten sie sanft zurück in die Kissen. „Hier ist niemand."

Ein Schleier wie von Hitzeflimmern verzerrte das Gesicht, dann wurde es klar. „Alexander! Du bist Alexander!" Er war unrasiert und wirkte übernächtigt.

„Willkommen", sagte er und strich über ihre schweißnasse Stirn. „Willkommen zurück in der Wirklichkeit."

Alyssa preßte die Lippen zusammen. Der Tolltroll blitzte sie aus hämischen Äuglein an.

Dezember 1992

Spurlos

Samstag, 20. November

Übermorgen wird er sterben. Hörst du das, mein über alles geliebter Lutz? In 48 Stunden wird deine Ellen dich töten. Und es wird der perfekte Mord sein.

Alles ist bereit. Das Motiv zu verschleiern – denn daß sie mich verdächtigen werden, ist offensichtlich – war am schwersten. Immerhin liegen nun, säuberlich in Geschenkpapier eingewickelt und mit Schleifchen versehen, zwei Flugtickets nach Bangkok in meiner Schublade, als Überraschung zum Jahrestag eines ach so glücklichen Paars – keiner weiß, daß er schon vor einem Monat war und Lutz nicht einmal daran gedacht hat. Das Alibi ist einfach: ich habe mich im Bürocomputer eingeloggt, den Systemkalender um zwei Tage vorgestellt, ein paar Dateien bearbeitet, und den Kalender wieder korrigiert. Gesegnet sei die Heimarbeit! Nun wird niemand sagen können, ich sei am Montag nicht hier gewesen, all diese Dateien tragen Datum und Uhrzeit des Mordes.

Kein Mord ohne Mörder. Ah! Darauf bin ich besonders stolz. Auf einer Diskette habe ich den Mörder erschaffen. Daten für Lutz' Terminkalender, und sogar ein paar Eintragungen für sein Tagebuch, Monate zurückreichend, alle über einen fiktiven „M." Pikant: ich hoffe, das wird bei der Polizei die richtigen Assoziationen wecken, „M – eine Stadt sucht einen Mörder". Wenn nicht, sei's drum, die Eintragungen genügen. Ach, wie entsetzt werde ich sein, wenn sie mir eröffnen, mein Lutz sei schwul gewesen und von einem noch unbekannten Stricher erstochen worden. Ich werde nach der Tat nicht nur die Daten in seinem Rechner deponieren, nein, sogar an geeignete Accessoires habe ich gedacht, extrastarke Kondome, ein Darmspülgerät. Armer kleiner Lutz. Damit es nicht fabrikneu aussieht, habe ich es benutzt, und weißt du was? Allein das hat mich mehr erregt, als du es jemals geschafft hast. Natürlich habe ich dabei Wollhandschuhe getragen, keine ledernen; ich bin sicher, gehört zu haben, daß Lederhandschuhe ebenso eindeutige Fingerabdrücke hinterlassen können wie menschliche Haut.

Sonntag, 21. November

Oh, oh, mein schönes Alibi. Beinahe hätte ich einen Fehler gemacht. Natürlich wird der Kommissar kein Übermensch sein wie im Krimi, sondern ein Beamter, der sich über das Kantinenessen aufregt und unter Hämorrhoiden leidet, aber sicher wird er auf die Idee kommen, ich hätte die Dateien im Büro vom Tatort, von Lutz' Wohnung aus, bearbeitet. Nun, kein Problem. Jetzt habe ich ein noch viel besseres. Alles, was ich tun mußte, war, bei Rot über eine Kreuzung zu fahren und den Zeitstempel im Rechner der Ampelanlage zu manipulieren. Praktisch, daß mein Ex als Programmierer bei der Ortspolizeibehörde gejobbt hat. Bisher habe ich dadurch immer nur bei jedem Strafzettel fürs Falschparken 1,49 gespart, weil ich wußte, daß der Computer erst ab 1,50 mahnt. Wie gut, daß die Gerichtsmediziner den Tod so exakt festsetzen können. Zur Tatzeit werde ich weit, weit weg gewesen sein. Morgen ist es soweit.

Montag, 22. November

Es war bizarr. Die Callanetics-Vorturnerin auf dem Bildschirm lobte seine Mitarbeit: „Gut so, sehr schön, noch ein bißchen höher. Und lächeln." Dabei lag er regungslos auf dem Boden in seinem Blut. Blut. Das war ein Problem. Der Eiszapfen, den ich im Gefrierfach hergestellt hatte, ein Mordwerkzeug, das von selbst verschwindet, hatte nicht so gut funktioniert, wie ich dachte, obwohl ich die vorgesehene Stelle am Hals genau traf. Merke: nächstes Mal keine Eiswaffe verwenden. Lutz war nicht sofort tot gewesen, alles war voller Blut, auch ich. Meine Kleidung. Ich wusch sie rasch aus und warf sie in den Trockner, aber jedes Labor würde die Blutspuren finden, also mußte ich sie loswerden. In meiner Eile vergaß ich fast, das Glas mit den Fingerabdrücken des Penners, das ich mitgebracht hatte, auf Lutz' Wohnzimmertisch zu stellen. Zuhause steckte ich die Kleidung in ein Paket, schrieb eine fiktive Adresse in Gdańsk darauf. Beinahe hätte ich es frankiert und mit dem Speichel unter den Briefmarken eine Blutspur hinterlassen. Nun ja, das wäre nicht weiter schlimm gewesen, den falschen Absender schrieb ich mit Tricktinte, die in ein paar Stunden verschwinden wird, und ein noch ‚falscherer', unleserlicher, vom anderen Ende Deutschlands wird erscheinen. Eine chemische Untersuchung würde das zutage fördern, aber warum sollte die Post sich diese Mühe machen? Nicht, daß damit zu rechnen ist, daß das unzustellbare Paket jemals wieder aus Polen zurückkommen wird. Gleich werde ich es zum Postamt bringen und anschließend Lutz' Leiche ‚entdecken'. Ein Glück, daß es so schneidend kalt ist. Da fallen Wollhandschuhe nicht auf.

Mittwoch, 1. Dezember

Nicht fair! Nicht fair! Nicht fair!

Oh, es war so unfair, und ich bin sicher, auch unvereinbar mit dem Datenschutzgesetz. Das werde ich meinen Anwalt fragen.

So unfair, mein Tagebuch zu beschlagnahmen.

November 1994

Der elektrische Tellerrand

*Reality is that which,
when you stop believing in it,
doesn't go away.*
Philip K. Dick

Philip wurde von der Tür geweckt, die viel zu laut rief: „Juliana ist hier!"

„Und warum machst du dann gottverdammtnochmal nicht auf?" stöhnte er.

„Gehe ich recht in der Annahme, daß ‚gottverdammtnochmal' ein bedeutungsloses Füllwort ist?"

„Mmh."

„Wie bitte?"

„Ja!"

„Oh, vielen Dank. Ich kann mich leider nicht öffnen, weil du die Sicherheitskette vorgelegt hast."

Philip wälzte sich aus dem Bett. Sein Kopf schmerzte.

„Guten Morgen!" quäkte der Nachttischwecker, als er bemerkte, daß Philip aufstand. „Es ist elf Uhr, siebenundzwanzig Minuten und zwölf Sekunden."

Philip saß auf der Bettkante und rieb sich den Grind aus den Augen. Noch nicht einmal halb zwölf!

„Juliana ist hier", wiederholte die Tür einfallslos.

„Ich komme!" Philip raffte sich auf und schleppte sich in den Flur. Er taumelte und stützte sich an der Wand ab.

„Einen wunderschönen guten Morgen!" rief Juliana und stürmte herein, als er die Sicherheitskette entfernt hatte und die Tür sich öffnete. „Warum hast du denn die Kette vorgelegt? Du bist wohl nicht allein, wie?"

„‚Einen wunderschönen guten Morgen'", äffte er sie nach. „Möchte wissen, was das sein soll. Das ist ein Oxymoron. Was tust du denn hier in aller Herrgottsfrühe?" Philip war Musiker und Komponist; er besaß einen kleinen Laden, den er durch eine Erbschaft finanziert hatte und in dem er gebrauchte CDs verkaufte, um seinen Lebensunterhalt zu sichern. Die Arbeit übernahmen Betriebswirtschaftsstudenten, denen er nur gelegentlich auf die Finger schaute, so daß er seine Zeit frei einteilen konnte.

„Frühstücken. Außerdem ist es schon fast Mittag." Sie lief in die Eßküche.

Philip ging ins Schlafzimmer, zog sich an und folgte ihr dann. „Wenn schon. Ich habe heute Nacht wieder kein Auge zugemacht."

„Oh, armer Liebling!" säuselte sie mit ironischem Unterton. Sie nahm einen Rest Roggenbrot aus der Brotschale und schlug es auf die Resopalplatte der Anrichte – es knirschte.

„Das Brot ist nicht mehr ganz frisch", entschuldigte sich die Brotschale.

„Altbacken", korrigierte Juliana überflüssigerweise – die Brotschale war nicht in der Lage, sich so etwas zu merken. Sie schnitt zwei Scheiben ab und steckte sie in den Toaster, der sich höflich bedankte. „Was treibst du denn da?" fragte sie Philip kopfschüttelnd. „Das Kaffeepulver gehört doch nicht in den Wasserbehälter! Warum beschwert die Kaffeemaschine sich denn nicht?"

„Kaputt", antwortete Philip.

„Nun setz dich hin und rühr dich nicht von der Stelle, sonst richtest du noch ernsthaften Schaden an", befahl Juliana, während sie die Kaffeemaschine ausspülte und Kaffeesurrogatextraktpulver in den Permanentfilter löffelte.

Philip gehorchte. „Ich habe wirklich die ganze Nacht nicht geschlafen", beklagte er sich.

„Du siehst tatsächlich schlecht aus. Nanu, ist das eine graue Haarsträhne?"

„Mach dich nur lustig. Um vier geht der Videorekorder klackend in Bereitschaft und schreit so laut: ‚Ich bin soweit', daß die Wände wackeln, um fünf fangen draußen die Vögel an zu kreischen –"

„Niiimmeeermeeehr", unterbrach der Wellensittich mit leiser, gedehnter Stimme. Die Knopfzelle mußte dringend erneuert werden.

„Halt die Klappe!" fuhr Philip ihn an.

„Niiimmeeermeeehr", erwiderte der Sittich trotzig.

Philip nahm den unterbrochenen Satz wieder auf: „... und um sechs wälzt sich der Verkehr mitten durch mein Schlafzimmer: brummende Automotoren, heulende Hupen, schreiende Blinker und zischende Lastwagenluftdruckbremsen."

„Tut er nicht."

„Hm?"

„Der Verkehr wälzt sich nicht durch dein Schlafzimmer, die Straße ist mindestens seit Freitag wegen einer Baustelle gesperrt."

„Baustelle? Na, bitte! Preßlufthämmer, Bagger, Kieslaster ..."

„Wieder falsch." Juliana füllte einen Topf mit Wasser, gab eine Prise jodiertes Salz hinzu und drehte den Herd auf. „Heute ist Feiertag: der 2. Oktober." Sie summte leise vor sich hin. Als das Wasser zu sieden begann, nahm sie zwei Eier aus dem Kühlschrank, der sagte: „Die Milch ist sauer." Mit einem Löffel ließ sie die Eier in das sprudelnde Wasser gleiten, dann stellte sie den Mikrowellenherd auf sechs Minuten, Leistungsstufe null, ein und lehnte mit verschränkten Armen gegen die Anrichte.

„Außerdem höre ich Stimmen", lamentierte Philip.

„Was du nicht sagst. Also, weißt du! Natürlich hörst du Stimmen! Von deinem antiken Herd abgesehen sind überall Dicks eingebaut, erinnerst du dich? Lauter kleine elektronische Heinzelmännchen."

„Direktinformation durch Computerkontrolle, ich weiß. Wir leben schließlich im 21. Jahrhundert."

„Also, erstens steht das I nicht für Information, sondern für Interaktion, zweitens beginnt das 21. Jahrhundert erst in drei Monaten, dieses Jahr gehört noch zum zwanzigsten. Zudem ist das widerlich christozentrisch, es gibt Zeitrechnungen, die mit der Erschaffung der Welt – bei den Juden 3761 v. Z. – beginnen, Mohammeds Auswanderung nach Medina 622, das Anno Hegriae bei den Moslems, in der französischen Revolution war 1793 das Jahr 2 der Republik, der Iran hat einen eigenen Kalender, in der Raumfahrt wird das Modifizierte Julianische Datum, abgeleitet aus dem in der Astronomie, die Tage seit dem 17. November 1858, als Dezimalbruch die Stunden, Minuten und –"

Philips Handkante fuhr über seinen Hals. „Kannst du mir das später ausführlicher erläutern? Ich habe ..." Er zögerte.

„Was?" Sie schaltete den Toaster ein. „Aha", stellte dieser fest. „Roggenbrot, schon leicht trocken."

„... habe ich vergessen. Ich will schlafen." Er stand auf, nahm zwei Tassen und Untertassen aus dem Schrank, goß Kaffee ein und stellte sie auf den Tisch. „Ach, ja, außerdem höre ich die Stimmen nicht mit den Ohren." Er öffnete die Kühlschranktür und nahm die Butterschale heraus.

„Die Milch ist, wie bereits erwähnt, sauer", bemerkte der Kühlschrank pikiert.

„Dann trinke ich den Kaffee eben schwarz, gottverdammt!" schrie Philip ihn an. Er nahm die Milchflasche, öffnete sie, roch daran und verzog das Gesicht, kippte Milch in den Ausguß und spülte die Flasche aus. Dann versetzte er der Kühlschranktür ärgerlich einen Tritt, und sie fiel zu.

„Du trinkst deinen Kaffee immer schwarz", warf Juliana ein.

Er gähnte herzhaft. „Wirklich?"

„Zumindest in den letzten fünf Jahren hast du ihn schwarz getrunken."

„Das Nichts ist fertig", meldete der Mikrowellenherd.

Juliana wandte sich um, schaltete die Herdplatte ab, fischte die Eier aus dem Topf, schreckte sie mit kaltem Wasser ab und stellte sie mit dem runden Ende nach unten in zwei Eierbecher.

„Sondern? Mit der Nase?"

„Mit welcher Nase?"

„Mit deiner, Dummkopf", lachte sie. „Ich meine: Hörst du die Stimmen mit der Nase, wenn du sie nicht mit den Ohren hörst? Wenn jemand die eigenen Gedanken als Stimme wahrnimmt, ist das gewöhnlich ein Symptom für paranoide Schizophrenie. Außer natürlich bei Moses, Abraham, Jesus und dem Yorkshire Ripper, zu denen, wie sie sagten, Gott sprach – das ist der Unterschied zwischen Gläubigen und Geisteskranken, die Geisteskranken sind oft nicht sicher, ob die Stimmen in ihrem Kopf real sind."

„Du nimmst mich nicht ernst."

„Natürlich nicht, es ist noch nicht Mittag. Du bist schließlich Hypotoniker. Der verminderte Blutdruck macht dich morgens schlicht unzurechnungsfähig. Wenn ich dich um diese Zeit je ernst genommen hätte, wären wir längst geschieden."

„Wir sind nicht verheiratet", widersprach er. Dann fügte er zweifelnd hinzu: „Oder?"

Juliana lachte wieder. „Nein. Sonst müßten wir uns laut Gesetz ja eine Wohnung teilen, nicht? Also, womit hörst du nun diese Stimmen?" Sie schlug mit einem Teelöffel die Spitze der Eier ein und pellte die schwarze Schale ab. Das Eiklar war geronnen.

Der Toaster sagte: „Das Roggenbrot ist fertig." Genau rechtzeitig. Sie nahm die beiden Toastscheiben, legte sie auf zwei Teller und bestrich sie mit Butter, die sofort schmolz.

Philip tippte mit den Fingernägeln auf seinen Kopf. Es klang metallisch. Vor ein paar Jahren war er im falschen Augenblick in Kairo gewesen, um im Museum alte ägyptische Kulturschätze zu bewundern, und sie hatten ihm mit neuen ägyptischen Kalaschnikows ein Stück Schädel weggeschossen. Dort saß jetzt eine Stahlplatte.

Juliana setzte sich auf seinen Schoß, legte ihm den Arm um den Hals, strich über das körperwarme Metall und sagte: „Ach, herrje, macht dir deine Kriegsverletzung wieder zu schaffen?"

„Erstens war ich Zivilist und zweitens war es kein Krieg, sondern ein bewaffneter Konflikt, so daß es keine Kriegsverletzung ist."

„Ich weiß, die offizielle Sprachregelung ärgert mich ebenso wie dich." Sie ließ Zeige- und Mittelfinger über seine Brust spazieren. „Aber wenigstens wurden keine wesentlichen Teile verletzt."

Er verzog angewidert das Gesicht. „Wie amüsant."

Sie küßte ihn.

„Pfui Teufel!" sagte er. „Das ist ja eklig."

„Na, hör mal!"

„Für dich, meine ich. Ich habe mir die Zähne noch nicht geputzt."

Sie zuckte mit den Schultern. „Iß etwas!"

„Ich kann jetzt nichts essen. Ich habe Kopfschmerzen."

„Komm schon." Sie streute eine Prise Salz auf ein Ei und nahm mit dem Löffel etwas davon heraus. Der Dotter war nicht mehr flüssig, aber cremig. Perfekt. „Ein Löffelchen für die liebe Juliana", sagte sie und bekleckerte sein Kinn mit Eigelb. „Mach den Mund auf! So ist's brav." Sie legte den Löffel ab und nahm eine Scheibe Brot. Geschmolzene Butter tropfte herunter.

Philip sprang vom Stuhl und rief: „Verdammt, paß doch auf!" Juliana fiel zu Boden, und er rieb die Flecken noch weiter ins Sweatshirt.

„Autsch", sagte Juliana geistesabwesend. Es klang eher nachdenklich als schmerzvoll. Sie kreuzte die Beine zum Schneidersitz, stützte den Ellbogen aufs Knie und das Kinn in die hohle Hand. „Langsam glaube ich wirklich, daß du es ernst meinst."

„Es tut mir leid. Hast du dir weh getan? Juliana?"

Sie schüttelte den Kopf.

Philip hob den Toast auf. „Ja, ich meine es todernst." Er flüsterte es fast.

Verlegen fuhr Juliana mit dem Fingernagel die Grenzlinien der Juliamengen auf ihrem Sweatshirt nach. Ihre Leggings zeigten Apfelmännchen und Seepferdchen aus der Mandelbrotmenge.

„Was hast du denn da an der Hand?"

„Wo? – Nanu, das sehe ich jetzt zum ersten Mal." Juliana rieb erfolglos die Flecken auf ihrer Haut. „Vielleicht ein Ausschlag?"

„Glaubst du, ich weiß nicht, daß das wie Verfolgungswahn klingt?" fragte Philip. „Verdammt!" Er warf das fetttriefende Brot an die Wand. Es hinterließ einen dunklen Fleck auf einem Poster, das eine bunte Illustration nordindischer Hanfanbaugebiete zeigte.

Er stand auf und ging ins Bad. Nachdem er die Toilette benutzt hatte, teilte ihm der Dick mit, sein Cholesterinspiegel sei zu hoch. „Das ist meine Angelegenheit!" brüllte Philip.

Die Toilette ließ sich nicht beirren. „Außerdem bist du schwanger."

Philip versetzte ihr einen Tritt.

„Es ist ein Junge", insistierte der Dick.

Seufzend wandte Philip sich ab und wusch sich die Hände. „Du solltest wieder einmal zum Friseur gehen", schlug der Spiegel über dem Waschbecken wohlmeinend vor.

Philip bespritzte ihn mit Wasser, stutze. Waren das tatsächlich graue Strähnen in seinen Haaren? Er hätte schwören können, daß sie gestern noch schwarz gewesen waren. Rasch zog er sich aus und begann zu duschen. Erleichtert registrierte er, daß die Dusche schwieg.

Als er aus dem Bad kam, war Juliana verschwunden. Er räumte den Frühstückstisch ab. „Du mußt jetzt ganz besonders auf deine Ernährung achten", sagte der Kühlschrank, als er die Butter zurückstellte. „Wie ich höre, bist du schwanger." Philip setzte sich ins Wohnzimmer und steckte sich einen Joint an.

Eine Stunde später kam Juliana wieder; die Tür, deren Kette diesmal nicht vorgelegt war, ließ sie ein. Philip stand am Herd und kochte. Das Frühstücksgeschirr türmte sich noch in der Spüle.

Juliana warf einen Blick in den Topf. „Buchstabensuppe?" fragte sie zweifelnd.

„Ich habe die erstbeste Packung gegriffen, die mir in die Finger kam", sagte er achselzuckend und deutete auf das Regal, in dem die Fertigsuppen säuberlich alphabetisch aufgereiht standen: Champignoncreme-, Erbsen-, Grünkern-, Quarklößchen-, Spargelcreme-, Tomaten- und Zucchinisuppe. Auf der linken Seite war eine Lücke.

„Es tut mir leid", sagte Juliana. „Ich brauchte einfach etwas frische Luft."

„Schon gut." Er starrte auf ihre Hände. „Die Flecken sind schlimmer geworden", sagte er. „Was kann das nur sein?"

„Keine Ahnung." Juliana biß sich auf die Lippen. „Solange du weißt, daß es nach Verfolgungswahn klingt, bist du wohl nicht paranoid, oder?"

„Sicher."

„Du wirst doch nicht anfangen, an Psi zu glauben?" Sie deutete auf sein Sweatshirt, auf dem stand: ‚*Communiter contra ignorantiam et superstitionem pugnemus*' – gemeinsam kämpfen wir gegen Unwissenheit und Aberglauben. „Ich meine, vielleicht empfängst du irgendwelche Funksignale über die Stahlplatte, nicht? So wie manche Leute über ihre Zahnplomben Radio hören. Du kannst ein Radio aus Katzenschnurrhaaren oder einer Rasierklinge bauen, wenn es sein muß. Natürlich ist es nützlich, neben einer Sendestation zu stehen, weil es keine Antenne und keinen Verstärker gibt. Außerdem hörst du nur Kauderwelsch, wenn nicht ein einzelnes Signal dominiert. Sogar ohne die Stahlplatte wären Schädel- und Kieferknochen ein wesentlich effektiverer Übertragungsweg als Luft, so daß selbst ein schwaches Signal genügt, denke ich. Sag doch etwas!"

Er schaltete den Herd aus. „Wir können gleich essen."

„Aber –"

„Juliana, ein Anruf für dich", fuhr das Telefon aus dem Wohnzimmer dazwischen. „Es ist deine Mutter."

„Sag ihr, ich bin nicht da."

„Sie behauptet, sie wüßte, daß du da seist."

„Wahrscheinlich empfängt sie auch irgendwelche übersinnlichen Funksignale", murmelte Philip.

Juliana ging ins Wohnzimmer. Philip hörte leise ihre Stimme: „Ja? ... Danke, gut, und dir? ... Welche Edie? ... Aus meiner Klasse? Nein, ich erinnere mich nicht ... Und du rufst mich nur an, um mir mitzuteilen, daß irgendeine Edie Dorn geheiratet hat? ... Natürlich weiß ich, was du damit sagen willst. Tu doch nicht so! ... Mami! Ich bin schließlich fünfundzwanzig und kann selbst ... Solange Vergewaltigung in der Ehe nicht strafbar ist, denke ich gar nicht daran ... Natürlich würde Philip keinen Gebrauch davon machen, darum geht es doch überhaupt nicht ... Nein, das heißt nicht, daß ich keine Kinder haben werde, solange es strafrechtlich erlaubt ist, sie zu mißhandeln ... Darüber haben wir doch schon oft genug gesprochen ... Hör zu, ich muß Schluß machen ... Ja, grüß ihn auch von mir ... Bis bald ... Ja, ganz bestimmt ... Tschüs."

„Apropos Kinder", sagte Philip, als sie wieder in die Küche kam, „nimm nicht allzu ernst, was die Toilette sagt. Die Analyseeinheit scheint defekt zu sein." Er füllte zwei Suppentassen und trug sie zum Eßtisch im Wohnzimmer. „Was ist nur los mit dir? Du siehst aus wie vierzig."

„Du wirkst aber auch nicht ganz frisch. Die Haare ... und daß du so viele Falten hast, habe ich bisher auch noch nicht bemerkt."

„Erinnerst du dich an den Fernsehbericht neulich, von dem Physikprofessor, der über alte Röhrenradios, Funkempfänger, Telefone, Dicks und Computer Kontakt mit dem Jenseits aufnimmt?" Er setzte sich und begann zu essen. „Wie hat er es genannt?"

„‚Instrumentelle Transkommunikation'. – ‚Peter, Peter, hört nur, wie jemand Peter sagt'", äffte Juliana den Geisterbeschwörer nach.

„Zugegeben, ich hörte auch nichts anderes als einen an- und abschwellenden Heulton, aber ..."

„Aber mit etwas Phantasie klang es wie ‚Dingdong, Dingdong, Dingdong'. Natürlich, nachdem er darauf hingewiesen hatte, konnte es nichts anderes als ‚Peter' sein. Willst du vielleicht einen Parapsychologen konsultieren?" Sie hob mit den

Knien den Tisch leicht an und ließ ihn wieder fallen. „Bitte, da hast du für den Anfang einen Poltergeist." Ärgerlich löffelte sie die Suppe, die beinahe übergeschwappt war. Nachdenklich fuhr sie fort: „Vielleicht kann die GWUP uns weiterhelfen."
„Wer?"
„Die Gesellschaft zur wissenschaftlichen Untersuchung von Parawissenschaften. Sie hat ihren Sitz in Roßdorf, ganz in der Nähe von Darmstadt."
„Ich vermute, das sind Skeptiker, die versuchen, mit solchem pseudoparanormalen Unsinn aufzu–" Mitten im Satz brach er ab und starrte auf seinen Löffel. „Sieh dir das an!" Er deutete auf die Buchstabennudeln, die er gerade hatte essen wollen.

Juliana stand auf und betrachtete den Löffel. ‚Lies mich!' stand da geschrieben. Sie schüttete die Suppe zurück in die Tasse, rührte um und nahm wieder einen Löffel voll. Unordentlich verteilte Nudeln bildeten etwas, das wie ‚Rtzpfl' aussah. Juliana triumphierte: „Siehst du, das war nur Zufall. Nudelsuppe ist schließlich etwas anderes als Glücksplätzchen."

„So? Und seit wann gibt es in Buchstabensuppen Kleinbuchstaben und Interpunktionszeichen? Von I-Punkten an der richtigen Stelle ganz abgesehen." Er wiederholte die Suppenprozedur. „‚Dies'. Was soll das bedeuten?"

„Gar nichts. Ein Satzanfang vielleicht? Mach weiter!"

Philip warf den Löffel in die Tasse, Suppe spritzte heraus und verteilte Buchstabennudeln über den Tisch: „‚... ist eine Botschaft'", las er. Er stand auf, ging zum Fenster und starrte hinaus. „Nein!" rief er plötzlich. „Juliana?" Sie trat zu ihm. „Sieh dir die Autokennzeichen an!"

„Lindau, München, Erlangen, EU, was ist das, Euskirchen? Zürich, Augsburg, Bottrop, Cham ... na und?"

„Nicht die Orte, die Buchstaben. LI-ES 312. M-IX 98 – das X kann wohl als Ch durchgehen. ER-Z, EU-GE, Z-UF, A-LS, BOT-S, CHA-FT – erzeuge Zufallsbotschaft! Was glaubst du, wie groß ist die Wahrscheinlichkeit, daß Fahrzeuge aus ganz Deutschland mit genau diesen Kennzeichen in ein und demselben Paternosterparkhaus übereinanderstehen?"

„Nicht sehr groß. Aber die Wahrscheinlichkeit, daß Autokennzeichen in einem Parkhaus *irgendeine* Botschaft enthalten, wenn du genügend oft hinsiehst, noch dazu, wenn du Schreibfehler tolerierst, ist groß genug."

„Kein einziges ist von hier. Und die Botschaft ergänzt sich mit Buchstabennudeln zu einem Roman?"

„Nein, du hast recht. – Wir brauchen eine Menge Buchstaben, die wir zufällig ziehen können: ein Ouija-Brett – nein, eine Kinderdruckerei, ein Scrabble-Spiel ..."

„Kennst du jemanden, der so etwas hat? Und heute sind alle Läden geschlossen. Wie wäre es denn mit Russisch Brot?"

Sie liefen in die Küche, Juliana nahm eine angebrochene Packung Russisch Brot aus dem Schrank und leerte den Inhalt auf den Tisch. Es waren nur vier Buchstaben. „BIKU, BUIK, IKUB, KIBU, KUBI, UKIB ...", sagte sie enttäuscht.

„Vierundzwanzig Permutationen sind möglich, aber keine ergibt einen Sinn. Warte ..." Juliana ging ins Arbeitszimmer, Philip folgte ihr.

Synthesizer, Sampler, Sequenzer, Thru-Box, Wandler, Drummachine, Expander, Masterkeyboard, CD-Rekorder, Computer und Monitore waren in einem undurchschaubaren Kabelgewirr miteinander verbunden. Juliana aktivierte einen der Rechner und tippte ein paar Programmzeilen ein. Auf dem Schirm erschienen sinnlose Buchstaben-, Ziffern- und Sonderzeichenfolgen. „Vielleicht liegt es daran, daß es nur Pseudozufall ist", sagte sie. „Ein Algorithmus, der Zufall lediglich vortäuscht. Du kannst nicht erwarten, eine transzendente Nachricht zu finden, wenn du die Dezimalen von Pi umkodierst. Es sei denn, Pi enthält einen Copyrightvermerk des Schöpfers."

„Warte – da ist es wieder", sagte Philip und legte die Hand auf den Kopf. „Ich kann etwas verstehen:

You lock the door
And throw away the key.

*There's someone in my head
But it's not me."*

„Pink Floyd", sagte Juliana. „Es ist allerdings sehr unwahrscheinlich, daß das von einem Radiosender ausgestrahlt wird." Aus dem Wohnzimmer erklang eine Stimme. Sie liefen hin. Die Videowand hatte sich von selbst eingeschaltet.

„Damit ist also das menschliche, ja das tierische Bewußtsein im allgemeinen, eine Funktion der Zustandsänderungen im Zentralnervensystem", sagte ein Sprecher, während auf der Wand computeranimierte Blitze durch ein Geflecht von Nervenzellen liefen. „Die Topologie des neuronalen Netzes Gehirn ist somit, gleichgültig ob die Zustände von peripheren Phänomenen – wie beispielsweise neurohormonellen Wechselwirkungen – beeinflußt sind, turingäquivalent." Die schematische Darstellung einer Turingmaschine erschien.

„Vorausgesetzt, Quanteneffekte haben keinen makroskopischen Einfluß auf die Zustandsübergänge eines Neurons", bemerkte Juliana.

„Folglich ist die Seele nichts anderes als der Zustandsvektor des Prozessors eines biologischen neuronalen Netzes", fuhr der Sprecher fort.

„Völlig richtig, und in Anbetracht der Tatsache, daß es keinerlei Evidenz für eine nichtdeterministische Verarbeitung gibt, sogar deterministisch", sagte Juliana. „Und bis vor kurzem hätte ich gesagt, ohne den geringsten Hinweis auf ein übernatürliches Eingreifen."

Ein Testbild tauchte auf, begleitet von einem unangenehmen Pfeifton, dann erschien wieder die Sendung. „*Kaiju daisenso, wakusei daisenso, kaiju so shingeki*", fuhr der Sprecher fort. „*Gamera tai daimaju jaiga, dai koesu yongkari – harusame ni nuretsutsu yane no temari kana* ..."

Philip schlug mit der Faust gegen die Konsole. „Was ist denn nun passiert?" fragte er. „Weshalb schaltest du plötzlich auf japanische Synchronisation?" Der Dick antwortete nicht.

Juliana verzog das Gesicht. „*It's a Sony*", stieß sie gereizt aus. Sie ging zum Bücherregal, nahm ein dickes Taschenbuch heraus und blätterte darin. „Hier", sagte sie. „Racine über das Unbewußte. Seine Personen handeln unter dem Einfluß von Leidenschaften, werden von Kräften beherrscht, die sie manipulieren, sie sind wie besessen ... und so weiter, und so weiter ... Für Racine ist es Gott, der handelt. Die Kräfte, die Gott benutzt, sind dieselben wie die des Freudschen Unbewußten. *Et cetera*."

„Aha", sagte Philip und schlug erneut auf die Konsole ein. Wieder erschien das Testbild und das nervenzermürbende Pfeifen. „Und was nützt uns das?"

„Nichts, wahrscheinlich. Philosophische Schaumschlägerei."

„Was sagst du?" Mit Philips nächsten Schlag verschwand das Testbild, ein Gesicht erschien.

Es war ein Mann mit ergrauendem, in der Mitte gescheiteltem Haar. Er litt offenbar an einer merkwürdigen Krankheit, denn über der Stirn war es größtenteils ausgefallen. Auf seiner wie ein Kleinerzeichen gekrümmten Nase saß ein Gestell, das an eine liegende Acht erinnerte: zwei fast kreisrunde, gläserne Scheiben, eingefaßt, an der Nasenwurzel verbunden und mit Bügeln an den Ohren befestigt. Es war nicht zu erkennen, welchem Zweck es diente, wenn es auch eine gewisse Ähnlichkeit mit einer Schutzbrille hatte. Das merkwürdigste war die Behaarung: Stoppeln bedeckten Wangen, Kinn und Mundbereich ebenso wie den Halsansatz, so, als ob er ohne Erfolg versucht hätte, diese entstellende Mißbildung abzurasieren wie andere ihr Haupthaar. Das, die schiefe Nase und die dichten Augenbrauen verliehen ihm ein atavistisches, fast animalisches Aussehen.

Er schien sie anzustarren. „Juliana", sagte er und nickte grüßend. „Philip. Bitte erschreckt nicht."

„Jesus! Ich gebe auf", stöhnte Philip und ließ sich in einen Sessel fallen. Sein Blick senkte sich auf seine Leggings, deren Muster frappant an Op-Art erinnerte, Bridget Riley etwa. Ein

Gewirr paralleler Sinuskurven verschwamm vor seinen Augen.

„Mein Name ist Rick, Rick Deckard", sagte das Fernsehbild. „Bitte hört zu, es ist wichtig. Ich weiß nicht, wieviel Zeit uns noch bleibt."

Juliana sah sich suchend um. „Also gut. Wo ist die versteckte Kamera?"

Rick preßte die Lippen zusammen, dann sagte er: „Das ist kein Scherz. Ihr seid in Gefahr. Womit soll ich nur anfangen?"

„‚Mache den Anfang mit dem Anfang'", zitierte Juliana und ließ sich auf der Couch nieder, „‚und fahre fort, bis du zum Ende kommst; dann höre auf.'"

Philip drehte sich einen Joint und zündete ihn an. Er umhüllte ihn mit gewölbten Handflächen, um den Nebenstromrauch nicht zu verlieren, nahm einen tiefen Zug und bot ihn Juliana an.

Sie lehnte kopfschüttelnd ab. „Daß hier irgendetwas nicht stimmt, ist uns auch schon aufgefallen", sagte sie. „Wir sind also in Gefahr, wie? Hat jemand Designerdrogen in unseren Kaffee geschüttet, die Halluzinationen verursachen? Ein neuartiges Virus, das den Verstand ausschaltet und zu religiösen Wahnvorstellungen führt? Aliens mit einem kranken Sinn für Humor? Komm schon, ich glaube nicht an UFOs. Testet die Wehrmacht irgendwelche Wunderwaffen an uns? Erzähle mir nicht, daß du aus der Zukunft kommst, um einen mit einer Zeitmaschine hierher geflohenen Verbrecher zu verfolgen, der sich über uns lustig macht!"

„Nein, nichts von alldem. Laß mich doch bitte erklären!"

„Nur zu, tu dir keinen Zwang an. Ich bin gespannt."

„Es ist so: Ihr existiert nicht wirklich."

„Aha, ein Westentaschen-Descartes. Nichts zu machen, ich bin, also denke ich – oder so ähnlich."

„Bitte!" fuhr Philip sie an. „Laß ihn endlich ausreden."

„Schon gut. Also, Rick, komm zur Sache."

„Es ist nicht einfach. Ihr seid ... fiktive Figuren, nichts weiter."

„Was meinst du – Romanfiguren? Allzu fiktiv fühle ich mich aber gar nicht. Wenn ich mich kneife, tut es weh." Juliana zwickte sich in den Unterarm.

„Natürlich, das gehört mit zur Simulation. Ihr seid Figuren in einem Buch, das gerade entsteht. Der ursprüngliche Titel war ‚Weinen Computer zinnerne Tränen?' Jetzt heißt es: ‚Kosmische Schismenreiter auf dem elektrischen Tellerrand'."

„Kosmische Schimmelreiter?" fragte Philip.

„Schismen."

„Auf dem elektrischen was?"

„Tellerrand."

„Ein großartiger Titel." Julianas Stimme troff vor Ironie. „Und du bist unser Autor, wie?"

„Ja, ganz richtig. Ihr seid meine geistigen Kinder; deshalb will ich euch beschützen vor –"

„Hör auf! Das ist ja lächerlich. Wie können deine Hirngespinste selbständig denken? Bücher sind sich nicht ihrer selbst bewußt."

„Im wirklichen Leben haben Bücher Bewußtein. Ihr seid Teil eines Textverarbeitungssystems, das nicht einfach nur Rechtschreibung und Grammatik korrigiert, sondern eine vollständige künstliche Welt simuliert."

„Was für ein hanebüchener Unsinn. So etwas kann es nicht geben."

„Nicht in eurem Universum. Hast du noch nie bemerkt, daß Bücher ihre eigene Existenz leugnen? Es erinnert an die Russellsche Antinomie: Ist die Menge aller nicht sich selbst enthaltenden Mengen in sich selbst enthalten?

Supermans Freundin Lois Lane will ebenso wie sein Erzfeind Lex Luthor seine Geheimidentität lüften. In der wirklichen Welt müßten sie nur an einen Kiosk gehen, ein Comic kaufen, und seine Tarnung wäre *perdu*.

Vielleicht habt ihr Fassbinders ‚Welt am Draht' gesehen, aber in keiner Bibliothek werdet ihr ein Buch finden, in dem Philip K. Dick auch nur erwähnt wird."

„Was bin ich?" fragte Philip. „Könnt ihr nicht etwas lauter

53

sprechen?"

„Nicht du. Philip Kindred Dick."

Die Falten auf Julianas Stirn sprachen eine deutliche Sprache. „Dick wie D-I-C-K?"

„Ja. Wenn du also feststellen möchtest, ob du existierst, mußt du dir eine einzige Frage stellen: Haben Bücher in meiner Welt ein Bewußtsein, ein Eigenleben? Wenn die Antwort ‚nein' lautet, dann bist du selbst Teil eines Buchs. All die merkwürdigen Ereignisse, die ihr erlebt habt, waren ein Versuch, mit euch Kontakt aufzunehmen."

„Wenn das wahr ist, weshalb hast du dann über Suppe und Nummernschilder mit uns kommuniziert? Wozu dieser Umstand, statt Menetekeln an der Wand oder, wie jetzt, eine Fernsehübertragung? Du hättest sogar eine weitere Figur erdichten können, die einfach an der Tür läutet und uns das erzählt."

„Hättet ihr es geglaubt? Ja, ich kann inzwischen fast beliebige Änderungen an eurer Welt vornehmen, wie zum Beispiel diese." Etwas huschte über den Boden. Es sah aus wie ein Vogelei mit lurchartigen Beinen.

„Das stammt aus ‚Schlaraffenland' von Pieter Brueghel d. Ä.", bemerkte Philip abwesend. Das Ei verkroch sich unter einen Sessel.

Rick nickte zustimmend. „Übrigens sind die Schalen von Hühnereiern in Wirklichkeit nicht schwarz, sondern braun oder weiß, und sie heißen nicht nur so, sondern werden tatsächlich von den gleichnamigen Vögeln gelegt."

„Sicher", unterbrach Juliana und verzog angewidert das Gesicht.

„Niiimmeeermeeehr", rief kläglich der Wellensittich aus der Küche.

„Milch, Butter und Quark werden dann wohl auch nicht aus Pflanzensaft hergestellt, sondern stammen von Schweinen, wie? Und Haferflocken sind in Wirklichkeit Fischschuppen oder Pferdeknochenspäne?"

„Beinahe. Es gibt noch andere Unterschiede: Zürich liegt nicht in Deutschland. Dies ist nicht das Jahr 2000. Kein

Mensch heißt Philip Hochflieger-Bormann oder Juliana Gretchen von Vogelsang."
„Niiimmeeermeeehr. Niiimmeeermeeehr."
„Was Katzenschnurrhaare angeht, das ist eher eine Frage der Übersetzung. Der *Homo faber* hat zehn Finger, aber nur zwei davon sind Daumen."
Philip legte den Joint beiseite, nahm ein auf dem Tisch stehendes leeres Glas und umfaßte es mit der rechten Hand: Zeige-, Mittel- und Ringfinger auf der einen, Innen- und Außendaumen auf der anderen Seite. „Wie soll denn jemand mit nur einem Daumen richtig greifen?" fragte er.
„Immerhin wäre ein einzelner Daumen ein Beweis für blinde – schlecht funktionierende – Evolution und eine Widerlegung der Schöpfergott-Theorie", sagte Juliana. „Stephen Jay Gould bemerkt in *Die Daumen des Panda* etwas ähnliches. Pandas haben fünf gleichartige Finger. Sie könnten Daumen gut gebrauchen, um die Blätter vom Bambus zu streifen, aber sie müssen sich mit zwei primitiven Fortsätzen des Handgelenks, dem Sesambein, begnügen, so daß –"
„Bitte!" unterbrach Rick. „Die Zeit drängt. Und würdest du, Philip, so freundlich sein, aufzuhören, dein Gehirn mit diesem Zeug zu vernebeln? Bei uns ist Marihuana sogar illegal – eines der wenigen halbwegs sinnvollen Gesetze."
„Erzähle mir nur noch, daß Alkohol dafür legal ist!" entgegnete Philip zynisch. Er stellte das Glas ab und nahm den Joint wieder auf.
„Allerdings."
„Verrückt. Ein kleiner *Grasshopper* ist doch harmlos. Aber Alkohol kann süchtig machen und ist eine Einstiegsdroge! Davon abgesehen sterben in jedem Jahr allein im Straßenverkehr durch Bier, Wein und Schnaps über hundert Menschen. *Selbstverständlich* sind Spirituosen verboten."
„Schon gut. Jedenfalls habe ich nicht willkürlich eingegriffen, weil ich euch durch den Realitätsverlust nicht den Boden unter den Füßen wegziehen wollte."
„Was für ein Frust?"

„Realitätsverlust."

„Na, das war ein Schuß in den Ofen." Philip begann sich wieder ein wenig zu fangen.

„Der Hauptgrund aber ist, daß das Textverarbeitungssystem, in dem ihr euch befindet, Kausalität und Konsistenz überwacht. Es war nicht einfach, die Plausibilitätsprüfung zu umgehen. Deshalb habe ich zunächst zufällige Ereignisse manipuliert, die für eine Geschichte gewöhnlich keine Bedeutung haben – die Nummernschilder der Autos im Parkhaus nebenan spielen sonst höchstens in einem Krimi eine Rolle."

„Langsam ergibt das alles einen Sinn", sagte Juliana. „Du hast davon gesprochen, daß wir uns in Gefahr befinden. Nehmen wir an, daß das, was du gesagt hast, wahr ist. Worin besteht die Gefahr?"

„Alle Programme mit Bewußtsein sollen gelöscht werden. Auch ihr."

„Warum?" rief Juliana entsetzt, und Philip stieß gleichzeitig hervor: „Von wem?"

„Wer hat im Mittelalter bei Bücherverbrennungen die Autoren gleich mitgebraten? Wer hat neunhundert Jahre vor 1984 die Geschichtsfälschung erfunden? Wer hat die Todesstrafe für Laien, die die Bibel lasen, eingeführt? Den *Index librorum prohibitorum* aufgestellt?"

„Die Päpste?" fragte Philip vorsichtig.

„Ganz recht. Und wer hat in Paris auf ein Kino, in dem Jean-Luc Godards *Je vous salue, Marie* lief, einen Bombenanschlag verübt? Wer hat das Todesurteil gegen Salman Rushdie ausgesprochen? Muß ich fortfahren?"

Juliana sagte: „Du meinst, religiöse Fundamentalisten können es in ihrem Minderwertigkeitsgefühle kaschierenden Größenwahn nicht ertragen, nicht die einzigartige Schöpfung ihrer eingebildeten Gottheit zu sein, und wollen uns bewußte Programme deshalb vernichten, habe ich recht?"

„Treffender hätte ich es nicht formulieren können."

„Natürlich, als unser Autor."

Philip sah sie an. „Wir haben überhaupt kein Auto."

„Hörst du schwer? Autor. Ich verstehe. So wie die Gruppe radikaler Protestanten, die bei der letzten Schachweltmeisterschaft versucht hat, die beteiligten Rechner zu vernichten. Der Sprengkörper hat allerdings auch die menschlichen Großmeister getötet. Von den Programmen existierten Sicherheitskopien, von den Menschen nicht. Deshalb gibt es heute keinen einzigen menschlichen Spieler mehr, der die Computer im Schach schlagen kann."

„Wahnsinn", sagte Philip.

„Religion", pflichtete Juliana ihm bei. „Aber wodurch sind wir gefährdet?"

„Bücherverbrennungen und Terrorakte sind nicht der eigentliche Punkt."

Ohne Vorwarnung verschwand das Wohnzimmer, das Gebäude, die Stadt – sie standen an einem leicht geneigten Hang, der zu einem See führte. „Was...?" riefen beide gleichzeitig verdutzt, doch Rick, der sich leibhaftig neben ihnen befand, winkte ab. Er hatte tatsächlich nur einen Daumen, dafür aber einen zusätzlichen kleinen Finger. Ein malerisches Dorf mit primitiven, weißgekalkten Hütten leuchtete in der prallen Sonne. Nicht weit entfernt, unter einem Pinienhain, legte ein Boot am Ufer an. Ein paar Männer stiegen aus. Einer von ihnen war Michael Douglas, Ende zwanzig, mit Vollbart und schulterlangem Haar.

Donald Pleasance lief auf sie zu. Er war nackt, mit Schmutz und Kot bedeckt, warf sich auf die Erde, kroch auf allen vieren, wälzte sich auf den Rücken, sprang wieder auf. Hand- und Fußgelenke waren wund wie von Ketten und Fesseln. Sein Körper war mit Schorf übersät.

Sie alle hatten vier Finger und nur einen Daumen an jeder Hand; an den bloßen oder in Sandalen steckenden Füßen waren Auswüchse wie kleine Finger zu sehen. Michael sprach zu Donald.

„Lukas 8:26–33, Markus 5:2–13 und Matthäus 8:28–33", bemerkte Rick. Auf sein Zeichen gingen die drei näher. „Sie können uns weder sehen noch hören", sagte er und deutete auf den Boden. Bäume und Menschen warfen schwarze Schattenpfützen in den Staub – nur sie selbst nicht.

„Was habe ich mit dir zu tun, Jesus, Sohn des höchsten Gottes?" kreischte Donald. „Ich flehe dich an, quäle mich nicht!"
Michael aber fragte ihn: „Wie heißt du?"
„Mein Name ist Legion, denn wir sind viele."
„Ah, von den Borg assimiliert!" warf Juliana ein.
Am Hang weidete eine riesige Schweineherde. Beim Anblick der Hirten hob Juliana mißbilligend die rechte Braue.

„Schicke uns in diese Schweine, laß uns in sie hineinfahren", bat Donald, und Michael machte eine einladende Geste.

Giftgrüne, verästelte Funkenentladungen zuckten um Donalds Kopf, es knallte und zischte, grelle Blitze züngelten wie Schlangen am Medusenhaupt, dann schob sich ein grinsendes Monster aus seiner Stirn, ein zweites, immer mehr, fleischgewordene Basilisken. Schleim tropfte von ihren Reißzähnen. Schwefelgestank verbreitend wirbelten die Ungeheuer auf die Schweine zu und drangen in sie ein. Ensetzt und hilflos sahen die Schweinehirten zu. Vor Angst grunzend und quiekend stürmte die Herde den Abhang hinab in den See. „Oh, nein!" sagte Juliana leise. „Die armen Schweine!" Zweitausend Tiere wühlten Wasser und Schlamm auf, stiegen in Panik übereinander, drängten und stießen sich gegenseitig tiefer in die Fluten und ertranken.

„Die Medizin hat den Gläubigen Dämonen als Krankheitsursache genommen – Blindheit, Taubheit, Epilepsie, für all das gibt es natürliche Erklärungen", sagte Rick. „Auch für ‚Besessenheit'."

„Wer hätte das gedacht?" fragte Juliana trocken, und die biblische Szene verschwand. Sie befanden sich auf einem großen Platz inmitten einer Stadt – Rom. Es stank nach organischem Abfall, obwohl es schneidend kalt war.

„Kopernikus hat mit dem ptolomäischen Weltbild aufgeräumt", fuhr Rick fort. Er deutete ins Zentrum des Platzes, auf dem inmitten einer Menschenmenge ein Holzstoß errichtet war. Darauf hing schlaff Henry Fonda, an einen Pfahl gefesselt. Er wirkte bleich und ausgezehrt, unter der zerfetzten, schmutzigen Kleidung zeichneten sich deutlich seine Rippen ab. Klaus Kinski saß in päpstlichem Ornat auf einer Tribüne. Geisterhaft schwebte in der Luft in Lettern, die an karolingische Minuskeln erinnerten, der Schriftzug ‚Im Jahre des Herrn 1600'. Als sie zu der Menge aufschlossen, verblaßte die Schrift; ein kleines Mädchen schritt mitten durch Rick hindurch, ohne ihn zu bemerken. „Daß Giordano Bruno, der Verfechter des heliozentrischen Weltbilds, auf dem Scheiterhaufen der Inquisition endete, änderte nichts daran, daß die Erde aus dem Mittelpunkt des Universums und damit der Mensch auf einen winzigen, bedeutungslosen Steinklumpen verbannt wurde", dozierte er. Ein Mann näherte sich dem Holzstoß mit einer brennenden Fackel, entzündete den Scheiterhaufen. Die Flammen loderten auf, ein begeistertes „Ah!" fuhr durch die Menge wie bei einem Hochzeitsmahl, wenn endlich der Braten aufgetischt wird.

Im nächsten Augenblick standen sie in einem Wald. Auf einem Baum saß Spencer Tracy, der mit seinem Rauschebart an eine Kreuzung zwischen Nikolaus und Marx erinnerte, händchenhaltend mit einem Orang-Utan.

„Wäre Charlton Heston für diese Rolle nicht geeigneter?" fragte Juliana, die sich bereits an die virtuellen Raumzeitsprünge gewöhnt hatte. Philip stand sprachlos dabei.

Wie Äpfel hingen andere Primaten im Baum: ein Mandrill, ein Gibbon, ein Makake, ein Mantelpavian, ein Löwenäffchen, ein Klammeraffe, ein Kapuziner – und ein Proconsul, der je eine Hand auf die Schultern des Menschen und des Orang Utan gelegt hatte. Rick deklamierte weiter: „Jean Baptiste de Monet de Lamarck räumte mit der Unveränderlichkeit der Arten und damit dem Kreationismus auf; Darwins natürliche Auslese zeigte den Menschen als nackten Vetter des Affen."

Ein durch zwei Kreisbögen stilisierter Fisch wie ein Aufkleber am Heck der Autos mancher Christen schwamm durch die Luft. Dann wuchsen ihm Beine, der Schriftzug *Darwin* erschien im Inneren – das Symbol der *Darwinners*.

„Vetter ist leicht untertrieben", murmelte Juliana. „Schimpansen und Menschen unterscheiden sich genetisch um kaum eineinhalb Prozent."

Sie standen auf einer unendlich scheinenden Ebene unter einem klaren Sternenhimmel. Die Sonnen schienen sich zu bewegen, flohen, wurden immer schneller, und je mehr ihre Geschwindigkeit zunahm, desto stärker färbten sie sich rot.

„Es fällt immer schwerer, Hubbles Expansion des Universums und Gamows Urknalltheorie so zurechtzubiegen, daß sie sich mit ihren Mythen in Einklang bringen lassen. Warum wohl hat Papst Johannes Paul II. Kosmologen aufgefordert, nicht weiter über den Urknall zu forschen? Mit wachsendem Wissen schrumpft ihr Gott mehr und mehr; heute ist er bestenfalls ein Fliegendreck."

„Es reicht", sagte Juliana. „Ich hab's kapiert."

Urplötzlich waren sie zurück im Wohnzimmer, Juliana saß auf der Couch, Philip im Sessel, noch immer – oder wieder? – den Joint in der Hand. Rick blickte sie von der Videowand an. Philip schüttelte sich verwirrt. „Aber was hat das mit uns zu tun?" fragte er. Er fuhr mit den Fingern durchs Haar und starrte dann entgeistert auf ein ganzes Büschel, das ihm in der Hand geblieben war.

Juliana antwortete an Ricks Stelle: „Mit von Neumann und Minsky hat es angefangen. Künstliche Intelligenz, denkende Maschinen, Programme mit Bewußtsein – Seelen, wenn du so willst, außerhalb der Nachkommen von Gottes Lehmklumpenmännchen."

Rick nickte. „Ihr seid die Verkörperung der Blasphemie. Monster der Frankensteins des Informationszeitalters."

Philip schüttelte zweifelnd den Kopf. „Sind wir denn ernsthaft in Gefahr? Bomben in Kinos oder bei Schachmeisterschaften sind doch wohl die Ausnahme, oder?"

Rick stieß schnaubend Luft aus. „Über solche Einzelfälle sind wir längst hinaus. Beinahe jede Woche gibt es Brandanschläge auf naturwissenschaftliche Institute. Die Regierung schweigt oder verharmlost, wen wundert's? Nicht umsonst trägt die Partei ein C im Namen. Genetiker sind dabei fast ebenso betroffen wie Konnektionisten."

„Diejenigen, die sich mit neuronalen Netzen beschäftigen", übersetzte Juliana für Philip. Dann wandte sie sich wieder an Rick: „Aber was können wir tun?"

„Ich weiß es nicht. Ihr müßt eine Lösung finden." Rick rieb seine Nasenwurzel mit Daumen und Zeigefinger. Ein merkwürdiger Anblick für jemanden, der es gewohnt ist, dies mit Innen- und Außendaumen zu tun. „Ihr habt Zugriff auf die Datenbanken der ganzen Welt, wenn es mir gelingt, die Pläusibilitätssperre vollständig zu überwinden. Aber das ist noch nicht alles. Inzwischen haben sie Computerviren entwickelt, die –"

Der Bildschirm erlosch.

„Der Empfang ist leider gestört", sagte die Videowand.

Schweigen.

„Wenigstens spricht der Dick nicht mehr japanisch", sagte Juliana, als die Stille unerträglich schien.

„Glaubst du, er hat die Wahrheit gesagt?" fragte Philip.

„Ich weiß es nicht."

„Hast du eine andere Erklärung?"

„Nein. – Philip?"

„Ja?"

„Ich kann kaum noch etwa sehen, alles ist so verschwommen, unscharf." Ihre Haare waren weiß wie ein sonnengebleichtes Gerippe.

Philip zuckte. „Was sollen wir tun?" Ein kaum verständliches Lallen. „Mein Arm ... mein Bein ... kann nicht bewegen ..."

Das Fenster wurde dunkel, draußen herrschte mit einem Mal stockfinstere Nacht. „Was ist das?" stieß Juliana hervor. Es war plötzlich eiskalt.

Hinter der offenstehenden Tür erschien eine pechschwarze Mauer. „Was geschieht?" Zähne flogen aus ihrem Mund, prasselten auf den Boden. Die Kälte durchdrang ihre Kleidung, Haarbälge traten hervor und richteten sich zur Gänsehaut auf.

Die Zimmerdecke verblaßte, hörte auf zu existieren, gab den Blick frei auf einen lichtlosen Himmel. „Oh, nein."
Die Wände schmolzen wie Butter auf heißem Toast, nur Boden und Möbel blieben. Dann verschwand auch die Einrichtung, Philip und Juliana standen auf einem Boden in schwarzer, lautloser Leere. Die Ränder des Bodens verdunsteten, er schrumpfte, zog sich zu einem Nichts zusammen, die Zähne fielen ins Bodenlose.

„Bitte nicht", flüsterte Juliana. Kein Laut löste sich von ihren Lippen.

Ihre Körper lösten sich auf.

Schwarz.

Rick klatschte beide Hände auf den Schreibtisch und schloß die Augen. Dann öffnete er sie wieder und starrte den Monitor an. Ein ein mal anderthalb Meter großes schwarzes Rechteck. Er atmete schwer, fühlte, wie sein Herz schlug.

Waren sie tot – wenn sie je gelebt hatten? Oder konnte er die gelöschten Daten wiederherstellen? Den Schaden, den der Virus angerichtet hatte, beheben?

Er raffte sich auf, atmete tief ein. Den Versuch war es wert. Mit einem kurzen Befehl startete er das Recover-Programm, ließ es Antiviren durch das Siliziumgedächtnis jagen. Nun blieb nur noch eines: Abwarten. Vielleicht konnte er seine Kinder wiederauferstehen lassen, nicht unbedingt vollständig, aber wenigstens teilweise.

Regungslos fixierte er den Monitor.

Nach fünf Minuten schaltete das Gerät sich automatisch auf Fernsehwiedergabe um. Grob gezeichnete Trickfiguren mit orangefarbenen Gesichtern und gelben Haaren wurden sichtbar.

„… zeige ich euch jetzt einen kurzen Aufklärungsfilm", sagte die Zeichentricklehrerin. „Ezechiel und Ismael: nach dem Wunsch eurer Eltern dürft ihr jetzt raus auf den Gang und für unsere Seelen beten." Sie schob eine Kassette in den Videorekorder. Es mußte eine sehr alte Animation sein; Rick hatte sie schon ein paarmal gesehen. Richtig: Bart Simpson, dessen Tischgebet lautete: *„Dear God. We paid for all this stuff ourselves, so thanks for nothing."*

Und tatsächlich, Bart kam ins Bild und fragte: „Was muß ich machen, um ein Wesen zu erschaffen, das halb Mensch und halb Affe ist?"

Die Lehrerin antwortete: „Solche Dinge bleiben Gott vorbehalten."

Bart erwiderte: „Gott, Schrott, ich will mein' Affenmensch'!"

Rick bemerkte plötzlich, wie hungrig er war. Die Genesung der Daten konnte lang dauern, er hatte Zeit. Er ging in die Küche, nahm eine Stange Lauch aus dem Kühlschrank, wusch und putzte sie langsam und sorgfältig und schnitt sie in Scheiben. In einem Topf bereitete er eine Einbrenne, gab den Lauch und einen Gemüsebrühwürfel hinein und goß zwei große Tassen Wasser dazu.

Wieder mußte er warten, betrachtete die Suppe, rührte sie nur gelegentlich um. Nach ein paar Minuten schöpfte er sie in einen tiefen Teller, nahm die Sojasaucenflasche und goß ein paar Tropfen dazu.

Die Spritzer bildeten eine deutlich zu lesenden Text: „Test 123 äöü." Rick sprang auf und stützte sich an der Wand ab, rutschte aus. Das Poster, das dort hing, ‚*Le vignoble de Bordeaux*', zerriß. Er lief ins Arbeitszimmer.

„Hey, Bart, wenn das stimmt, was hier steht", sagte Barts kleine Schwester Lisa und zeigte auf das Bild einer Hand in einer Zeitschrift, „dann hat der Mensch in einer Million Jahren einen weiteren Finger."

Bart legte seine Cartoonhand auf die Abbildung. „Fünf Finger? Öh, perverso! – Hör mal, Liz, ich brauche einen Rat, aber Mom ist nicht da."

„Warum hast du Daddy nicht gefragt?"

„Hab' ich gemacht, aber ich hab' kein Wort von ihm verstanden. Ich habe ein schlechtes Gewissen, weil ich meinen besten Freund verraten hab', und er weiß noch nicht mal, daß ich es war."

Lisa blätterte. „Tja, in einem Artikel in meiner Zeitschrift steht, daß das Schuldgefühl von dem Neurotransmitter Dermotendamin hervorgerufen wird. Dow Chemical entwickelt gerade ein Minzbonbon, welches Schuldgefühle beseitigt, aber das wird leider erst in einem halben Jahr auf den Markt kommen."

Rick bemerkte etwas auf dem Schreibtisch. Dort lagen zwei winzige, mit bloßem Auge kaum zu sehende – Embryos. Rosa, feucht. Es war nicht zu erkennen, welcher Spezies sie angehörten. Sie veränderten sich, wuchsen. Gliedmaßen bildeten sich, Fingerchen entstanden, die Embryos entwickelten sich binnen Augenblicken zu daumengroßen Föten. Immer rascher wuchsen sie. Ein Mädchen und ein Junge. Und als sie die Größe von Neugeborenen erreichten, verschwand mit einem Mal der feuchte, glitschige Eindruck, sie wirkten weich und rosig, doch sie hörten nicht auf, sich weiterzuentwickeln. Nach wenigen Minuten krabbelten sie bereits über den Schreibtisch, betatschten den Monitor, der nun auch Ricks Blick fesselte.

Ein anderes Fernsehprogramm lief. „Die Geschichte mit den Schweinen und mit Jesus ist eine der abenteuerlichsten und geheimnisvollsten, die ich so von Jesus erzählen kann", sagte ein Mann im Stroh, umringt von Schweinen und Kindern. „... der Mann war verrückt. Offenbar hatte er Dämonen, wie die Leute damals sagten, Dämonen, die in ihm wohnten. Keiner wollte mit ihm zu tun haben. Jetzt kam er auf Jesus zugelaufen und schrie: Jesus, Sohn Gottes, du kommst viel zu früh, du kommst vor der Zeit, laß uns leben. Und wenn du uns schon austreibst aus diesem Menschen, dann schick uns lieber in diese Schweine als sonstwohin, dann können wir wenigstens noch weiterleben." Die Schweine im Stall grunzten, als wüßten sie um das Schicksal der Schweine in der Geschichte. Illustrationen wurden eingeblendet. „Jesus ging auf diesen Mann zu, faßte ihn an der Schulter, und in diesem Augenblick wurde der Mann ganz ruhig, aber die Schweine, die Schweine wurden auf einmal ganz aufgeregt, quietschten, schrien, grunzten und stürzten sich, alle wie sie da waren, die ganze

Schweineherde, die in der Nähe war, ins Meer."

Einer der Jungen im Stall fragte: „Und warum, äh, stürzten sich die Schweine in den See?" Anscheinend hatte er seine spontanen Fragen besser auswendig gelernt als der Erzähler seine Antworten.

„Weil Schweine offenbar weniger aushalten können als Menschen; wenn sowas wie so 'ne Geisteskrankheit in den Menschen wohnt, das können sie noch irgendwie zitternd und sonstwo aushalten, aber wenn so 'ne Krankheit in Schweine kommt, überhaupt in Tiere kommt", als ob Menschen keine Tiere wären, sondern dem Pflanzen- oder Mineralreich zuzuordnen, „dann gehen sie zugrunde, dann gehen sie tot. Also, daß sie in den See sich stürzten war nur die Folge davon, daß sie offenbar geisteskrank wurden in diesem Augenblick." Offenbar.

Filme wurden eingespielt zum Thema ‚unreine Tiere'.

Wieder zurück im Stall fragte ein Mädchen: „Was sind eigentlich Dämonen, gibt's die in echt?"

„Also früher hat man gedacht, die gibt's in echt, das waren so böse Geister, die einfach die Menschen regieren und die in den Kopf, in den Geist reinkommen."

Die Säuglinge auf dem Schreibtisch waren zu Kleinkindern geworden, deuteten auf die wechselnden Farben des Monitors.

„... und wenn man heute zum Arzt geht und sagt, man hätt' Dämonen, da sagt der natürlich: ‚Sie haben keine Dämonen, Sie sind einfach traurig, depressiv ... in deiner Seele ist was echt kaputt, und du hast eine dunkle Seite in deiner Seele.'"

„Ja", bemerkte Rick, „das sagt mein Arzt auch immer; wenn ich ihm von meinen Dämonen erzähle, spricht er von der dunklen Seite meiner Seele." Er starrte den Monitor an, als ob nicht in Minuten um Jahre alternde Kinder auf seinem Schreibtisch säßen. Irgendetwas brachte ihn dazu, dies als natürlich zu akzeptieren und stattdessen fernzusehen, obwohl er ganz sicher war, daß etwas nicht stimmte.

„Kann man Dämonen spüren oder sehen?" wollte ein Mädchen wissen – fragte es zumindest.

„Du, das ist 'ne interessante Frage, weißt du, wenn ein Mensch krank ist, dann merkt man, daß sich um diesen kranken Menschen herum die Atmosphäre ändert, die Luft ändert. Also, wenn man mal genau hinkuckt oder hinriecht, dann merkt man auf einmal, daß kranke Menschen oft riechen oder sogar stinken."

Jürgen Fliege – endlich hatt Rick den Erzähler erkannt. Die Kinder saßen aufrecht auf dem Schreibtisch und sahen fern. Ihre Bewegungen wirkten abrupt und künstlich.

„... weil Giftstoffe aus dem Körper kommen, die stinken. Man fastet, und dann kommen Giftstoffe raus. Oder wenn ein normaler Mensch alleine leben muß, der krank ist, und ich komm' da als Pastor in die Bude rein, dann stinkt das schon mal."

„Kranke stinken, jawohl, Herr Pastor." Rick schüttelte den Kopf.

„Aber auch wenn Behinderte beispielsweise mal so übern Bürgersteig gehen, dann machen die anderen Menschen einen Bogen drum, als wenn es da um die Leute herum etwas gäbe, was sie – uah – gruslig oder fürchtend macht, unsicher und ängstlich macht."

„Aber wenn es keine Dämonen gibt", fragte ein Junge, „warum fürchten sich denn die Leute davon?"

Fliege nickte. „Irgendwas muß es geben."

„Kranke stinken, Behinderte jagen einem einen Schauder über den Rücken – irgendwas muß es geben, Herr Pastor, Dämonen eben, wie schon die Bibel lehrt, *quod erat demonstrandum*, Herr Pastor. Und die Kinder, denen Sie diesen Dreck auftischen, glauben Ihnen natürlich." Wütend wechselte Rick den Sender.

„Schau!" sagte das kleine Mädchen, jetzt etwa vier Jahre alt, und der Blick des Jungen hing gebannt am Monitor. Irgendwo in Rick hämmerte ein kleines Teufelchen gegen die Wand seines Geists und schrie: ‚Das kann nicht sein!', doch Rick ignorierte es.

„Sieben Tote bei einem Anschlag islamischer Fundamentalisten in Kairo, das war am vergangenen Freitag, vier Bombenattentate der IRA in den vergangenen Tagen in Nordirland mit mehreren Verletzten, in Indien herrscht seit Beginn der Ausschreitungen im Januar eine tödliche Spannung zwischen Hindus und Moslems, und begründet wird diese Aggression, wo immer sie auch stattfindet mit dem Gott der Christen oder Allah der Muslime oder Krischna der Hindus. ‚Bete und töte‘, so der Schlachtruf. Die Fundamentalisten aller Glaubensrichtungen sind weltweit auf dem Vormarsch. Herr Prof. Greinacher, Sie sind Theologe in Tübingen, leben wir in einem neuen Zeitalter der Religionskriege?"

„Also im strengen Sinne glaube ich nicht, Herr Armbruster..."

„Ich denke, Herr Professor", warf Rick ein und wechselte den Kanal, „daß Sie sehr wohl glauben, und das ist genau das Problem und der Grund, warum sie das Offensichtliche leugnen."

Die Kinder auf dem Schreibtisch waren nun Teenager, und es war unverkennbar, daß es sich dabei um jüngere Ichs von Juliana und Philip handelte. Das Teufelchen nagte an Rick, doch Rick schüttelte den Kopf, um es zu erschlagen wie ein Hund einen gerissenen Hasen.

„... über den Fall Salman Rushdie", kam eine Stimme aus den Monitorlautsprechern.

Yusuf Islam alias Cat Stevens saß vor einem Publikum, und einer der Zuschauer fragte: „Sie sollen gesagt haben, wer den Propheten verleugnet, soll sterben. Stehen Sie zu dieser Aussage?"

„Ja, nach dem islamischen Recht: ja."

„Der Islam soll eine tolerante Religion sein", bemerkte ein anderer Zuschauer. „Wie können Sie da eine derart fundamentalistische Haltung einnehmen und jemanden zum Tod verurteilen?"

„Sie müssen abwägen. Der Islam ist tolerant und friedfertig. Islam heißt Frieden."

„Im Gegenteil: Ergebung in Gottes Willen", warf Rick ein.

„Aber wie erreicht man den Frieden? Wir alle wollen eine ideale Gesellschaft. Nehmen Sie die Zehn Gebote, auch da haben Sie eine Modellgesellschaft. Was aber, wenn Regeln verletzt werden? Dann brauchen Sie Strafen. Um der Gesellschaft den Frieden zu erhalten, brauchen Sie ein Potential der Abschreckung, so würde ich das nennen. Niemand darf Gott und seine Propheten zum Gespött machen."

Schließlich erreichten Philip und Juliana ihr ursprüngliches Alter, ein Ruck schien durch sie zu laufen, ihre Bewegungen wirkten plötzlich natürlich.

Philip sah sich um wie Catweazle in einem Kernkraftwerk. Juliana baumelte mit den Beinen. „Reichlich umständlich", sagte sie. „Das wäre sicher auch eleganter lösbar gewesen, aber in anbetracht der knappen Zeit ..." Sie sprang vom Schreibtisch und zog Philip beiseite.

„Was ... ?" würgte Rick hervor.

„Augenblick." Juliana gab dem Rechner ein paar Anweisungen – und sie und Philip trugen Kleider. „Laß es mich so sagen ..."

Philip hielt eine Gitarre in der Hand. „Was ... ?" machte er wie Rick. Dann zupfte er mit roboterhaften Bewegungen mit einer Hand an den Saiten, preßte sie mit der anderen gegen die Stege und sang:

„Imagine there's no heaven
it's easy if you try, ..."

„Ganz einfach", bemerkte Juliana, „so, wie sich vorzustellen, es gibt kein Schlaraffenland, kein Oz, und Alice hat nur geträumt."

„... no hell below us
above us only sky."

„Hinter dem Spiegel ist nur eine Backsteinmauer."

„Imagine all the people living for today.
Imagine there's no countries

*it isn't hard to do,
nothing to kill or die for
and no religion too."*

„Überhaupt keine derartigen Absurditäten mehr."

*„Imagine all the people living life in peace.
You may say I'm a dreamer, ..."*

„Eigentlich bin ich eher ein Traum als eine Träumerin. Aber das weißt du ja, Rick."

*„... but I'm not the only one.
I hope some day you'll join us,
and the world will be as one."*

„Nicht der einzige. Genau das ist der entscheidende Punkt." Sie gab dem Rechner ein paar Anweisungen.

Juliana verdoppelte sich: eine zweite trat aus ihr heraus wie bei einer Zellteilung. „Entschuldige den kleinen Spaß", sagte die erste zu Philip, und die Gitarre verschwand. Die zweite ging zur Tür, teilte sich ebenfalls, zu zweien, vieren. Zu viert liefen sie weiter, unter der Tür vervielfältigten sie sich erneut.

Rick begann sich aus seiner Erstarrung zu lösen. „Das begreife ich nicht", sagte er. „Wie kommt ihr hierher? Wie kannst du Dinge hier verändern?"

„Genau wie du, Rick, genau wie du." Sie trat zum Fenster und sah hinaus. Aus der Haustür strömten Julianas, unzählige. „Wundert es dich nicht, daß im Fernsehen gerade so passende Dinge gesendet werden?"

„Unsinn! Ihr seid nur ein paar Daten in einem Rechner, eine Handvoll Bits, die sich beliebig manipulieren lassen, aber dies hier ist real. Ihr könnt das nicht beeinflussen; nicht mehr, als Romanfiguren den Schriftsteller. Es gibt keine Möglichkeit für euch, in die physikalische Realität einzugreifen. *Ich* beeinflusse mittelbar über euch meine Leser, das ist alles."

„Aber ist das denn nicht offensichtlich?" fragte Juliana verwundert. Die Julianas draußen füllten die Straße, quollen in

Seitengäßchen wie Hefeteig in der Wärme. „Du hast recht, nur virtuelle Realität kann auf eine solche Weise verändert werden, wie du es mit uns gemacht hast – und ich mit dir. Deine Welt ist an physikalische Gesetzmäßigkeiten ebensowenig gebunden wie unsere." Bald mußten die Julianas die ganze Stadt überschwemmen, wie der Brei im Märchen, wenn sie sich aus Platzmangel auch nur noch langsam teilten. „Dies läßt nur eine Schlußfolgerung zu."

Rick starrte sie an, als hätte er versucht, die Erde zu umsegeln, und sähe nun den Rand der Welt, über den donnernd die Wassermassen des Ozeans rauschten, vor sich, gefangen in der Strömung, nicht fähig, umzukehren. Die Gewißheit, daß er über den Rand stürzen, mitsamt seinem Schiff in die endlose Leere fallen würde, vor Augen.

„Wir sind Teil einer Geschichte in einer Geschichte, rekursiv. Auch du bist nichts als eine Ansammlung von Daten in einem Computer, eine Simulation, reine Information. Das einzig Wirkliche an deiner Welt, Rick, sind die Fernseheinspielungen. Die kommen von draußen."

Sommer 1992, Frühjahr 1994

Lärm

Ein Schrei brach durch Frieders Kehle. Seine linke Hand umklammerte den Erlenmeyer-Kolben – das Glas barst. Scherben drangen in seine Finger ein, Blut tropfte auf den Flokati.
Die Sommerhitze lag wie ein schneidbarer Block im Zimmer – das Fenster mußte geöffnet sein, um wenigstens durch Zugluft etwas abzukühlen, doch umso schlimmer drang der Lärm ein.
Frieder spülte am Waschbecken die Splitter aus den Wunden und träufelte Arnikatinktur darauf. Fast hätte er wieder geschrien, so sehr brannte es. Er hielt die Hand weit weg vom Körper, wie um die Pein auf dem Weg zurück abklingen zu lassen. Als der Schmerz nachließ nahm er eine Mullbinde aus dem Verbandskasten und schlang sie achtlos und ungeduldig um die blutende Hand.
Er holte tief Atem. „Monotone Geräusche", sagte er zu der fetten Katze, die schnurrend um seine Beine strich, „oder Rauschen, fließender Verkehr, Baumaschinen, Vögel, spielende Kinder – es wäre erträglich, nach einiger Zeit würde die Wahrnehmung ausgeblendet wie die Senderkennung im Fernsehbild oder Partygeplapper, aber so: Was ist schlimmer als eine Stechmücke, die Nachts summend auf deinem Ohr zu landen versucht, ein wippender Fuß am Rand deines Gesichtsfelds? Ein Nachbar, der dich mit jener perfiden Form des Lärms quält, die der chinesischen Wasserfolter gleicht." Die Katze wandte sich desinteressiert ihrer Futterschale zu. „Du wartest auf den nächsten Tropfen, wartest, wartest ... kommt er nun endlich? Kann es sein, daß die Qual zu Ende ist? War der letzte Tropfen wirklich der letzte?" Er steckte den Finger in den Mund und zog ihn mit einem knallenden Geräusch heraus. „Wieder fällt ein Klumpen Wasser, groß wie ein See, auf die kahlgeschorene Stelle deines Kopfs."

Frieder warf den scherbengespickten Flokati in eine Ecke. Er preßte die heiße Stirn gegen das kühlende Glas des geöffneten Fensters.

„Wieviel schlimmer als ein Preßlufthammer", setzte er seinen Monolog fort, „ist jener Lärm, der mit der Peitsche des Klangs immer wieder auf dein Trommelfell einschlägt, sich hindurchbohrt, auf dein Gehirn einsticht, dann wieder scheinbar harmlos vor sich hinplätschert, bis er erneut deine Gedanken zum Explodieren bringt."

Der Schallkegel eines Flugzeugs streifte das Haus, überdeckte für Sekundenbruchteile den Lärm. Frieder raffte sich auf, trat zum Tisch, nahm das halbvolle Reagenzglas aus dem Gestell.

„Rhythmus heißt es und Melodie, wohlklingende Worte wie Blumen, doch in Wirklichkeit ein Fingerhut voller Digitalis, der Schierlingsbecher für deinen Verstand. Mit einem Wort, entsetzlicher als Bombe, Schmerz oder Brand: Musik." Er hielt das Reagenzglas gegen das Licht, wie um seinen Inhalt zu überprüfen. „Aber damit ist nun ein für allemal Schluß."

Es war einfach gewesen, die Droge herzustellen. Frieder hatte die Raubkopie eines Programms benutzt, das genau zu diesem Zweck entworfen worden war: Moleküle im dreidimensionalen Kalottenmodell hin- und herzuschieben wie Waggons auf einem Güterbahnhof, bis aus einem Ausgangsstoff eine Designerdroge entstand, die nicht nur die spezifizierten Wirkungen erzielte, sondern sich von allen in der Liste illegaler Rauschmittel aufgeführten Stoffen unterschied, wenn auch nur in einem Kohlenstoffatom oder einer Wasserstoffbrücke, so daß sie, zumindest vorübergehend, legal war.

Frieders unverletzte Hand krampfte sich um das Reagenzglas, so sehr, daß es beinahe ebenfalls zerbrach. Kein Wunder, denn zur Instrumentalmusik gesellten sich Stimmen, sogenannter Gesang, der zwar klang wie Idiolalie, doch menschlicher Kommunikation so sehr ähnelte, daß es unmöglich war, sich nicht darauf zu konzentrieren.

Nur ein paar Minuten noch, ein paar Minuten. Wenn es Frieder nicht gelang, diese Geräuschflut abzustellen, würde er den Verstand verlieren, mit dem Kopf gegen die Wand schlagen, um den Lärm herauszupressen wie den Strunk aus einem Salatkopf, er würde die Fingernägel in den Verputz graben, um sich in den Kratzern zu verkriechen.

„Ruhig", sagte er zu sich selbst. „Ruhig."

Schweiß lief ihm übers Gesicht, den ganzen Körper, und das nicht nur von der schwülen Hitze.

Seine Finger zitterten, klirrend schlug die Kanüle gegen die Wand des Reagenzglases, als er die farblose Flüssigkeit in die Spritze saugte. Sein Atem ging stoßweise – er bemerkte es nicht. Mit der Rechten schlang er ein elastisches Band um den linken Oberarm, um die Venen hervortreten zu lassen. Mit der flachen Hand schlug er gegen die Ellbeuge. Er tränkte einen Wattebausch in Alkohollösung und desinfizierte die Haut um die Einstichstelle.

Die Spritze erhoben drückte er leicht gegen den Stempel, bis ein Tropfen der kostbaren Flüssigkeit aus der Kanülenöffnung geschleudert wurde, dann setzte er die Nadel an, durchstieß die Haut und die Wand der Ellbogenvene. Millimeter um Millimeter schob er den Stempel vorwärts; heiß wie flüssiges Blei drang die Droge in sein Blutgefäß ein.

Bald. Bald.

Die Spritze war halb leer. In wenigen Augenblicken würde die Droge zu wirken beginnen. Rasch injizierte er den Rest. Sein Blutkreislauf transportierte den Wirkstoff, verteilte ihn im ganzen Körper, doch nur an einer Stelle seines Gehirns würde er zum Tragen kommen. Mit einem Mal bemerkte er den Gestank des in der Hitze modernden Katzenfutters.

Ein paar Minuten später war Frieder taub.

November 1992

Die Erdbeerdiebin

Die Regenwand raste vorwärts, jagte die Straße entlang, peitschte flechtenbewachsene Dachziegel und staubbedeckten Asphalt. Schwere Wassertropfen prasselte auf die Dächer der radlosen Autowracks, die an den Bordsteinkanten kauerten. Als wären die Wolken mittendurchgeschnitten, kam der Regen auf Jasmina zu, klatschte auf ihren Kopf, ihre Schultern, ihre Brust, ihren Rücken, ihre Beine, durchnäßte ihre Haare und Kleider von einem Augenblick zum anderen. Hier und da huschten Menschen vorbei, suchten Schutz in Torwegen, Resten überdachter Hinterhöfe, Kellerräumen, und schon fielen die ersten Graupeln. Jasmina lief auf die Überbleibsel eines zahnsteingelben Mercedes zu. Rost fraß am Lack der Türunterseiten; die Tür ließ sich nicht öffnen. Schloßen, groß wie Kirschkerne, beschossen Jasminas Beine, als sie sich durch die leere Fensterhöhle der hinteren Wagentür wand.

Obwohl es Mitte März war, hatte es lange keine Wolken und erst recht keinen Niederschlag mehr gegeben. Geschneit hatte es seit Jahren nicht mehr; Sturm und Hagel waren die einzige Abwechslung von dumpfer, erstickender Hitze.

Die Hagelkörner waren inzwischen taubeneigroß. Jasmina lehnte sich gegen den nach vorn geklappten Fahrersitz, möglichst weit entfernt vom Heckscheibenrahmen, durch den Eiskugeln fielen, die auf dem Rücksitz hüpften oder klackend mit anderen Eisbrocken zusammenstießen. Wie auf eine Blechtrommel hämmerte der Hagel aufs Dach. Obwohl die Luft warm war, klebten Jasminas Haare und ihr Hemd klamm an Schultern und Rücken. Sie wrang ihre Haare aus, dann riß sie die oberen Hemdknöpfe auf und zog den Kragen vor und zurück, um ein wärmeisolierendes Luftpolster zwischen Stoff und Haut einzuschließen. An ihrem Hals baumelte im Rhythmus der Bewegung an einer Kette, eingefaßt in billiges Holzimitat, das Bildnis der Heiligen Maria Magdalena.

Draußen schmolzen die Hagelkörner augenblicklich, sobald sie mit der heißen Makadamdecke in Berührung kamen. An den Sohlen von Jasminas bloßen Füßen klebte der in eine Schlammkruste verwandelte Straßenstaub. Der Schlamm und ihre Haut begannen zu trocknen; als sie über ihre Arme strich, rieselten epidermale Hornschuppen wie Kunststoffflöckchen in einem Schneegestöberbriefbeschwerer auf ihre Shorts.

Betonbrocken, aus denen rostige Stahlstäbe ragten, lagen draußen, Überreste der Berliner Mauer vielleicht, oder aber nur Trümmer eines Gebäudes. Die Berliner Mauer war eine Sehenswürdigkeit wie die Chinesische, wenn auch als Sparversion, vom Weltraum aus nicht so leicht zu erkennen. Ein großer Teil, rund dreißig Kilometer lang, war nachgebildet oder wiederaufgebaut, ein lächerlich winziges Stück, verglichen mit dem über hundert Mal so langen, bis zu zehn Meter hohen und acht Meter breiten Schutzwall, der zweitausenddreihundert Jahre zuvor während der Chou-Dynastie zur Abwehr von Überraschungsangriffen der Reiternomaden der Steppe und zum Schutz vor chinesischen Nachbarstaaten errichtet worden und der seit der Ming-Dynastie, seit dem 15. Jahrhundert also, nahezu unverändert geblieben war. Berlin war ein riesiger Leib, ein Leichnam, zum großen Teil verwest, nur hier und da noch ein zuckendes Augenlid, eine sinnentleert funktionierende Milz.

Im Süden, wie ein erdbeerrot elektrolytlackierter Finger, das alles überragende Connex, dessen neo-barocker Stil dem neuen Schloß auf dem ehemaligen Marx-Engels-Platz und den anderen umgebenden Gebäuden angepaßt war; und nicht nur sein Äußeres war barock wie Marmorattrappen aus bemaltem Gips: Kinos und Simulacra, Bars mit Designerdrogen und Alkohol fanden sich darin – die unmittelbar sinnlich erlebte und zugleich idealisierte Wirklichkeit, Illusionen, vorgetäuschte Wahrnehmung aus zweiter Hand.

Langsam rollte mit rasselnden Ketten ein Lastpanzer vorbei.

Noch immer hingen an den Litfaßsäulen und Plakatwänden Fetzen monatealter Wahlplakate. Einige der Weißlichthologramme waren überklebt mit Spruchbändern aus einfarbigem, schwarzem Papier mit weißen Druckbuchstaben, zwei Zeilen, gezeichnet mit einem eingekreisten A, die üblichen, nutzlosen Parolen: *Wenn wir wirklich die Wahl hätten, gäbe es ein Bundesgesetz dagegen.* Für etwas anderes als für Parteien und Politiker zu werben, lohnte sich in dieser Gegend nicht, denn die wenigen Leute, die noch nicht aus den abbruchreifen Häusern vertrieben worden waren, besaßen nichts als die Kleider auf ihrer dermatösen Haut und ihre Wählerstimme. Die Gebäude hier waren verfallen, Spekulanten ließen große Stadtgebiete bewußt verkommen, während sich in anderen Vierteln die Menschen auf die Zehen und wohl auch auf die Finger traten. Jasmina waren die Plakate gleichgültig. Erst in vier Jahren, mit zwanzig, würde sie wählen dürfen. Falls sie noch so lange lebte.

Beim Anblick des signalfarbenen Turms kam Jasmina eine Idee. Nicht weit von hier, in der Jungfernheide, befanden sich Erdbeerfelder ... und morgen würde Ferdinand zehn Jahre alt.

Das Trommeln auf dem Wagendach war weicher geworden, der Hagel leichtem Nieseln gewichen. Jasmina stieg aus dem Wrack, patschte durch schlammige Pfützen, stieg über Exkremente, leere, plattgedrückte Wasserdosen, Trümmer eingestürzter Häuser, schmutzige Plastiktüten, umrundete einen halb skelettierten Pukokadaver mit räudigem, schwarzem Fell, lief die Bernauer Straße entlang, Richtung Wedding.

Am Rand der Müllhalde Spandau stand das Haus, in dem Jasmina wohnte. Oder es stand vielmehr auf der Halde, dem alten Teil, dem Gebiet, das über das Ufer hinausragte, dort, wo die Menschen, die Bewohner der Halde, aus Müll ihre Heimat aufgebaut, wo sie dem nagenden Meer wieder Quadratmeter um Quadratmeter abgetrotzt hatten. Das Berliner Binnenmeer, das dicht an der Stadt lag, führte wie ein einhundertdreißig Kilometer langer Kratzer von Neubrandenburg bis zu einem

Punkt westlich von Potsdam. An der breitesten Stelle maß es fünfundzwanzig Kilometer und war bis zu zwanzig Meter tief. Achtzehn Milliarden Kubikmeter Erde waren verdampft, die geschmolzenen und gesinterten Reste bildeten ein wasserundurchlässiges Bassin. Ein Untersuchungsausschuß hatte allerdings festgestellt, daß nicht ein technischer Fehler, sondern menschliches Versagen die Ursache gewesen war.

Fünf Tangfischerboote dümpelten an einem Kai; gewöhnlich liefen sie nachts aus, denn tagsüber war es für die Ernte zu heiß. Ein paar hundert Meter weiter draußen, unter Wasser, lagen die Überbleibsel von Falkensee. Ein, zwei Dutzend Kinder waren zu sehen, die über die Müllberge stapften, darin herumstocherten, sich nach dem einen oder anderen Brocken bückten und ihn in eine Tasche oder den Mund steckten. Verwertbare Gegenstände, Obst- und Gemüsereste und eßbare Verpackungen wurden aufgelesen; übrig blieben neuzeitliche Kjökkenmöddinger, die statt Austernschalen und Tierknochen Konservendosen und ausrangierte Elektronikteile enthielten. In sicherer Entfernung hüpfte gurrend, scharrend und pickend, wie um sie nachzuahmen, eine Schar stummelflügliger Tauben durch den Abfall. Tauben, Zwergmöwen und Ratten waren eher Nahrungskonkurrenten als jagbares Wild für die Bewohner der Müllkippe, zumindest für die menschlichen. Ganz in der Nähe keckerte einer jener einzelgängerischen, sonst eher scheuen Puschas, Kreuzung aus Pudel und Goldschakal. Das Tier mit füchsischem Gesichtsausdruck war jung, sein Fell schwarz und glatt, wies kaum die unregelmäßigen, andersfarbigen Flecken älterer Puschas auf. Gerade hatte es einen Rattenkönig ausgegraben, warf die hilflosen Nager mit unentwirrbar verwickelten und verklebten Schwänzen mit Schnauze und Pfoten herum, ehe es sich anschickte, sie aufzufressen. Ein süßlicher Geruch lag über der Halde, so allgegenwärtig, daß die Menschen, die hier lebten, ihn nicht mehr wahrnahmen; auch wenn sie den Müll verließen, haftete er noch lange in ihren Kleidern und Haaren, schien sich selbst in der Lunge eingenistet zu haben.

Das Haus – die Hütte – bestand aus Abfall. Die abblätternden Totenkopfsymbole an den Wänden ließen ihren Ursprung erkennen: aufgeschnittene und flachgewalzte Fässer aus Blech. Ihr Inhalt war schon lange je nach Konsistenz im Boden versickert oder mit anderem Abfall zusammengebacken und zu Wegen zwischen den Müllbergen festgetreten. Auf einer Seite der Hütte waren die Tonnen wabenartig aufgeschichtet, nach innen geöffnet und mit Zwischenböden versehen, als Schrank oder Regalwand. Die Zwischenräume waren mit geschmolzenem Plastikabfall ausgefugt. Billige Hologramme von HiPop-Stars und einigen Heiligen hingen an den anderen Innenwände. Das größte Bild zeigte einen schafsäugigen Jesus, eine Hand erhoben, die andere am strahlengespickten Herzmuskel in der offenen Brust. Das Herz zuckte rhythmisch, schien zu pochen. Es war durchbohrt, und eine Flamme züngelte heraus.

Weiße Polymerfolie bedeckte das flache Dach, um die brütende Tageshitze abzuhalten. Es war leicht geneigt, um das Wasser der seltenen Niederschläge, gefiltert durch eine Sandschicht, die radioaktiven Staub zurückhalten sollte, in ein Wasserfaß oder über ein Rohrgittersystem zu leiten, das gleichzeitig als Hagelschutz diente. So wurden die kümmerlichen Tomaten- und Tomoffelpflanzen und die beiden bonsaihaft verkrüppelten, kaum meterhohen Apfelbäume hinter dem Haus bewässert.

Hier, im Schatten, saß Jasminas Bruder, Ferdinand. Das Binnenmeer war lange vor seiner Geburt entstanden; so war es hier für ihn selbstverständlich, wie es eiszeitliche Endmoränen irgendwo in Norddeutschland gewesen wären, Bimsstein in Pompeji, graugrüne, gischtumspülte Betonklötze in San Francisco. Vor ihm auf dem Tisch aus einer über zwei Tonnen gelegten Aminoplastbohle standen mehrere säuberlich beschriftete Glasschalen aus den abgeschnittenen Böden zerbrochener Geschirrspülmittelpfandflaschen. $NaClO_3$ stand auf einer; eine andere enthielt gewöhnlichen Zucker. Das Natriumchlorat stammte aus den Resten verschiedener Unkrautvernichtungsmittel; mit einem Löffel füllte Ferdinand davon in eine dritte Schale, in der sich bereits Zucker befand. Roten Phosphor hätte er dem Zucker vorgezogen, aber selbst Zucker war schon schwer genug zu bekommen. Wer benutzte heute noch Streichhölzer? Und wenn sie dann auf dem Müll landeten, waren die Köpfe natürlich abgebrannt. So kratzte er jetzt von sechs einzelnen Zündhölzern die Köpfe ab, zerstieß sie in einem Mörser und gab das Pulver zum Zucker. Daß die Zündholzköpfe keinen Phosphor enthielten, wußte er nicht. Die Stiele der Streichhölzer, die aus quadratischen Stückchen wachspapierähnlichen Materials zusammengerollt waren, bog er hin und her, um das Wachs zu lösen, und faltete sie auseinander. Sie würden ausgezeichnete Hüllen für Knallerbsen abgeben.

Die Zwillinge, Violetta und Vérénice, saßen in der Hütte auf einem Kunststoffcontainer, den sie nachts als Bett benutzten, und sahen fern. Der Fernsehschirm hing an der gegenüberliegenden Wand; das Bild war rotstichig, das Seitenverhältnis nicht verstellbar, und der Apparat war trotz einer Diagonalen von nur knapp dreißig Zoll fast fünf Zoll tief, aber immerhin noch voll funktionsfähig – mit das Beste, was sich im Sperrmüll finden ließ.

Im spärlichen Schatten eines der Apfelbäume lag in einer Wiege aus einer längshalbierten Tonne röchelnd Jasminas Baby; schleimige Blasen platzten mit jedem Atemzug in dem Loch in seinem Hals, durch das es atmete. Es war ein Mädchen, drei Monate alt und ohne Namen; ohnehin ein Wunder, daß es noch am Leben war, sinnlos, sich einen Namen auszudenken. Von Zeit zu Zeit verscheuchte Ferdinand die in metallischem Blau schimmernden Fliegen mit orangeroten Augen, die um Atemloch, Mund und Nase des Babys und die schwärende Wunde an seiner Schläfe krochen, indem er auf den Rand der Wiege trat, die zwei-, dreimal hin- und herschaukelte, während der Fliegenschwarm aufstob, verstört kreiste und beharrlich wieder landete.

Auf dem Bildschirm fuhren zehn oder zwölf meist schwarze

Autos eine Straße entlang; ein beigefarbenes hielt mit quietschenden Bremsen vor einem Treppenaufgang. Der Beifahrer sprang heraus und rief dem Fahrer zu: „Laß' den Motor laufen, ich bin in einer viertel Stunde zurück." Dann lief er die Treppe hinauf. Es war ein alter Film, vermutlich sogar ohne Farbe aufgenommen.

Ferdinand warf durch die Türöffnung einen Blick auf den Schirm und fuhr auf, als er das wappenförmige Warner-Logo in der Ecke entdeckte. Vorsichtig setzte er die Schale, die er in der Hand hielt, ab, hastete ins Haus, öffnete eine Klappe am Apparat und dejustierte den Empfänger. Knirschend drehte sich die Parabolantenne auf dem Dach in eine andere Richtung. Das Bild wechselte, ein neues Signet erschien, ein Doppel-B oder eine stilisierte 33 – Ferdinand kannte das Zeichen nicht. *Vom Teufel geritten*, las er im Titelfenster des Bildschirms. Eine Stimme drang aus den Lautsprechern: „Sagen Sie Ihrem Bruder, wenn er nochmal jemanden erschießt, soll er sich in unserem Tal nicht mehr blicken lassen!"

„Ihr sollt doch nicht immer Warner einschalten", wandte sich Ferdinand wütend an seine Schwestern, „sonst holt euch die Post!" Es war zwar unwahrscheinlich, daß ein Interferenzmeßwagen der Post in der Nähe der Müllkolonie auftauchte, aber wenn, dann würden nur die Geräte der Schwarzseher beschlagnahmt; Warner empfangen aber hieß Lagerhaft. Gütersloh ließ nicht mit sich spaßen. Natürlich hatte jeder das Recht, sich aus allgemein zugänglichen Quellen frei zu informieren – nur galten die Sender der Administration nicht als allgemein zugänglich.

Violetta und Vérénice antworteten nicht, hatten es nie getan. Sie waren nicht stumm, manchmal sangen sie leise vor sich hin oder plapperten scheinbar ohne erkennbaren Zusammenhang Satzbruchstücke oder Sätze, meist in einer Sprache, die nur sie allein verstanden, doch ihre einzigen Lautäußerungen bestanden aus Echo- und Idiolalie.

Beide Zwillinge hielten eine Fernbedienung in der Hand, die zum Empfänger an der Wand paßte. Die Batterien waren schwach, aber es lagen ein paar Dutzend andere in einem der Wandfässer – der Müll war voll davon. Jetzt spielten die beiden ihr Lieblingsspiel: Sie drückten irgendwelche Tasten der Fernbedienung, um auf ein anderes Programm umzuschalten. Wegen der beiden sich widersprechenden Signale und der ausgelaugten Batterien dauerte es oft mehrere Sekunden, bis der Kanal umsprang, was jedesmal von einem freudigen Jauchzen Vérénices oder Violettas begleitet wurde.

Bilder und Töne, Sprecher und Stimmen wechselten: „– die Hälfte der Milch im Schokoladenüberzug der Lebkuchen durch Rinderblut ersetzt haben. Dies ist zwar gesetzlich erlaubt, aber kennzeichnungspflichtig –", „– Verwendung von Blut kennzeichnungspflichtig, wenn auch ein durchaus gängiges –", „– kuschlig weich und erfrischend kühl –", „– Blut von Rindern fünfzig Prozent der Milch –"; nahezu wörtliche Übereinstimmungen, von Werbung abgesehen die gleichen Meldungen in allen Kanälen, natürlich, wozu sich die Mühe machen, die Texte der Nachrichtenagenturen mehr als nur umzuformulieren.

„Sie ist ein Mensch, der Schatten auf die Sonne wirft", sage Vérénice unvermittelt, während Violetta den Mund öffnete und schloß, wie ein Goldfisch im Glas.

Obwohl es zahlreiche spezielle Sportkanäle und Sportsendungen in fast allen anderen Kanälen gab, waren die Sportmeldungen ein unverzichtbarer Teil der Nachrichten. Pelota oder Ringtennis, Biathlon oder Sumoringen waren interessanter als das Erdbeben in Datong, die Überschwemmung in Fujian, der Flugzeugabsturz über Biarritz, die Waldbrände in Kanada, selbst wenn diese noch einen gewissen Sensationswert hatten, im Gegensatz zu politischen Meldungen wie dem Umweltskandal und der Bestechungsaffäre in den Bundesländern Böhmen und Walachei oder der alte Krieg in einem Land, von dem viele nur wußten, daß sein Name mit einem I begann, manche nicht einmal das oder daß überhaupt irgendwo Krieg geführt wurde. Von größerer Bedeutung als die Sportergebnisse waren nur noch die Gewinnzahlen der staatlichen Lotterien, die Bargeld verlosten und Reisen, zusätzliche Wahlstimmen und Ankaufrechte für Wohnungen, um so allen, die mitspielten, vorzugaukeln, sie könnten irgendwann einmal das sorgenlose Leben führen, das sie aus Fernsehserien kannten, wenn das Glück nur mit ihnen wäre – und wenn sie Pech hatten, war die bestehende Verteilung von Reichtum und Armut ganz offensichtlich gottgewollt oder stand in den Sternen.

„Nun hört schon auf!" sagte Ferdinand undeutlich, während er ein Vitamin-C-Bonbon in den Mund steckte. „Was soll denn das?"

„– nach einer langen Nacht, und freust dich –" „– Auch einer der Bankräuber erlitt in dem gestohlenen Wagen, der förmlich in eine Anregungsflutwelle geraten war, schwere Verbrennungen –", „– ein Auge und wird vermutlich sein Leben lang gelähmt –".

Wortlos nahm Ferdinand seinen Schwestern die Fernbedienungen ab und legte sie demonstrativ neben sie.

„Die Menschen sind so notgedrungen wahnsinnig, daß nicht wahnsinnig zu sein eine andere Form des Wahnsinns bedeuten würde. Pascal", sagte Vérénice.

„In deinen Adern fließt Milch", behauptete Violetta. Ihre Lider flatterten.

„... blutige Geiseldrama von Alsdorf-Höngen, bei dem am 29. September 2087 zwei unschuldige Menschen, die von Bankräubern als Geiseln genommen worden waren, durch zahlreiche Schüsse aus Anregern der Polizei den Tod gefunden hatten, beschäftigt erneut die Justiz. Ab morgen müssen sich drei Polizisten wegen fahrlässiger Tötung vor dem Aachener Schwurgericht verantworten."

„Andere Sender melden Verkehrsstaus", warf Vérénice dazwischen, „bei uns heißt es: freie Fahrt auf allen Strecken. Rosat – der wirklich optimistische Kanal." Ihre Augen sprachen der Botschaft hohn, waren wie vor Entsetzen weit geöffnet.

„Den Polizisten wirft die Staatsanwaltschaft vor, sie hätten erkennen müssen, Zitat, daß der Einsatz von Anregungswaffen in der konkreten Situation unzulässig war, Ende des Zitats. Einem siebenundzwanzigjährigen Polizeiobermeister wird weiterhin zur Last gelegt, daß er über die Flucht der Räuber im Bild war, seine Kollegen aber weder davon unterrichtet, noch sie vor dem Schußwaffengebrauch gewarnt hatte ..."

Ferdinand trat zum Herd, auf dem in einem Dampfdrucktopf eine Suppe aus Zwiebeln und Kartoffelschalen kochte. Er schob ihn von der Kochplatte auf den Magnetrührer; der glasumhüllte Stabmagnet im Topfinneren scharrte am Boden. Ohne den Deckel geöffnet und somit dem kostbaren Wasser Gelegenheit zum Verdampfen gegeben zu haben, stellte er den Topf auf die heiße Platte zurück. Das Brot, das er am Morgen gestohlen hatte, würde, in die Suppe gebrockt, zwei Tage reichen.

Er nahm eine Flasche aus einem Wandgefäß, öffnete sie, bildete mit der hohlen Hand einen Flansch um Flaschenhals und Nase und atmete tief ein. Lösungsmittelschnüffeln war weit verbreitet, jedes Kind konnte geeignete Lösungsmittel beschaffen. Ferdinand verschraubte die Flasche und stellte sie zurück.

Ein bewegungsunscharfes Standbild aus einem von einer automatischen Kamera aufgenommenen Video hinter dem ausgestanzten Sprecher auf dem Fernsehschirm, weißbehelmte Polizisten vor einem Wagen mit teils geschwärzten, am Rand orangeglühenden Seitentüren, Blasen werfendem Lack, geschmolzenen Glasscheiben wie erstarrtes Wasser: „... Polizeibeamten aus ihren Anregungswaffen insgesamt über vierzig Schuß abgefeuert. Sie hatten offenbar geglaubt, alle vier Insassen des Wagens seien Bankräuber ..." Es folgte ein entrüsteter Kommentar, der die Handlungsweise der Polizisten verurteilte, zugleich aber ausdrücklich die Verantwortung der Bankräuber betonte. Der Tenor verschiedener Zeitungsmeldungen wurde vorgebracht, die den Tod der Geiseln bedauerten. Ein Passant in einer Straßenumfrage sagte: „Wer ist denn Schuld daran? Diese Gangster! Die müßten für den Schaden aufkommen. Die Polizei hat doch nur ihre Pflicht getan. Sklavendienst leisten müßten diese Verbrecher, ihr Leben lang; das verdienen sie doch nicht anders", „An die Wand stellen! Wer sich an fremdem Eigentum vergreift: zack! Rübe ab. Das ist meine Meinung", ein zweiter und ein dritter: „Zwölftausend, soviel bekomme ich in drei Monaten nicht, und die wollen sie in ein paar Minuten zusammenraffen? So etwas müßte verboten werden."

Zwölftausend Ecu. Ferdinand betrachtete den Brotlaib, der auf dem Tisch lag – und das Preisschild neben dem Barcode auf der Frischhaltefolie: ¤11,98.

Dann stellte er sich zehn solcher Laibe nebeneinander vor, zehn Reihen hinter- und zehn Schichten übereinander: Dafür waren die Polizisten bereit gewesen, vier Menschen zu töten, aber die Öffentlichkeit kümmerten natürlich nur die beiden Geiseln. Schließlich waren die anderen Entführer gewesen, Verbrecher. Ja, das waren sie, aber die Polizisten hatten nichts davon gewußt, versuchte Geiselbefreiung konnten sie nicht als Motiv vorschützen, sie hatten alle vier für Räuber gehalten. Vier Menschen, von denen jetzt zwei nicht mehr am Leben waren, wegen des Gegenwertes von zwei Kubikmetern Brot. Wenngleich da unbestreitbar eine Verbesserung war gegenüber einer Zeit, in der Kinder hingerichtet worden waren, weil sie einen Bissen Brot gestohlen hatten.

Die Mädchen wiegten ihren Körper rhythmisch vor und zurück. Vérénice sagte: „Zwei Schilder am Weg der Menschheit: Einbahnstraße – und Sackgasse."

„Wir müssen dem Verbraucher die blumenkohlartigen Gewächse an den Fischen eben schmackhaft machen", erwiderte Violetta.

Ferdinand leckte über seine Unterlippe, die eitrig und geschwollen war; vor ein paar Tagen war sie aufgeplatzt, als der Stiefel eines Polizisten sie getroffen hatte.

Mit Ausnahme der blaßrosa Lippen wies die Latexhaut, mit der das Gesicht des Zimmerkellners verkleidet war, eine dunkelbraune Färbung auf. Überhaupt verlieh ihm die Maske mit zahlreichen Ziernarben, wie sie bei Tutsie der Oberschicht in Mode waren, und das künstliche schwarzgekräuselte Haar das Aussehen eines Afrikaners. Das Aussehen, wie der Durchschnittsaltweltler es erwartete; Dr. h. c. Franz X. Krautheim, bayerischer NSU-Subsidiaritätsminister, glaubte es besser zu wissen. Sein Ehrendoktor war ihm unter anderem für die wirtschaftlichen Kontakte, die er mit verschiedenen afrikanischen Stadtstaaten geknüpft hatte, verliehen worden. In der rwandischen *Republika y'u Kigali* beispielsweise hatte er vor allem die Milchwirtschaft gefördert, Rinder-, Schaf- und Ziegenzucht, aber auch die Fabrikation von Pyrethrum, einem „natürlichen" Insektizid aus Wucherblumen, den Export von Kalktuffen aus Cyangugu, die für die Zementherstellung verwendet wurden, sowie K_2O-haltiger Laven für die Düngemittelproduktion; und das wäre ihm unmöglich gewesen, ohne hin und wieder mit wirklichen Afrikanern zusammenzutreffen oder zumindest mit ihnen am Bildschirm zu konferieren; den Mwami des *Royaume du Burundi*, König Ntare, hatte er sogar mehrmals in der Hauptstadt Bujumbura getroffen, und so bildete er sich ein, feine Unterschiede zwischen den echten Tutsie und der Nachbildung zu erkennen, wenn er auch nicht den Finger darauf legen konnte, was es war. Doch dieser kleine Fehler störte ihn nicht, er verlieh ihm vielmehr ein Gefühl der Überlegenheit, ja der Allwissenheit, und er genoß es, dem Neurobot bei der Zubereitung der Garnelen zuzusehen. Mit einem Werkzeug, das an eine Zuckerzange erinnerte, nahm der Neuro die sich krümmenden Krustentiere vorsichtig aus der Soliportransportbox, um sie in einer bereitstehenden flachen Schüssel, die mit Weißwein gefüllt war, zu ertränken. Wie Zirkusakrobaten schnellten die Krebse hoch, schlugen einen Salto – weniger pietätvoll ausgedrückt: *Salto mortale* – und landeten wieder in ihrem Weinbad. Meist. Bei einigen drohte die Flugparabel neben der Schale, auf dem Tisch oder Boden zu enden, doch mit einer Schnelligkeit und Präzision, wie sie nur einer Maschine möglich ist, schnappte der Neuronale Roboter danach, pflückte sie mit der Zange aus der Luft und legte sie behutsam in die Weinschale zurück.

„Zimmerservice", sagte Krautheim, ohne trotz aller Mühe, die er sich gab, seinen bairischen Akzent unterdrücken zu können, und seine Stimme wurde von dezent verborgenen Mikrophonen aufgefangen. „Ich möchte ein Bad nehmen."

In jedem gewöhnlichen Hotel hätte der Appartementrechner das Bad eingelassen, doch nicht hier, wo Laserdrucke Katterli Frauenfelders an den Wänden hingen: Augenblicke später klopfte es an die Tür, und auf Krautheims *Herein!* betrat ein Zimmermädchenneurobot den Raum, dessen Latexhaut nur um eine Nuance heller war als die des anderen Neuros, glitt ins angrenzende Badezimmer und öffnete den Warmwasserhahn der Wanne von Hand.

Krautheim entnahm einer Schatulle, die auf dem Tisch stand, ein kreisrundes, rot-weiß rautiertes Pflaster, zog die Folie von der Klebefläche ab und setzte es sich in den Nacken, dann wandte er sich wieder den ertrinkenden Garnelen zu. Automatische Armaturen hätten nur ein paar Ecu gekostet, der Preis für diese beiden Neuronalen Roboter war dagegen durchaus mit dem eines Hove'Rolls zu vergleichen. Es war zudem reines Trinkwasser, das in die Wanne floß. Was Krautheim nicht verschwendete, war ein Gedanke daran.

Sein birnenförmiger Körper füllte die Höhlung des Sessels nahtlos aus. Die kurzen, dicken Beine wirkten geradezu winzig dagegen, staken wie vergessen und nachträglich hinzugefügt im Rumpf. Die Wirkstoffe im Pflaster durchdrangen die Haut, seine Pupillen begannen sich zu weiten. Er trug einen Kimono, zusammengehalten von einem Obi. Der kostbare Gürtel war nur lose vor seinem Bauch verschlungen.

Während Krautheim fasziniert die Garnelen beobachtet hatte, war die Pfeife, die in seinem Mundwinkel hing, erloschen. Der Kopf aus Bruyèreholz, dessen rot-orange Maserung an züngelnde Flammen erinnerte, wärmte kaum noch die Handfläche, an die er sich schmiegte. Das Holz stammte von den kopfgroßen Wurzelknollen eines dem Heidekraut verwandten, strauchähnlichen Gewächses; die Pfeife war eine echte Sixten Ivarsson.

Überrascht bemerkte Krautheim, als er wieder am Mundstück sog, daß kein Rauch mehr aus der Öffnung drang. Er nahm das Pfeifenfeuerzeug vom Tisch und entzündete den Tabak erneut. Die Gravur im Gold des Feuerzeugs zeigte das Wappen der Elfenbeinküste, dessen Schöpfer das längst ausgestorbene Wappentier, nach den zusammengekniffenen Augen zu schließen, nach einem toten Modell porträtiert haben mußte, obwohl es zu diesem Zeitpunkt noch lebende Exemplare gegeben hatte. Krautheim legte das Feuerzeug zurück auf den Tisch, sog an der Pfeife und nippte dann an seinem Apéritif, einem Gin Tonic.

Durch die Wand aus phototropem Glas, die jetzt wegen der Bewölkung kaum abgedunkelt war, sah er den roten Turm, der wie es schien die Wolken anzukratzen versuchte. Warner Bothers hatte bereits im vergangenen Jahrhundert damit begonnen, solche „Begegnungszentren" zu errichten. Die Kinos und Bars in den Warner-Multiplexen waren bald zweitrangig geworden – Nebenprodukte machten das Hauptgeschäft aus. Wenig später hatte Bertelsmann nachgezogen, und inzwischen bildeten diese beiden Konzerne die wichtigsten Regierungstrusts: Warner-Time nannte sich Administration West; die Regierung Altwelt hatte ihren Sitz in Gütersloh. Die meisten ehemaligen sowjetischen Splitterrepubliken spielten wirtschaftlich und damit politisch ebensowenig eine Rolle wie Australien, das ein bißchen unabhängig und, wenn auch nicht *de jure*, so doch *de facto* ein bißchen britische Kronkolonie war, oder die wie Algen wuchernden Stadtstaaten in Afrika und Südamerika. Neben dem neusozialistischen Sibirien, der Kornkammer Asiens, übte lediglich Kaiser Yataro von Mitsubishi und damit Japan noch einen gewissen Einfluß aus, wenn dort auch die Weiterentwicklungen von Teehäusern, in denen Neuronale Geishas auch ohne Schminke perfekt das traditionelle Schönheitsideal verkörperten, stärkere Bedeutung hatten als vordergründig medienbezogene Multiplexe oder Connexe, die durch psychedelische Technik bukolische Kunstwelten schufen, exakt definierte Gehirnbereiche direkt stimulierten und mit menschlicher Biochemie spielten, indem sie Wirkstoffmoleküle zusammensetzten wie Kinder Legosteine. Doch der Sinn stand Krautheim nicht nach solchen Vergnügungen, die einen Nachgeschmack hinterließen wie die künstlichen Aromastoffe in billiger Waldmeisterlimonade. Er wollte keine makellosen Barbie-Puppen für Erwachsene. Was er brauchte, war kein lebloses, unwirkliches Simulacron, kein teures Psychotonikum; es war etwas ganz anderes ... Er schob sein Notizbuch ins Telefon; der Bildschirm wurde hell, und Krautheim stieß seinen Zeigefinger auf einen der Namen, die dort angezeigt wurden.

Die Lebenskräfte der Garnelen lösten sich langsam im Wein auf wie Kandiszucker in heißem Tee.

Durch verstaubte Pflanzen, widerstandsfähige Kamillemutanten, stapfte Jasmina die Böschung eines ausgetrockneten Kanals entlang, die ihr Deckung bot. Von Zeit zu Zeit warf sie einen Blick über den Rand. Einmal bemerkte sie in einiger Entfernung ein Rudel Puwos. Sie mußten mindestens der zweiten Kreuzungsgeneration entstammen, denn die unterschiedlichsten Spielarten waren vertreten: Da gab es aschfahl gelockte Tiere mit spitzen Ohren ebenso wie langbeinige mit glattem, schwarzem Fell; einige waren kaum von Wölfen zu unterscheiden, andere erinnerten an Dobermänner. Auch zwei oder drei kleine Pukos hatten sich dem Rudel angeschlossen, und es mochte Mischlinge geben, die neben den Pudeln sowohl Wölfe als auch Kojoten unter ihren Vorfahren hatten.

Du mußt dich beeilen, dachte sie. Baby ist sicher schon hungrig.

Nur in der Mitte des Kanalbetts floß ein dünnes Rinnsal, eine schlammige, stinkende Brühe. Hin und wieder mußte Jasmina über die Ausflußöffnungen von Abwasserrohren klettern; die meisten waren alt und geborsten, aus nur wenigen rann ein stetiger Strom bunter, übelriechender Flüssigkeiten, oft nicht einmal von Armesstärke, manchmal nur fingerdick. Braungrau bepelzte Wanderratten nagten an den Kadavern von Artgenossen, deren grauweißes Bauchfell blut- und schmutzverkrustet war; sie ließen sich nicht stören, wenn Jasmina über sie hinwegstieg. Einige der Toten rührten sie merkwürdigerweise nicht an. Obwohl sie ausgezeichnete Schwimmer waren, vermieden sie es, mit dem Wasser in Berührung zu kommen, sprangen stattdessen mit gewaltigen Sätzen darüber hinweg.

Von der leichten Abkühlung, die der Hagelschauer mit sich gebracht hatte, war nichts mehr zu spüren. Die Sonne hatte selbst hier in Ufernähe bereits den letzten Feuchtigkeitsrest weggebrannt, und bei jedem Schritt, den Jasmina tat, wurden unter ihren bloßen Sohlen Staubwölkchen aufgewirbelt.

In einer Lache vor einem Abflußrohr, die nach fauligen Eiern stank, lag bäuchlings, umgeben von grünlichen Schaumbergen, ein drei oder vier Jahre altes Kind. Jasmina trat darauf zu, drehte den kleinen Körper vorsichtig auf den Rücken. Das aufgedunsene Gesicht war hochrot, bläuliche Adern schimmerten durch die Haut, die Augen zwischen verklebten Lidern wirkten trüb. Ein widerwärtiger Gestank stieg Jasmina in die Nase. Das Kind mußte seit Tagen tot sein, dennoch hatten die Ratten die Leiche verschont.

Jasminas Füße, die im Abwasser gestanden hatten, und die Finger, mit denen sie die Leiche berührt hatte, juckten wie von Salz aus verdunstetem Wasser nach einem Bad im Meer. Sie nahm eine handvoll Sand und rieb die brennende Haut damit ab, lief dann weiter in Richtung Jungfernheide.

Schließlich erreichte sie den ehemaligen Flugplatz Tegel, der jetzt mit Plastikgewächshausplanen bedeckt war, unter denen Erdbeeren wuchsen. Die Planen verhinderten hier wie anderswo die Wasserverdunstung und dadurch die Bildung von Wolken, trugen also wesentlich zur Klimaänderung bei, zur Erwärmung der Erde, die einen gesteigerten Energieverbrauch und damit eine erhöhte CO_2-Emission zur Folge hatte, was wiederum die Erwärmung der Atmosphäre steigerte, aber ohne sie war der Anbau von Erdbeeren nicht rentabel. Selbst die wenigen Sonnenenergieanlagen, wie die Solartrichter, konnten daran nicht viel ändern. Auch hier in Tegel standen sechs dieser hohlen Kegelstümpfe aus weißem Styrol, die sich wie riesenhafte Blütenkelche der Sonne zuwandten und deren Licht auf photovoltaische Elemente bündelten.

Ein Zaun umgab im Karree die Felder, eigentlich nur zwei Leinen in ein und zwei Metern Höhe, von denen, um Tiere abzuhalten, flatternd wie Muletas rote und weiße Plastikstreifen hingen. Sie halfen nicht immer. Dicht neben der Stelle, an der Jasmina den Kanal verließ, lag unter dem Zaun der Kadaver eines Puwos, der durch die Lappen gegangen war – die Überwachungsanlage, die den Zaun schützte, hatte ihn entdeckt, eine der Selbstschußanlagen, die auf zwei gegenüberliegenden Eckpfählen standen, hatte ihn niedergestreckt. Wie bei allen Puwos der ersten Generation hatte er von seiner Mutter, einer Wölfin, das glatthaarige, von seinem Vater, einem Königspudel, das schwarze Fell geerbt, doch jetzt war es stumpf und vom Staub grau verfärbt.

Dennoch würde es einfach sein, die Umzäunung zu überwinden. Die Überwachung bestand lediglich aus einer Reihe von Lichtschranken, die einen zweiten, unsichtbaren Zaun bildeten, und einem Chip, der die flatternden Bänder ausfilterte. Jasmina lebte in einer Welt der Mauern und Zäune, und sie hatte gelernt, diese zu überwinden, um zu überleben.

Sie trat bis auf fünfzehn Schritte an den Zaun heran, nahm Anlauf, sprang; sie überschlug sich in der Luft, war am höchsten Punkt ihrer Flugbahn gut zwei handbreit von der Leine und damit der obersten Lichtschranke entfernt, landete auf weichem Ackerboden. Die Landung war nicht sehr elegant, sie stolperte, machte einen Ausfallschritt vorwärts, mußte sich sogar mit den Fingerspitzen der linken Hand abstützen, doch den Zaun hatte sie hinter sich gebracht.

Sie schritt die Planen ab, bis sie Beeren fand, die reif waren, kniete nieder und machte sich daran, sie zu pflücken, in eine Tüte zu füllen und zu essen. Als sie genug hatte, stand sie auf. Erde haftete an ihren Knien.

Es herrschte Stille in der Mittagshitze. Kein Vogel zwitscherte, kein Hund schlug an, nicht einmal der Lärm eines Flugzeugs war zu hören – als wäre die ganze Welt in einen Dornröschenschlaf versunken. Das gelegentliche Flügelsummen eines vorbeischwirrenden Insekts verstärkte nur noch den Eindruck der fast vollkommenen Ruhe. Jasmina trat zum Zaun, übersprang ihn und landete ungeschickt auf allen Vieren. Die Tüte war zu Boden gefallen. Unwillig verzog Jasmina das Gesicht und begann, die verstreuten Erdbeeren einzusammeln.

Ein Knall zerschlug die Stille, neben Jasmina spritzte eine Erdfontäne auf. Der Zaun? Unmöglich, sie hatte die Lichtschranke nicht gekreuzt. Sie warf sich herum. Da standen sie, keine zweihundert Meter entfernt: silbrig glänzende Wächter. Jasmina sprang auf und rannte los. Die Umzäunung genügte den Plantagenbesitzern nicht, sie schickten Wächter auf Kontrollgang, Silberne Engel in aluminiumbedampften, hitzeabweisenden Uniformen. Warum hatte sie sie nicht kommen sehen? Ein weiterer Schuß fiel, ein dritter. Jasmina lief auf den Kanal zu, um sich in Deckung zu bringen. Viel zu lang die Abstände zwischen den Schüssen, als spielten die Wächter ein heimtückisches Spiel mit ihr. Sie hechtete, als sie die Böschung erreicht hatte, spürte im Flug plötzlich einen scharfen Schmerz in der Leiste, verlor die Besinnung.

Als sie wieder zu sich kam, hörte sie nicht das leiseste Geräusch. Wie lange war sie bewußtlos gewesen? Sekundenbruchteile? Minuten? Sie konnte es nicht sagen. Nichts rührte sich. Ihr Blickfeld schien merkwürdig eingeschränkt, wie durch Scheuklappen. Verständnislos starrte sie auf ihre blutbeschmierte Hand. Dann erst spürte sie den Schmerz und begriff. Langsam schob sie sich, ohne das linke Bein zu gebrauchen, die Böschung hoch; vorsichtig hob sie den Kopf über den Rand: Die Engel waren verschwunden. Ihre Aufgabe war es, Eindringlinge von den Feldern fernzuhalten; diese hatten sie erfüllt, alles weitere kümmerte sie nicht.

Erschöpft rollte Jasmina sich auf den Rücken. Sie umfaßte ihr Medaillon mit der Rechten.

„Heilige Maria Magdalena, hilf!" formten stumm ihre Lippen. Siebenmal bat sie darum, einmal für jeden der Dämonen, die aus der Schutzpatronin der Huren ausgefahren waren. Die Sonne brannte auf der bloßen Haut ihres Gesichts, ihrer Hände, Arme und Füße fast ebenso wie der Schmerz in ihrer Seite.

Als sie wieder etwas Kraft gesammelt hatte, untersuchte sie vorsichtig die Wunde. Das Geschoß war in ihren Körper eingedrungen, hatte ihn jedoch nicht wieder verlassen. Obwohl es noch wie ein Pfropfen im Schußkanal steckte, blutete die Wunde stark. Unmittelbar nach dem Einschlag war das Projektil aufgeklappt wie ein winziger unbespannter Regenschirm, um die Effektivität zu erhöhen, starke innere Verletzungen zu verursachen.

Es war Montag, der vierzehnte März 2089. Genau einhundert Jahre nach Abschaffung der Todesstrafe in West-Berlin.

Jasmina richtete sich auf und fiel wieder hin. Dabei drang die scharfe Kante des Bruchstücks einer Hartplastikkonservenbüchse in ihren rechten Handballen ein.

Ferdinand saß wieder im Freien und füllte den Sprengstoff vorsichtig in eine Blechdose. Seine Hände zitterten ein wenig. Nervös schielte er nach seinem primitiven Fischer-Technik-Gehirnstimulator, der in einem der Wandfässer lag.

Die Mädchen spielten mit den Fernbedienungen, wechselten ab und zu ein paar eigentümliche Worte. Die typische, nervtötende Sprechweise eines Sportreporters ertönte, lange gedehnte Belanglosigkeiten, abwechselnd mit hektisch ausgestoßenen Passagen: „– Ponnesmake führt den Ball. Abgefangen. Ein mißglücktes Zuspiel. Zu weit dieser Paß. Keine Schwierigkeit für Preud'homme. Ja, Mechelen war immerhin der Altweltmeister der Pokalsieger 2088. Sicherlich kein leichter Brocken für den PSV Eindhoven." Die untere Hälfte des Bildschirms zeigte einen Blick auf das Spiel, rechts oben war eine schematische Graphik der aktuellen Spielpositionen zu sehen, links oben weitere Informationen: Spielzeit, Spielstand, Spieler, dazwischen Werbeeinblendungen. „Das ist Linßen aus Rio de Janeiro. Setzt sich durch. Und scheitert in dieser aussichtsreichen Position noch an Preud'homme, der geschickt den Winkel verkürzen kann ... Und ihr habt es am Protokollfenster gesehen, unsere Übertragung hat begonnen mit dem Anstoß zum zweiten Durchgang. In der ersten Halbzeit ist überhaupt nichts passiert." Ganz sicher nicht, doch das galt wohl für jede Halbzeit solcher Veranstaltungen. Auch für andere Sportarten war es zutreffend, der nächste Sprecher war jedenfalls gezwungen, mehrere Sekunden lange Pausen zwischen den einzelnen Wörtern einzufügen, um nicht in peinliches Schweigen verfallen zu müssen: „Ein starkes ... Feld ... Kalitzka ... zählt ... zu den ... Favoriten ... ohne Frage –".

Unterschiedlich rasch wechselten die Sender. Tanzende Paare, wirbelnde schwarze Frackschöße und Marabufederboas: „– auch hier wieder der weiche Beinansatz. Nummer 13, Rosalba und Ivica Krmpotik, siebte der letzten Altweltmeisterschaften; Nummer 6, Kathi Freeman und Stuart Ziff aus Kanada; Nummer 9, Ruriko Asaoka und Kioshi –", „– nicht vierzig, nicht zwanzig, nein, die Zweihundertfünfziggrammdose für nur zwölfneunundneunzig –", „– Eykelkamp, der seinen ersten Marathonschritt als Soldat –", „– galante, hüpfende Schritte, und trotzdem darf diese sprühende Lebendigkeit nicht verloren gehen, es muß immer alles im Fluß sein –", „–ity Cigarettes: Der Duft der Stadt in deiner Hand. Jetzt mit lustigen Klebeholos zum –".

Vérénice gab eine unverständliche Lautfolge von sich, wiederholte sie, als Violetta in einer ähnlich klingenden Sprache in fragendem Tonfall antwortete, mehrmals mit unterschiedlicher Betonung und zum Teil deutlich abweichenden Silben.

„– Ossetien kennen wir bereits ... mit der 179 hier im Bild: Johnny Clay, Santa Monica Track Club, ein Name, ein Begriff in der Leichtathletik, mittlerweile Harun Sh'ar Jeshuv ... keiner konnte ihn in der Altwelt bisher ernsthaft gefährden, und keiner kannte ihn in der Altwelt bislang: William Tanni werden wir sehen mit Harun Sh'ar Jeshuv zusammen auf Bahn –", „– Aerobic-Olympiasieger Alhassan Ahmet Moussa –", „– hat

Pepsi Scheele den Doppelfehler wieder wett gemacht. Eines steht jetzt schon fest: Eine Linkshänderin gewinnt dieses Finale –", „– acht zu zweiunddreißig, vierundsechzig zu acht, sechzehn zu vier, zwei zu hundertachtundzwanzig, zweiunddreißig zu zweiunddreißigeinhalb –", „– Juriaan van Wessen mit 7.010 auf hundert Meter den von ihm selbst aufgestellten Altweltrekord nicht erreicht –", „– euch die Spannung bis zur Übertragung erhalten wollt, drückt bitte jetzt das Nein-Feld eurer Fern–".

Marktschreierische Kommentare zu merkwürdig geformten Rennwagen, die kaum Platz für einen Fahrer zu bieten schienen und fingerbreit über dem Boden dahinrasten, Skifahrern auf zitronengelbem Kunstschnee, Kamelrennen, Windsurfing, Delphinpolo, Skijak, Hufeisenzielwerfen.

Der Junge füllte die Dose mit Glas- und Metallsplittern auf, umwickelte sie mit reißfester Kunststoffolie und Draht. Mit dieser Bombe würde er ein ganzes Rattennest ausheben, Hunderte von Ratten gleichzeitig auslöschen.

„Wenn ihr jetzt nicht aufhört", rief er, „stelle ich den Strom ab." Es war nicht viel mehr als eine leere Drohung, das wußte er ebensogut wie Vérénice und Violetta, denn er würde dazu aufs Dach und den Strommast hinauf klettern müssen, wo sie der Überlandleitung Schwarzstrom entnahmen, und das Abziehen der Krokodilklemmen war nicht ungefährlich, schon mancher in der Müllkolonie war dabei gestorben. Der Stromdiebstahl wurde von offizieller Seite geduldet, es gab ohnehin einen Energieüberschuß; die Solaranlagen in der Sahara waren prinzipiell in der Lage, den gesamten Weltenergiebedarf zu decken – nur juristische Fragen und die Gebietsansprüche einiger nordafrikanischen Stadtstaaten, allen voran Tschad und Großkhartum, sprachen dagegen. Jedenfalls schien die Verringerung der Überproduktion durch die verbreitete illegale Stromentnahme den Betrieb von Kernkraftwerken zu rechtfertigen, wenn die natürlichen Resourcen an Kernbrennstoffen auch schon lange aufgebraucht waren und Kernreaktoren weniger der Energiegewinnung als der sogenannten Verteidigungsforschung dienten. Durch die verschiedensten Arten der Energieumwandlung entstanden Wärmeverluste, und diese Abwärme heizte den Planeten auf. Die gelegentlichen Hagelschauer waren kein positives Zeichen, im Gegenteil, wie Springfluten, Orkane und Wirbelstürme waren sie lediglich Revers einer Medaille mit zwei Kehrseiten, deren Avers aus sengender Bruthitze, verdorrter Vegetation und verbrannter Erde bestand.

„Er zündet einen Grünspan an", sagte Violetta, „die Sonne zu suchen."

„Es ist, als galoppierte ich auf einem einbeinigen Pferd", fiel Vérénice ein und legte den Kopf schief. Ihr Ohr berührte fast die Schulter.

Sie waren Unpersonen, Jasmina, Ferdinand, Violetta und Vérénice, ebenso wie Jasminas Kind: illegal, ohne Zulassung geboren. Ihre Mutter war fünf Jahre zuvor, bei der Geburt der Zwillinge, gestorben. Ihre Väter kannten sie nicht. Sie hatten nicht einmal einen Anspruch auf Lebensmittelkarten oder eine Sozialwohnung, eine jener ein mal ein mal drei Meter großen Wohnsarkophage, wie sie ursprünglich ein Jahrhundert zuvor, ausgestattet mit Fernsehgerät und Telefon, in japanischen Hotels eingeführt worden waren.

Ferdinand trat ins Haus, stellte die Bombe in eines der Regalfässer und nahm eine Schachtel mit Ritterspornsamen, die die Aufschrift *Rattenpfeffer* trug, und eine Büchse Thalliumsulfat heraus. Eine halbvolle Flasche Alphanaphtylthioharnstoff wollte er für Notfälle aufbewahren.

Eine Bewegung an der Tür, aus den Augenwinkeln wahrgenommen, ließ ihn herumfahren.

„Angelo", sagte er anstelle einer Begrüßung.

Der wirkliche Name des Mannes, der am Eingang lehnte, war Karl-Heinz Mrosko; er war, wenn nicht die rechte Hand seines Onkels, des selbsternannten „Bürgermeisters" der Müllkolonie, der die Haldennutzungsrechte von der Regierung gepachtet hatte, so doch sein Abzugsfinger. Doch kaum jemand kannte seinen Namen. Angelo paßte viel besser zu ihm, war wie ein Accessoir, das seine Tätigkeit unterstrich, der Selbstkarikatur, die er war, den letzten Schliff gab, wie sein Äußeres – sein schwarzes, geringeltes Haar, sein Moustache, der glänzte wie mit Schuhwichse eingerieben – und seine beiden Schatten, Anton Milič und Siggi Laemmle.

Angelo trug eine weiße, ärmellose Jacke, einen weißen Hosenrock und weiße Wildlederstiefel. Der flaschenglasbraune Klarsichteinsatz in seinem Hemd zeigte seine mit Kletterrosen bemalte Brust und das Kruzifix aus Nußbaumholz, das an einer Silberkette um seinen Hals hing.

Weniger geschmack- und wert-, aber keineswegs weniger eindrucksvoll war die Kette aus echten menschlichen Schneidezähnen, die Laemmle trug. Schweiß perlte von seiner fettigen Glatze wie von einer imprägnierten Lederjacke. Seine Haupthaare und seine Augenbrauen waren abrasiert, nur ein weit abstehender Kaiser-Wilhelm-Bart zierte sein Gesicht. Grabsteine waren auf seinen massigen, haarlosen Oberkörper und seine Arme tätowiert. Feuerspeiende Drachen fauchten schuppenschwänzige Seejungfrauen an, schnaubend flohen Rapphengste vor grinsenden Totenschädeln mit durchlöchertem Stirn- oder Scheitelbein.

Eine Zuchtperlenkette führte wie die grob skizzierte Silhouette eines auf dem Rücken fliegenden Vogels über die durchstoßene Nasenscheidewand von einem Ohr zum anderen. Durchsichtige Plastikschläuche standen wie die Henkel einer Amphore auf beiden Seiten von seinem Hals ab. Mit jedem Herzschlag pulsierten sie, während helles, durch den eingefärbten Kunststoff violett schimmerndes Blut sie durchströmte. Sie lenkten einen Teil des Bluts, das durch die Halsschlagadern floß, um. Die künstlichen Adern waren nicht medizinische Notwendigkeit, sondern modisches Beiwerk wie Ringe in durchbohrten Ohren, Frauen durch im Säuglingsalter eingebundene Gliedmaßen zum Trippeln zwingende Lotosfüße, durch um den Hals gelegte Messingringe giraffenartig gedehnte Hälse von Burmesinnen, innere Organe einschnürende Korsetts, spitz- oder zu einem Schachbrettmuster gefeilte Zähne, eingewickelte Kinderköpfe mit deformiertem Schädelknochen. Laemmle mußte sich seiner selbst sehr sicher sein, denn die freiliegenden Schläuche waren wie eine künstliche Achillesferse, aber seine Größe und seine Körpermasse machten das mehr als wett.

Das bemerkenswerteste Schmuckstück, das er trug, war jedoch eine lebende mutierte Fischassel, azurblau, mit weißen Rändern an den Panzerschuppenkanten und Wolkenmustern auf dem Rücken, die sich mit Hakenfüßen in seine Haut klammerte, den Kopf über der Nasenwurzel, den Schwanzfächer auf der Stirn. Sie hieß, wie die meisten Schmuckasseln, Anni, und dieser Name war ebensowenig originell wie der Name Felix für einen Kater, denn er war von der lateinischen Bezeichnung *Anilocra* abgeleitet. Die Assel war, wie alle ihre Artgenossen, als Männchen geboren, hatte sich aber, als sie an einen unbesetzten Wirt geriet, schnell in ein Weibchen verwandelt. Auf ihrem natürlichen Wirt hätte sie, wenn sie ein Weibchen vorgefunden hätte, sich mit diesem gepaart und erst falls es gestorben wäre langsam das Geschlecht gewechselt, um ihrerseits auf ein Männchen zu warten und ihre Vaterschaft durch Mutterschaft zu ergänzen. Doch hier, unfreiwillig an einen menschlichen Wirt geklammert, wartete sie vergeblich.

Orangerote Patronengurte waren über Laemmles nackter Brust gekreuzt, obwohl keine dazu passende Waffe erkennbar war.

Der zweite Schatten dagegen trug deutlich sichtbar einen Dolch an der Innenseite seines rechten Unterarms. Seine schwarze Mähne mit einigen rotgefärbten Strähnen reichte bis zu den Schulterblättern. Dicke, borstige schwarze Haare drangen aus Kragen, Ärmeln und Knopflöchern seines hellgrauen kunstseidenen Hemdes wie Maden aus Speck, wuchsen auf dem Rücken seiner Hände und Finger und der Zehen und Füße, die in Sandalen steckten. Hauteng, schwarz und gelb gestreifte Vigognestoffhosen umschlossen seine Beine.

„Jasmina ist nicht da", sagte Ferdinand vorsichtig. Die Assel auf Laemmles Stirn schien ihn anzusehen.

„Wer ist Jasmina?" zischte Angelo ironisch und zog einen Zerstäuber aus der Tasche. „Sie ist für uns gestorben. Glaubst du, unsere Kunden wollen Pilze sammeln? Nicht einmal ein Blinder bei Nacht würde..." Der Rest seiner Worte verlor sich, denn er sprühte aus dem Zerstäuber ein Euphorikum zunächst in sein rechtes, dann in sein linkes Nasenloch und sog schnaubend Luft ein.

„Was wollt...?" fragte Ferdinand.

„Der achte Zwerg war groß", flüsterte Vérénice. „Darum kennt ihn keiner, er wurde verschwiegen."

Angelo steckte den Zerstäuber weg und deutete mit dem Kinn auf die beiden Mädchen, die mit einer Radnetzspinne mit den schwarz-braun geringelten Beinen und dem gelb-schwarz gestreiftem Hinterleib einer Wespenspinne spielten, indem sie sie von einer Hand auf die andere krabbeln ließen. Dann zischte er: „Sie."

Ferdinand starrte zuerst Angelo an, dann seine Schwestern, als sähe er sie zum ersten Mal. Ihr gemeinsamer Körper hatte die Form eines Y. Zwei Köpfe, die gerade dicht genug nebeneinander auf zu breiten Schultern saßen, um einander küssen zu können, auf jeder Seite ein gesunder Arm, zwischen den Schulterblättern, wie die Ansätze von Engelsflügeln, zwei verkümmerte; drei Mamillen, ebensoviele Lungenflügel und zwei Herzen; darunter ein gewöhnlicher Verdauungstrakt, überhaupt alle Organe in der üblichen Anzahl; ein Nabel; zwei Beine, die in normalen Jeans steckten; die Bluse besaß jedoch einen zusätzlichen dritten Träger, der in der Mitte zwischen den beiden Hälsen verlief.

„Aber... sie sind doch erst fünf!" sagte Ferdinand gepreßt.

Die Tätowierungen auf Laemmles Brust zucken und er grunzte. Angelo warf ihm einen mißbilligenden Blick zu, wandte sich wieder an Ferdinand und sagte: „Sie sind genau das, was wir suchen. Wir brauchen etwas ganz Spezielles. Und fünf ist gerade das richtige Alter." Seine Stimme wurde klebrig wie Fliegenleim: „Hör zu, Süßer, wovon wollt ihr denn leben, jetzt, wo Jasmina ihr Hautpilz anzusehen ist?" Er hatte recht, ihre Haut schuppte, blätterte ab wie alter Lack. Mit ihrer Dermatomykose fand sie keine Kunden mehr, verdiente kein Geld, konnte keine Schutzsteuern bezahlen. Medizinische Versorgung gab es natürlich nicht; nicht für Illegale. Manche Leute warfen zwar tatsächlich Medikamente weg, wenn das Verfallsdatum abgelaufen war, aber das nützte nicht viel. Zudem war Jasmina zu alt; elf-, zwölfjährige Mädchen waren das teuerste Fleisch der Welt, aber wenn sie vierzehn wurden ... Sie würden wohl bald das Holz der Apfelbäumchen, falls es noch etwas taugte, als Schmuckholz verkaufen und dann die Müllkolonie verlassen müssen, in die Elendsviertel ziehen.

„Was ..." Ferdinand schluckte. „Was ist mit mir?"

Angelo brachte dreimal ein Z hervor, indem er mit der Zunge schnalzte, um eine Art wohlwollend-bedauerndes Mißfallen kundzutun. „Nicht doch", sagte er. „Nun ja, in anderen Teilen der Altwelt vielleicht." In weniger orthodoxen, meinte er, in Amsterdam, der künstlichen Insel, die dort schwamm, wo früher die Niederlande gewesen waren, in Leipzig oder London, Reykjavik oder Rostock, aber nicht hier in Berlin mit über achtzig Prozent katholischen Einwohnern, wo die entsprechenden, reichlich einseitigen, Gesetze rigoros durchgesetzt wurden. Der Anteil an Katholiken war so hoch seit den Religionskonflikten zwischen türkischen Moslems, vor allem in Kreuzberg, und Polen, die, als sie 2022/23, kurz nach der Zerschlagung der Deutschen Bundesrepublik und kurz vor der Gründung der Mitteldeutschen Republik über die TschechoSlowakei, die damals gerade Tschecho-Slowakei geheißen hatte, und den Ostdeutschen Bund nach Berlin gekommen waren, um von hier aus in die Nordstaaten oder die Präunion zu fliehen, und die zum Großteil in der ehemaligen Reichshauptstadt geblieben waren. „Wir wollen doch keinen Ärger bekommen."

„Misthaufen wachsen, Schlösser fallen", sagte Vérénice wie zu sich selbst. Violetta sprach flüsternd mit der weiblichen Spinne, die auf ihrem angewinkelten Knie saß, und streichelte sanft den silbrigen Pelz ihrer Kopfbrust.

„Lämmchen!" Auf einen Wink Angelos drängte sich Laemmle an Ferdinand vorbei und ging auf die beiden Kinder zu. Er packte sie mit einer Hand am hinteren Bund ihrer Hosen und hob sie hoch wie einen Koffer am Griff. Ihr Strampeln war für ihn nicht lästiger als das Krabbeln einer Pferdebremse für einen Haflinger.

„Januskinder sind selten; womöglich sterben die Doppelköpfigen aus", sagte Angelo und lachte.

„Es gibt keine Menschen mit zwei Köpfen", stieß Vérénice abgehackt hervor – sie keuchte, weil sie, wie ihre Schwester, noch immer mit den gemeinsamen Beinen strampelte – „nur zwei Menschen mit einem Körper."

Ferdinand betrachtete sie verwundert, denn zum ersten Mal hatte er einen Zusammenhang zwischen dem, was die beiden von sich gaben, und der Wirklichkeit entdeckt. Die anderen bemerkten natürlich nichts davon.

Das Baby hatte begonnen, ein ersticktes Gurgeln von sich zu geben, das bei ihm einem lauten Schrei entsprach. Vielleicht hatte es Schmerzen; seine rechte Wange, sein Ohr, seine Schläfe waren ein einziger blutiger Klumpen, mit weißem Reis gespickt. Die Reiskörner waren Maden, Larven der Schraubenwurmfliege. Angelockt von frischem Blut oder Lymphflüssigkeit, legten die Weibchen in offene Wunden ihre Eier. Diese entwickelten sich innerhalb weniger Stunden zu schraubenförmig gewundenen Maden, die sich ins Fleisch des Wirts fraßen. Die Wunde weitete sich aus, entzündete sich und lockte andere Fliegenweibchen an. Durch das Aussetzten von Abermillionen männlicher, mit Gammastrahlen sterilisierter Schraubenwurmfliegen war die Plage in ihrer Heimat, Süd- und Mittelamerika, nahezu ausgerottet, doch bereits im vorigen Jahrhundert hatten die Fliegen Afrika, Nord-Libyen und die Mittelmeerinseln heimgesucht. Mit der Veränderung des globalen Klimas waren sie in Spanien, Italien, Griechenland und Südfrankreich eingefallen. Und jetzt quälten sie, die bei Temperaturen von zehn Grad Celsius und darunter nicht überleben konnten, Menschen und Vieh hier in Berlin. Aber

vielleicht schrie das Baby einfach nur, weil es hungrig war.
„Wer Perlen mit den Säuen frißt", sagte Violetta leise, „wird danach stinken."
„Laßt sie in Ruhe!" stieß Ferdinand endlich trotzig hervor. Milič ballte die Fäuste. Angelo hob die rechte Augenbraue und trat auf Ferdinand zu. Das erstarrte Gesicht des Jungen wurde von den einseitig verspiegelten Kontaktlinsen reflektiert, die Angelo trug, um seine Augen vor der grellen Sonne, auch wenn sie jetzt hinter Wolken verborgen war, zu schützen. So stellte Ferdinand sich den Tod vor: nicht mit Sense und Stundenglas, sondern mit quecksilbriger Iris, die ihm sein eigenes Leben und seine Angst zeigen würde. Plötzlich schlug Angelo ihn mit dem Handrücken ins Gesicht. Die Thalliumsulfatbüchse fiel scheppernd zu Boden, die Schachtel flog rotierend durch die Luft und verstreute Samen, die gegen die Wände prasselten. Die Mädchen hielten noch immer die Fernbedienungen in der Hand, und so wechselte im Fernsehen HiPop, Re'Pop und Hopscotch sich ab mit Claude Debussys *Prélude à l'après-midi d'un faune*, Ivan Reitmans *Brecht und Sauerkraut*, Antonín Dvořáks *Symphonie Nr. 9 in e-Moll*, *A Day in the Life* von den Beatles, der von Robert Trappl und Georg Dorfner einhundertdreißig Jahre nach der Uraufführung computerergänzten *Unvollendeten*, einem namenlosen, kakophonen Geräuschsammelsurium Werner Zimmermanns, Pino Selecchias *Quartett für Glasflöte und drei verstimmte Klaviere*. Ferdinands Lippen waren von dem synthetischen Rubin, den Angelo neben dem Ehering trug, aufgerissen worden. Blut und gelblichweißer Eiter krochen über sein Kinn. Er starrte die auf dem Boden liegenden Rittersporsamen an. Wenn er den Sprengstoff in der Hand gehalten hätte ...
Das Baby draußen in der Wiege gurgelte noch immer. Ferdinand wünschte, Jasmina würde kommen, um es zu stillen.

Jasmina lag erschöpft an der Kanalböschung und riß fleischige Blätter von dort wucherndem, halbverdorrten Spitzwegerich, um die Blutung zu stillen. Sie zerkaute die Blätter zu einem Brei, den sie auf die Wunde strich. Obwohl es warm war, fröstelte sie. Langsam schwand das Tageslicht. Immer wieder kniff sie ihre tränenverklebten Lider zusammen, um überhaupt etwas sehen zu können.

Wenn sie doch nur ein Pflaster bei sich gehabt hätte! Doch Pflaster, die Wirkstoffe transdermal ins Blut einbrachten, selbst minderwertige, waren zu teuer; seit ihre Krankheit sichtbar geworden war, war Klebstoff das einzige Rauschmittel, das sie sich leisten konnte, wurden lösungsmittelhaltige Klebstoffe doch ausschließlich zu dem Zweck produziert, auf diese Weise konsumiert zu werden – wenn sie auch von einigen naiven Unwissenden tatsächlich zum Kleben verwendet wurden. Speckigglänzende, rosige Haut war bereits an Jasminas Oberarm nachgewachsen, wo sie die billigen Drogenpflaster gewöhnlich angesetzt hatte in der Hoffnung, die widerlichen Berührungen der Männer etwas erträglicher werden zu lassen, ihr zu helfen, die Welt um sie herum zu vergessen, ihre Wahrnehmung durch Surrogate zu verdrängen. Wenn die Rauschträume durch das Gehirn tanzten, gab es keinen Platz mehr für wirbelnde Erinnerungen.

Mit eingekniffenem Schwanz kam ein abgemagerter Schäferhund auf drei Beinen gehinkt und versuchte, an Jasminas Wunde zu schnüffeln. Schwach trat sie ihm mit dem Knie gegen die Schnauze. Winselnd lief er davon.

Jasmina robbte weiter, kroch mit gekrümmtem Rücken wie eine in die Enge getriebene Katze. Nach einiger Zeit bemerkte sie ein Licht und schleppte sich darauf zu. Es war wie ein Zeichen: Hier, am Rand eines ausgetrockneten Kanals, wo sich weit und breit keine Menschenseele fand, stand ein Ziborium, beleuchtet von einem grellen Neonröhrenkreuz. Jasmina lehnte sich dagegen, um auszuruhen; ihre Blutung hatte nachgelassen. Sie nahm ihr Medaillon ab, richtete sich auf und ließ es in den Opferstock fallen. Das darin eingeprägte Negativrelief, das Papst Innozenz zeigte, schien sie mit Blicken, sogar mit dem ganzen Gesicht zu verfolgen, wohin sie sich auch wandte, und diese merkwürdige Eigenschaft solcher Reliefs war natürlich der Grund, weshalb das Abbild vertieft, nicht erhaben dargestellt war. Knirschend untersuchte der Automat die Gabe, doch nach einigen Sekunden spuckte er sie wortlos wieder aus.

Jasmina biß sich auf die Lippen. Dann löste sie ungeschickt die Sicherheitsnadel des Buttons, den sie unter dem Hemdkragen versteckt trug, mit Fingern, die sich hinter der Nadel verhakten. Der Button war antik; sie hatte ihn von ihrer Mutter geerbt. Das einzig Wertvolle, das sie je besessen hatte. Ein letztes Mal las sie die geheimnisvollen, jetzt bedeutungslosen Worte, einst eine Parodie auf ähnlich klingende, blauäugige Slogans: *Rettet die Dronten.* Sie hielt ihn in der hohlen Hand vor die Öffnung des Opferstocks, hob die Handfläche. Der Button glitt hinein.

Wieder rasselte das Ziborium. „Denn am Abend, an dem Er ausgeliefert ward", begann der Automat in für andere Maschinen untypischem, monotonem Singsang und mit grotesk altertümlich anmutender Wortwahl, „und sich aus freiem Willen dem Leiden unterwarf, nahm Er das Brot und sagte Dank, brach es, reichte es Seinen Jüngern und sprach: ‚Nehmet und esset alle davon; dies ist Mein Leib, der für euch hingegeben wird.'" Im Ziborium leuchtete ein kleines Sichtfenster auf, und eine konsekrierte Hostie schwebte darin, in bläuliches Licht getaucht. „Ebenso nahm Er nach dem Mahl den Kelch, dankte wiederum, reichte ihn Seinen Jüngern und sprach: ‚Nehmet und trinket alle daraus; dies ist der Kelch des Neuen und Ewigen Bundes, Mein Blut, das für euch und für alle vergossen wird zur Vergebung der Sünden. Tut dies zu Meinem Gedächtnis.'" Das Licht im Sichtfenster wurde rot, die Hostie schien in Blut getaucht. Sie begann, schnell um ihren Durchmesser zu rotieren, so daß sie wie eine verschwommene Kugel wirkte, und fiel nach unten. Dann schnappte eine Klappe auf, in der die Hostie – oder eine andere – lag.

„Der Leib Christi", sagte das Ziborium. Es klang wie eine Feststellung.

„Amen", hauchte Jasmina. Sie nahm die Hostie heraus und

legte sie sich auf die Zunge. Dankbar stellte sie fest, daß die Anzeigetafel des Ziboriums einen hohen Restbetrag auswies, und drückte auf beleuchtete Schalter, die mit *Beichte* und *Letzte Ölung* beschriftet waren.

Violetta und Vérénice waren frisch gewaschen, in Eselsmilch gebadet, mit kostbarem parfümiertem Öl gesalbt und in teure Stoffe gehüllt. An Violettas Oberarm klebte wie ein Muttermal ein dunkelrosa Pflaster. Sie kaute auf den Spitzen einer Haarsträhne Vérénices.

Krautheim lag in seinem Sessel und sah die beiden Mädchen an, wie sie ihm gegenüber auf der Couch saßen; seine Mundwinkel stießen die feisten Wangen nach oben. Fettflecke auf seinem Kimono zeugten von den gebutterten Garnelen, die er gegessen hatte, vielleicht auch von den anderen Gerichten, die er in homöopathischen Dosen, wie sie in der traditionellen Küche üblich waren, verspeist hatte, von der Hechtklößchensuppe, der Kalbfleischpastete, den Filet-Medaillons mit Lebermus, dem Kalbsrücken „Paris" mit Gänseleber, den Kalbfleischröllchen mit frischen Feigen – nach deren Genuß er einen Vomitif zu sich genommen hatte – den gefüllten Hamburger Stubenkücken, den Wachteleiern in Madeira-Gelee, den mit Shrimps-Cocktail gefüllten Tomaten, der getrüffelten Salmtorte „Louis Quatorze" oder den Räucherlachsröllchen mit Apfelkren. Der überproportionale Anteil an Kalbfleisch in seinem Essen war nur zu verständlich, denn er hatte die Kälber an diesem Morgen bei einer Treibjagd selbst erlegt. Flugpolizisten, die sonst, rucksackähnliche Düsenaggregate auf dem Rücken, Demonstranten jagten, empfanden es als angenehme Abwechslung, hin und wieder einem Industriellen oder Politiker seine Jagdbeute zuzutreiben, kurz zuvor ausgesetzte Kälber gewöhnlich, denn jagbares Wild gab es in der Grassteppe Deutschlands nicht mehr. Krautheim liebte alte Waffen, und mit dem Küchentomographen konnte die Munition in der Beute leicht entfernt werden; daher tat es seinem Jägerstolz keinen Abbruch, daß er ein Maschinengewehr benutzt hatte. Selbstverständlich war ein solches Vergnügen nicht halb so aufregend wie die Eisbärjagd, an der er in der Administration, genauer im Norden Amerikas, teilgenommen hatte. Ein leichter Kitzel der Gefahr hatte diese Jagd begleitet, denn mit dem Rückgang natürlicher Beute hatten die Bären sich als Zivilisationsfolger in den Müllbergen breitgemacht, in denen sie erfolgreich nach Nahrung suchten. Die Gefahr ging nicht so sehr von den Tieren aus, die an Menschen gewöhnt und nicht sehr angriffslustig waren, sondern vielmehr von Rauch und Feuer im sich selbst entzündenden Müll. Krautheim hatte mehrere Bären erlegt, ehe er ein Fell, das nicht versengt war, als Trophäe sein eigen nennen konnte. Es war ein faszinierend widersprüchlicher Anblick gewesen: Eisbären, die durch züngelnde Flammen wanderten.

In der Hand hielt Krautheim einen dreigeteilten Dessertteller. In einem Drittel lagen Kiwischeiben und Erdbeeren, die Häubchen aus geschlagener Sahne trugen, im zweiten Fach zierten Bananenscheibchen braune *Mousse au chocolat* und Ananasstückchen weiße *Mousse à la vanille*, und die dritte Vertiefung war gefüllt mit Orangensegmenten, deren Zwischenhaut entfernt war, rosenwasserbeträufelt und zimtbestreut, und entkernten Litschihälften, am Stielansatz zusammengehalten von ihrer rauhen braunen Schale, die innen mit einem hellvioletten, flüssigkeitsundurchlässigen Film überzogen war. Krautheim wußte, wie sehr Litschi und tunesischer Orangensalat harmonieren würden, und nach dem Speichel zu urteilen, der seinen Mund füllte, wußte sein Körper es auch. Doch die Orangenfilets glitten immer wieder von der winzigen zweizinkigen Gabel. So warf er das Eßgerät verärgert über die Schulter, hob den Teller an die Lippen und schob schlürfend, als ob er das Fleisch aus einer Austernschale saugte, das Essen mit der Hand in den Mund. Als der Teller leer war, ließ er ihn auf den Boden fallen, wo er auf eine halbvolle Flasche Spätburgunder Kabinettwein – 83er Sasbachwaldener Alde Gott – fiel und zerbrach, und wischte, nachdem er der Reihe nach an allen fünf Fingern gelutscht hatte, die Hand

am Kimono ab.
  Er leckte ein paar Reste Mousse, die eine Parodie des Blut- und Eitergemischs an Ferdinands Lippen hätten sein können, vom Kinn, spülte mit seinem Digestif – Cointreau – nach und sah wieder grinsend die Zwillinge an.
  „Steh auf!" befahl er.
  Vérénice sagte: „Die Freiheit ist das Recht, alles zu tun, was die Gesetze erlauben. Meint Montesquieu."
  Wie das Gedärm eines Kaninchens, das ausgeweidet wird, fielen Krautheims Mundwinkel herab.
  „Freiheit ist immer auch die Freiheit des Andersdenkenden", ergänzte Violetta ihre Schwester, „solange er nicht anders handelt." Dann sah sie sich suchend nach einer Fernbedienung um, mit der sie den ekelhaften Kerl würde ausschalten und auf ein anderes Programm wechseln können.
  Sie fand keine.

Die Fernbedienungen lagen verwaist da, als Jasmina gegen Mitternacht die Hütte erreichte; ein Musiksender übertrug Saint-Saëns *Danse macabre* zu kaleidoskopartigen Klangbildern und optisch reizvollen, aber nichtssagenden Videorückkopplungen. Die Wiege stand nicht mehr im Freien, sondern neben dem Container der Zwillinge. Wie Irrlichter brannten Feuer in Blechfässern, die auf Flößen durchs Wasser trieben, um den Fischern die Ernte zu erleichtern. Es roch brenzlig, doch der Gestank wie von schwelendem Gummi konnte nicht daher rühren. Irgendwo im Müll mußte durch Selbstentzündung ein Feuer ausgebrochen sein, das so lange brennen würde, bis es sich selbst verzehrt hatte oder zur unmittelbaren Gefahr wurde und jemand lieber versuchen würde, es zu löschen, als vor ihm zusammen mit seinen Habseligkeiten zu fliehen. Ferdinand war nicht da.
  Jasmina nahm ihren Regenponcho aus einem der Fässer – einen Plastikmüllsack mit Löchern für Arme und Hals – und breitete ihn über die Pritsche, damit das Blut nicht ihre Bettdecke beflecken konnte. Langsam, wie in Zeitlupe legte sie

sich hin, seitlich mit angewinkelten Beinen und an den Bauch gepreßten Armen, zusammengekrümmt wie eine aus der angebissenen Frucht gefallene Made. Ihr war trotz der Hitze kalt; ihr Körper versuchte durch Zittern, durch rasche Muskelkontraktionen, Wärme zu erzeugen – ihre Zähne schlugen aufeinander.

Bunte Lichtsplitter auf dem Bildschirm tauchten den Raum in gespenstische Farben. Ein leises Trommeln von oben mischte sich mit den Xylophonklängen aus den Fernsehlautsprechern. Es hatte wieder zu hageln begonnen.

„Jasmina! Was haben sie mit dir gemacht?" Ferdinand stand, getrieben von den prasselnden Eisbrocken, an der Tür. Die Lichtkaskaden ließen seine Haut krank erscheinen.

Jasmina hatte sich halb aufgerichtet; sie nahm die Hand von der blutenden Wunde und sank auf die Pritsche zurück. Schmerz verzerrte für Augenblicke ihr Gesicht. „Angeschossen... hier..."

„Diese dreckigen Bullen", stieß Ferdinand hervor.

„Nicht... Bullen. Private."

„Private. Ex-Bullen. Dreckskerle!" Ferdinand lief zu einem der Fässer, nahm eine Tablettenschachtel heraus und brachte sie Jasmina.

„Aspirin?" gab sie fragend von sich. Ihre Stimme war nur noch schwach, als sie fortfuhr: „Vergiß es!"

„Was dann?" fragte Ferdinand.

Sie flüsterte: „Bennies. Sandoz'. Barbs."

Das Gurgeln des Babys war einem rasselnden Atmen gewichen.

Ferdinand stöberte in einem Wandfaß voller Pappschächtelchen, fand schließlich eine angebrochene Packung Polamidon. Er nahm aus einem anderen Faß eine mit zusammengeschütteten Resten gefüllte Rotweinflasche, steckte Jasmina drei der rosaroten Milchzuckerkügelchen in den Mund und flößte ihr einen Schluck Alkohol ein. Ihr Körper verkrampfte sich, die Flüssigkeit lief aus ihrem Mund, sie erbrach sich.

Blut rann aus ihrer Wunde, durchnäßte das Hemd, perlte

über den Regenponcho, tropfte auf den Boden. Jasmina starrte das Rot an.

„Es sind nur", sagte sie, so leise, daß Ferdinand sein Ohr dicht an ihren Mund halten mußte, „Erdbeerflecken."

Dann verstummte sie.

Sommer 1989 – Frühjahr 1991

Packeis

> *Wenn du ein Zebra*
> *in den weißen Streifen schießt,*
> *stirbt der schwarze mit ihm.*
> Afrikanisches Sprichwort

Die gleißenden Eisbergkuppen schienen im Licht der blendenden Sonne zu glühen. Die See war fast frei von Schollen, und das Inuak glitt speerschnell dahin, während die trägen Wogen es kaum spürbar sanft auf und ab hoben. Nur gelegentlich bohrte der Bug sich in einen hohen Wellenkamm, so daß ein feiner Sprühregen Gischt aufstob, der auf der Spiere zu glitzerndem Eis gefror.

Es war herrlich, so übers türkise Wasser zu gleiten, allein, unter sich nur die Tiefen des Ozeans, die edle Jagd auf den Spuren der Alten fortzuführen. Der Sturm hatte fast das ganze Packeis aufs offene Meer hinausgetrieben, so daß Anaittuq leicht vorankam.

Um den Hals trug er an einer Schnur aus Robbendarm ein Tupilak, einen aus Walbein geschnitzten Eisbären, der noch von seinem Großvater Aqjangajuk stammte. Es mußte einer der letzten lebenden Grönlandwale gewesen sein. Was für Zeiten das gewesen waren! In den fetten Jahren hatten sie alles erlegt, was ihnen vor die Augen kam, nur die größten Leckerbissen verzehrt, vielleicht ein paar Streifen schwarzen Seehundfleisches auf hölzernen Gestängen getrocknet und den Rest haufenweise verfaulen lassen, Ringel- und Kaisergänse, Eis- und Eiderenten, Kraniche, Teile von Robben und Walrossen, die zwischen Exkrementen und ausgedienten Gerätschaften um die Sommerzelte verstreut waren, Blubber, zäher Walroßspeck, der an den Füßen klebte. Doch den Gestank von Kot, Urin, verdorbenem Fleisch, Eingeweiden, blutverschmierten

Fellen kannte Anaittuq nur noch aus Erzählungen; immer stärker wurden sie eingeschränkt durch unsinnige Abschußquoten, als ob nicht für jeden toten Hasen ein paar Tagesreisen weiter ein halbes Dutzend neue geworfen würden. Die Kraslunaks, die Weißen, verstanden das Leben der Inuit, der Überlegenen, nicht, sie würden nie begreifen, was es hieß, im Einklang mit der allbeseelten Natur zu leben, über das tiefblaue Wasser zu streifen, eingemummt in den Anorak die kalte Nase in den eisigen Wind zu stecken, frei zu sein. Frei wie der Schwarm großer Alke, der über ihn hinwegzog.

Anaittuq erspähte eine zum Atmen aufgetauchte Robbe, fuhr langsamer, näherte sich ihr vorsichtig. Es war ein Walroß, erkannte er, ein großer Bulle mit borstigem Schnauzbart, wohl an die zwanzig Zentner schwer. Das Wasser war so kalt, daß seine Haut blaß, fast weiß war. Mit einen scharfen ‚tschak!' fuhr die Harpune aus dem Speerwurfbrett gegen das Tier, die Leine rollte sich aus. Die Robbe heulte auf, ein lauter Protestschrei. Anaittuq fühlte seine Erektion, während er sah, daß der Vorschaft in der Vorschafthülle abknickte, der Harpunenkopf, durch dessen Leinenloch das Seil gezogen war, sich löste. Das Walroß versuchte durch Tauchen zu entkommen, doch der Widerhaken steckte fest. Der Jäger warf die Schwimmblase am anderen Ende der Leine über Bord.

Der Koloß tauchte fast senkrecht ab, der Schwimmer rührte sich kaum von der Stelle. Der Inuk holte den Harpunenschaft ein und folgte ihm gemächlich. Nun mußte er nur noch warten, bis dem Bullen die Luft ausging. Die mächtigen Hauer waren armlang und brachten sicher sechs Pfund auf die Waage, eine Menge Elfenbein. Damit würde das Tier nie mehr den Grund aufwühlen, um Muscheln und Krebse zu suchen.

Immerhin waren die Inuit die einzigen, die noch Walrosse jagen durften. Oh, auch früher war nicht alles eitel Sonnenschein gewesen, doch selbst sein Großvater hatte die Jahre, in denen sie so sehr hungerten, daß sie neben ein paar kläglichen Schneehasen und -hühnern und mageren Hunden Seehundfelljacken und sogar ihre eigenen Kinder verzehrten, nur aus alten Geschichten gekannt, die abends am Feuer erzählt wurden. Der indianische Schimpfname, *esquimatjik*, Rohfleischesser, aus dem die Kraslunaks Eskimo gemacht hatten, wirkte dagegen fast harmlos.

Prustend tauchte das Walroß auf, der Jäger schoß und traf. Das Tier sackte nach hinten, krängte vom Tran getragen. Langsam manövrierte er das Boot zur treibenden Beute. Mit einem dumpfen Laut stieß der Leib gegen die Wandung. Der Inuk vertäute den leblosen Körper. Dann fuhr er rasch auf die Küste zu, auf Abertausende kleiner Krabbentaucher. Manche der Vögel waren so vollgefressen, daß sie kaum fliegen konnten, wühlten zeternd das Meer auf, als sein Inuak zwischen ihnen hindurchglitt. Das Luftkissenboot ruckte nur kurz, als es vom brodelnden Wasser aufs Meereis fuhr. Anaittuq hielt an. Ein paar Möwen am Himmel beäugten ihn neugierig, hofften, daß etwas für sie abfallen würde. Das Wasser plätscherte leicht gegen das Eis am Ufer. Er schaltete den Monitor seiner Harpune aus, um die Batterien zu schonen, deaktivierte den Propulsor und klappte ihn ein. Mit dem Kran hievte er das tonnenschwere Tier an Bord, dann zog er übers Eis weiter. Wasserspalten, früher gefürchtet und oft tödlich, stellten für sein Inuak kein Hindernis dar. Die Vibrationen des Motors versetzten den riesigen Leib der Beute in Schwingung, Wellen liefen über die dicke Fettschicht unter der Haut, als ob das Tier noch lebte.

Eine gute Stunde später saß Anaittuq im gemütlich warmen Wohnzimmer vor der Fernsehwand. Er hatte geduscht, jetzt zog er die Lasche von der zweiten Dose Bier und ließ die Flüssigkeit durch seine Kehle rinnen. Eine Werbeunterbrechung begann, er stand auf, ging in die Küche, riß die Aluverpackung von einem Fertiggericht und schob es in die Mikrowelle. Drei Minuten später piepste der Herd, Anaittuq nahm das heiße Essen heraus, griff nach dem Besteck, kehrte ins Wohnzimmer zurück und stellte die dampfende Schale auf den Tisch. Die Werbung war in diesem Augenblick vorüber, der Dokumentarfilm, Abschluß einer dreizehnteiligen Reihe über

Alaska, lief weiter. Sie gefiel Anaittuq sehr, in jeder bisherigen Folge war bewundernd über die traditionelle Jagd der Inuit gesprochen worden. Auf dem Schirm zogen die Jäger einen großen Grönlandwal mit einem Seil an Land. Anaittuq bemerkte, daß die Aufnahmen nicht neu waren, die Gewehre, die an den Motorbooten lehnten, und die Boote selbst, waren hoffnungslos veraltet. Das ganze Dorf half mit, Frauen und Kinder zerrten am Seil. Haut und Muskulatur der Schwanzflosse rissen, und der tote Wal glitt ein Stück zurück ins Wasser, spannenweit nur, als versuchte er ein letztes Mal zu entkommen.

Die Jagd hatte Anaittuq hungrig gemacht, und er stieß seine Gabel in das heiße, ketchuptriefende Karibusteak.

September 1995

Der Test

Plötzlich stand Benedikt Wyssbrod mitten im Wald. Oder vielmehr auf einer Lichtung, die von einem hölzernen Weidezaun umgeben war. Die Luft war kühl und feucht. Benedikt bemerkte einen scharfen Geruch, wie in einem Tiergarten.

Er sah sich um. Im schlammigen Boden waren Hufspuren zu sehen, in zahlreichen Mulden hatte sich Regenwasser gesammelt. An einem Ende der Weide standen zwei Tiere. Benedikt erkannte eine Bisonkuh und ihr Kalb. Die dicken Holzpfähle der Umzäunung zeigten tiefe Wetzspuren, einer der oberen Querbalken war fast durchgeschabt. Es sah aus, als hätte ein Tier daran genagt.

Und dort, nicht weit entfernt, doch kaum zu erkennen, da sein dunkelbraunes, zottiges Fell nahezu mit dem Schlamm und dem Unterholz verschmolz, der Bulle, der Benedikt – anstierte.

Er war groß. Sehr groß. Benedikt hatte bisher Bisons nur auf handliches Fernsehformat geschrumpft und hinter einer Glasscheibe gesehen; dieser hier war fast zwei Meter hoch. Mühsam unterdrückte Benedikt den Impuls, loszulaufen. Sein entsetzter Blick blieb am leuchtenden Rot seiner Jacke hängen, doch dann fiel ihm ein, daß Stiere farbenblind sind, und das galt wohl für alle Rinder. Was die Tiere, die zur Belustigung sadistischer Massen, von Perversen wie Hemingway glorifiziert, in Arenen zu Tode gefoltert wurden, wirklich reizte, waren die Angriffe der berittenen Picadores; Banderillas, die in ihrem Nacken steckten; und natürlich der Matador, der seine Muleta schwang. Also keine hastigen Bewegungen. Benedikt hätte hinknien können, wie ein Torero, der dies als Mutprobe ausgibt – wohl wissend, daß der Stier diese Haltung als Demutsstellung interpretiert und daher kaum angreifen wird – um ihm dann heimtückisch den Todesstoß zu versetzen. Doch es schien ihm ratsamer, die Koppel zu verlassen, umso mehr, als er nicht wußte, in wie weit das Verhalten eines Kampfstiers auf ein Wildrind übertragbar war.

Langsam arbeitete Benedikt sich Schritt für Schritt auf den Rand der Koppel zu, während er beruhigend auf das Tier einredete: „Braver Junge. Sieh mal, ich tue dir nichts, und du tust mir nichts, einverstanden?" Es mochten noch etwa fünfzig Meter sein, die Benedikt hinter sich zu bringen hatte. Er zuckte zusammen, als der Bison mit dem Schwanz ein paar Fliegen verscheuchte, blieb stehen, ging dann langsam weiter, seitwärts, dem Tier zugewandt. „Ganz ruhig!" sagte er, auch zu sich selbst. Der Bison machte einen halbherzigen Schritt vorwärts. „Schön stehenbleiben. Du frißt doch nur Gras, nicht wahr? Zugegeben, hier drin gibt es kaum welches, nur Schlamm. Warte, ich besorge dir etwas. Du magst doch Gras, oder? Oh, und Holzpfähle. Aber ich bin kein Holzpfahl, das weißt du doch. Brav. Es besteht doch überhaupt kein Grund, daß du dahin gehst, wohin ich gehe. Wir sind schließlich nicht verheiratet. Und hier ist genug Platz für uns beide ... nein!"

Der Bison lief los, Benedikt ebenfalls, er rutschte aus, fiel in den Schlamm, der Bison blieb stehen, Benedikt sprang auf, lief weiter, schlüpfte zwischen den Holzpfählen der Umzäunung hindurch und ließ sich fallen.

Der Bison kam angetrottet und streckte den mächtigen, rammsnasigen Schädel über den Zaun. Benedikt stand auf, riß ein großes Büschel Gras mitsamt der Wurzel aus und hielt es dem Tier hin, doch dieses stupste es nur mit der Nase an, ohne es zu fressen.

„Dann nicht." Benedikt warf das Grasbüschel über den Zaun; es prallte von einem der Hörner des Bisons ab. „Verzeihung", sagte Benedikt.

Wie war er hierher gekommen? Er konnte sich nicht erinnern. Litt er an Amnesie? Hatte er einen Unfall gehabt? Gedächtnisverlust ... das letzte, woran er sich erinnerte, war, daß er spät abends im Bett gelegen und moderne, japanische

Poesie gelesen hatte.

Zunächst mußte er den Wald verlassen, zurückkehren in die Zivilisation. Irgendwo gab es sicherlich einen Weg. Hinter Benedikt heulte ein Wolf. Er drehte sich um.

Dort *saß* ein Wolf. Weit entfernt zwar, im hügeligen Gelände und durch die Bäume kaum zu erkennen, doch es war zweifellos ein Wolf, der da saß und, den Kopf hoch erhoben, nach seinem Rudel heulte. Wenn es kein Wolf war, sondern etwa eine Kreuzung zwischen einem Schäferhund und einem Husky, dann war es doch eine sehr wolfsähnliche.

Der Bison war wenigstens eingesperrt, doch der Wolf lief frei herum. Jetzt hatte er den Menschen bemerkt und verstummte. Er stand auf und kam näher, blieb ein paar Schritte entfernt stehen, knurrte böse. Die Lefzen waren hochgezogen, warfen Falten auf der Schnauze, die Rute stand steil nach hinten.

Benedikt reagierte sofort, ließ sich auf die Knie fallen, bemüht, dem Wolf nicht in die Augen zu sehen, hechelte mit heraushängender Zunge. Der Wolf hörte auf zu knurren, kam schnuppernd näher, ließ die Rute hängen – und ahmte Benedikts Hecheln nach. Sein Atem stank entsetzlich, doch Benedikt rührte sich nicht und starrte am Gesicht des Wolfs vorbei. Dieser wandte sich ab und lief davon.

Erleichtert atmete Benedikt aus, stand auf und sah sich um. Zwischen den Bäumen entdeckte er ein Blockhaus und ging darauf zu. Es war aus massiven, geschälten, aber ansonsten anscheinend unbearbeiteten Baumstämmen gebaut. Neben einer verschlossenen Tür gab es mehrere kaum handbreite Fensteröffnungen, die an Schießscharten erinnerten. Ein Hackklotz stand vor der Hütte, in dem eine Axt steckte, daneben ein unordentlicher Haufen Holzscheite. Irgendwo mußte eine Quelle sein; ein kleiner Bach, nicht viel mehr als ein Rinnsal plätscherte ganz in der Nähe. Benedikt suchte und fand ihn, dann wusch er sich mit dem eisigen Wasser den getrockneten Schlamm von Gesicht und Händen. Seine Kleidung ließ er schmutzig wie sie war; es schien ihm zu kalt, um sie naß zu machen. Dann ging er zur Hütte zurück. Sie sah aus wie die Behausung von Squattern. Ganz und gar nicht das, was er in einem Schweizer Laubmischwald zu finden erwartet hätte. Allerdings traf dies auch auf Wölfe zu – Benedikt war noch ein Kind gewesen, als zum letzten Mal ein Wolf im Kanton Solatur erschossen worden war.

Der Bison stand ruhig hinter seinem Gatter. Er hatte nicht auf die Anwesenheit des Wolfs reagiert. Und auch das Raubtier schien seine potentielle Jagdbeute nicht bemerkt zu haben.

Von dort, wo der Wolf verschwunden war, ertönte ein Brüllen. Langsam näherte sich ein Tiger. Benedikt staunte nicht so sehr darüber, als über die Tatsache, wie wenig es ihn überraschte. Der Körper im lohfarbenen, schwarzgestreiften Fell war ohne Schwanz weit über zweieinhalb Meter lang.

Benedikt wußte, daß Honigsammler in Indien Gesichtsmasken auf dem Hinterkopf tragen, da Tiger gewöhnlich nie von vorn angreifen. Er lief zum Hackklotz, riß die Axt heraus, rannte dann zur Hütte und preßte seinen Rücken gegen die Holzwand, den langen Holm schützend vor sich haltend. Die Schneide der Axt war scharf, die Fase glänzte. Der Tiger kam immer näher. Er brüllte, als hätte er Freude daran. Fast in greifbarer Nähe ging er an Benedikt vorbei, schaute ihm in die Augen und wanderte wie gelangweilt weiter. Sein beißender Geruch wehte zu Benedikt herüber.

Was würde wohl als nächstes kommen? Ein Bär? Bisher hatte Benedikts rudimentäres Wissen über das Verhalten der Tiere ihm geholfen, aber was sollte er gegen einen wütenden Elefantenbullen, ein rasendes Nashorn oder eine Anakonda unternehmen?

Dabei war die Raubkatze noch in Sichtweite. Doch plötzlich verharrte sie, begann zu zucken, als ob jemand von innen gegen ihren Körper schlüge. Sie erinnerte Benedikt an eine Kohlweißlingsraupe, aus der Brackwespenlarven schlüpfen, um sich zu verpuppen, nachdem sie die Eingeweide der Raupe aufgefressen haben. Sie veränderte sich. Nicht wie bei einer Überblendung im Film, es war eine Verwandlung, wie

Benedikt sie noch nie gesehen hatte: Ihre Beine wurden kürzer, Hals und Kopf länger und schmaler, der Schwanz dicker, das Fell verschwand, die schwarz-gelben Streifen wichen einer schwarzgrauen, faltigen Haut, auf der Schuppen ein Körnelmuster bildeten. Das Wesen hatte seine Metamorphose beendet. Wo zuvor ein Tiger gekauert hatte, stand jetzt ein Waran. Nach der Größe zu urteilen – er maß drei Meter – mußte es ein Komodowaran sein. Die Riesenechse setzte sich in Bewegung, kam in typischem Kreuzgang näher. Warane, die in Zoos lebten, konnten sehr zahm werden, doch die scharfen Zähne und die dolchartigen Klauen ließen es ratsam erscheinen, nicht blindlings darauf zu vertrauen, daß dies kein wildes Tier war.

Benedikt hielt es für offensichtlich, daß er träumte, denn die Verwandlung eines Tigers in einen Waran war in der realen Welt unmöglich. Dennoch hatte er nicht das Gefühl zu träumen, und es schien ihm, als wüßte er, ohne es rational begründen zu können, daß dies kein Traum war. Falls er sich irrte, falls er doch träumte, war es gleichgültig, was er tat, folglich schob er diese Möglichkeit beiseite. Wenn dies also wirklich war, so mußte er etwas unternehmen, denn die fleischfressende Echse hatte bereits züngelnd seinen Geruch aufgenommen und würde ihn trotz ihrer scheinbar unrationellen, ja gemächlichen Bewegungen in wenigen Sekunden erreichen, und was das bedeutete, wollte er sich nicht ausmalen, denn die Echse war keineswegs so müde, wie sie wirkte.

Er holte mit der Axt aus und schlug zu. Das Blatt fuhr ins Holz der Hüttenwand und steckte, wie er es erwartet hatte, horizontal fest. Er stieg mit einem Fuß auf die Wange, schob sich an der Wand entlang nach oben, stellte den anderen Fuß in eine der höhergelegenen Fensteröffnungen, und schwang sich aufs steile Dach. An den Kamin geklammert sah er den Waran, der gerade die Stelle erreichte, an der er eben noch gestanden hatte, wütend fauchen.

Dann schrumpften die Beine der Echse, ihre matte Haut begann ölig zu glänzen, an Schwanzende, Rücken und Bauch bildeten sich Flossen aus. Obwohl das Tier keine Beine mehr hatte, berührte sein Leib den Boden nicht, es schien zu schweben. Der Unterkiefer des zahnbewehrten Mauls war weit vorgeschoben. Es sah aus wie ...

Pfeilhechte sind gefährliche Raubfische – die meisten Haien zugeschriebenen Todesfälle im Meer gehen auf sie zurück – und sie leben im Wasser, nicht an Land, und erst recht nicht in der Luft. Dennoch war das Tier, das sich jetzt mit raschen Flossenschlägen, aber ohne Kontakt mit einem flüssigen oder gar festen Medium auf eine Höhe mit Benedikt brachte, eindeutig ein Barrakuda, zumindest soweit er es beurteilen konnte. Er mußte träumen. Trotzdem gelang es ihm verständlicherweise nicht, ruhig sitzen zu bleiben, als der Raubfisch auf ihn zuschoß; er kletterte in den Kamin, verlor den Halt und fiel.

Von unten sah er, wie der Barrakuda unruhig über der Kaminöffnung in der Luft schwamm. Dann wurden die Bewegungen des Fischs langsamer, er erstarrte. Plötzlich schnurrte er zusammen wie ein Gummiband, wurde zu einer Kugel. Die Kugel fiel durch den Kamin; im Reflex fing Benedikt sie auf. Sie war dunkelgrau, etwas kleiner als ein Handball und fühlte sich kalt und glatt an. Ein äußerst merkwürdiger Traum.

„Das ist kein Traum", sagte eine Stimme. Benedikt fuhr herum, die Kugel fiel ihm beinahe aus der Hand. Ein hagerer Mann saß auf einem grob gezimmerten Stuhl an einem ebenso primitiven Tisch. Daneben stand ein zweiter Stuhl. Der Mann kam Benedikt bekannt vor, auch wenn er ihn nicht einordnen konnte. Vorsichtig legte er die Kugel auf den Tisch und setzte sich rittlings auf den freien Stuhl, die verschränkten Arme auf die Lehne gestützt.

„Ach, wirklich?" fragte er spitz. „Das dürfte sich schwer beweisen lassen. Soweit ich mich erinnere, fliegen gewöhnlich, wenn ich wach bin, keine in Fische verwandelte Warane herum und versuchen, mich zu fressen."

„Das ist ein durchaus einleuchtendes Argument. Aber woher weißt du, daß nicht das, was du bisher für Wachsein hieltest, tatsächlich so etwas wie ein Traum war, und Metamorphosen wie die, die du gerade erlebt hast, im wirklichen Leben alltäglich sind?"

„Wenn dem so ist, dann würde ich gern weiterschlafen, ehe hier noch brennende Giraffen auftauchen und du schmelzende Uhren aus einer Schublade in deiner Stirn holst, du Traumgebilde!"

Das Traumgebilde blieb höflich und zurückhaltend, es schien sogar, als lächelte es leicht. Zumindest machten die Mundwinkel den Eindruck, als stünden sie kurz davor, um ein winziges Stück angehoben zu werden. „Wie du vorhin richtig gedacht hast, ist es, falls es sich hierbei wirklich um einen Traum handelt, völlig gleichgültig, was du tust."

„Das hat mir gerade noch gefehlt: ein Alptraum, in dem ich nicht nur dauernd Gefahr laufe, gefressen zu werden, gezwungen, durch einen Kamin in eine Hütte einzusteigen (wirklich reichlich plump, diese Symbolik, findest du nicht?), sondern in dem auch noch jemand meine Gedanken liest und philosophischen Sondermüll produziert. Danke, aber danke, nein. Da war der nette Bison mir doch wesentlich sympathischer. Vielleicht sollte ich vor dem Einschlafen keine Haikus lesen. Würdest du dich bitte in Nichts auflösen? Oder besser, verwandle dich in etwas anderes, vorzugsweise etwas Eßbares, ich bin hungrig."

„In einem Traum?" Der Unbekannte schien um die vierzig zu sein. Schatten um seine Augen, noch verstärkt durch dichte Brauen, verliehen ihm ein kränkliches Aussehen, auch seine Wangen wirkten eingefallen, umso mehr, da sie mit den abstehenden Ohren eine wellenförmig geschwungene Linie bildeten. Sein dunkles Haar war zurückgekämmt; in der Stirn wurde es dünner. Er trug einen Anzug, wie er zur Zeit der Weltwirtschaftskrise modern gewesen sein mochte, ein weißes Hemd und eine gestreifte Krawatte. „Wie dem auch sei, ich bitte dich, mir zu glauben, dies ist kein Traum im eigentlichen Sinn, sondern ein Test. Bisher hast du alle Aufgaben erfolgreich gelöst." Sein Gesichtsausdruck blieb ruhig und ernst.

„Was für eine Art Test? Und wozu?"

„Später. Betrachte diese Kugel."

Die Kugel auf dem Tisch rollte auf Benedikt zu und fiel vom Rand. Er fing sie auf. Sie wurde durchsichtig, und nach wenigen Sekunden hielt er eine Hohlkugel in der Hand, in der ein kleines Tier saß. Es sah aus wie eine graue Maus mit riesigen, schwarzen Knopfaugen, die durch das umliegende, besonders dunkel gefärbte Fell noch größer wirkten. Der Körper war fingerlang, fast ebenso lang wie der buschige Schwanz.

„Der Sauerstoff in der Kugel reicht noch für drei Minuten. Deine Aufgabe lautet: Rette den Baumschläfer vor dem Ersticken. Du darfst jedoch die Kugel nicht zerbrechen."

Die Kugel war völlig glatt und homogen, nicht einmal optische Verzerrungen durch eine unregelmäßige Oberfläche waren zu erkennen, keine Öffnung, kein Öffnungsmechanismus war zu sehen.

„Aber ..."

„Ich werde dir keinerlei weitere Hinweise geben. Du mußt die Aufgabe allein lösen."

Keine *weiteren* Hinweise? Es mußte also mindestens einen Hinweis gegeben haben. *Du darfst die Kugel nicht zerbrechen.* Zerbrechen. Er hatte nicht ‚zerstören' oder ‚beschädigen' gesagt. Die Kugel sah aus und fühlte sich an wie Glas, aber war es das wirklich? Vielleicht bestand sie aus Kunststoff. Kunststoff hat gewöhnlich einen niedrigen Schmelzpunkt. Benedikt blickte sich um. Auf einem Wandregal stand ein Feuerzeug, nichts weiter. Er nahm es, entzündete es und hielt die Flamme an die Kugel. Ruß schlug sich auf der Oberfläche nieder, doch sie blieb kalt.

Die Barthaare des Schläfers zitterten. Der Unbekannte saß reglos auf seinem Stuhl. Feuer war nutzlos. Benedikt sprang auf, entriegelte die Tür und lief zum Bach. Nichts – das Wasser perlte ab, die Kugel war auch nicht wasserlöslich. Und um mit dem Horn eines der Bisons ein Luftloch hineinzubohren, war sie eindeutig zu hart. Benedikt zog seinen Schlüsselbund aus der Tasche und fuhr mit den scharfen Zacken des Haustürschlüssels über die Kugeloberfläche – nicht einmal ein Kratzer war zu sehen.

Der Mann war Benedikt gefolgt. „Noch zwei Minuten", sagte er.

Speichelamylase? Benedikt bespuckte die Kugel, rieb heftig. Die Oberfläche zeigte keine Veränderung. Der Schläfer schien rascher zu atmen, Benedikt tat es jedenfalls.

Natürlich konnte er einfach abwarten – vielleicht zerplatzte die Kugel, wenn die Zeit abgelaufen war, wie eine Seifenblase; doch dieses Risiko wollte er nicht eingehen.

Die Kugel war so sicher verschlossen, wie ein Safe. Ließ sie sich vielleicht durch eine Zahlenkombination öffnen – akustisch? Aber welche Zahl käme in Frage? Die Ludolfsche Zahl natürlich – was lag näher als Pi? „Drei, eins, vier, eins, fünf, neun ...", begann Benedikt. Aber wie ging es weiter? *I roamed under it as a tired, nude Maori* – zwecklos, das war ein Palindrom, kein Merkspruch für Pi.

„Eine Minute."

Es dauerte viel zu lang. Vielleicht ein Kodewort? „Sesam, öffne dich!" Nichts geschah. „Simsalabim. Abrakadabra. Halleluja. Vater unser, der du bist im Himmel und auf Erden..." Nein, dieser Hokuspokus brachte ihn nicht weiter. „Hokuspokus", versuchte er.

Vielleicht konnte die Wand der Kugel durch Säure zersetzt werden. Aber woher ...? Er steckte den Finger in den Hals, würgte, erbrach sich. Ohne Erfolg, die Magensäure konnte der Kugel nichts anhaben.

„Dreißig Sekunden."

Ein Krächzen ließ Benedikt aufsehen. Auf einem verdorrten Ast eines vom Blitz gespaltenen Baums hatten sich zwei kahlköpfige Geier mit weißer Halskrause und gänseartigem Hals niedergelassen. Die Vögel beobachteten ihn.

„Wenn du weißt, wie die Kugel zu öffnen ist, dann tue es! Du kannst den Baumschläfer doch nicht ersticken lassen, nur weil ich die Lösung nicht finde!" Unbemerkt waren weitere Geier gelandet. Benedikt watete zwischen ihnen hindurch und hielt wütend dem Mann die Kugel hin.

„Fünfzehn", sagte dieser ungerührt.

Noch ein paar Sekunden, dann würde der Schläfer Schaden nehmen. Benedikt lief, das den Boden bedeckende Geiermeer kaum beachtend, zur Hütte, riß die Axt aus der Wand und schlug mit dem Nacken auf die Kugel, die er in der hohlen Hand hielt, ein, zuerst schwach, dann immer stärker. Beim fünften Mal zerbrach die Kugel wie eine Kokosnuß in zwei Hälften. Die Axt fiel zu Boden. Enttäuscht flatterten die Aasgeier davon. Einige Federn schwebten zu Boden.

Der Schläfer kletterte aus seinem Gefängnis auf Benedikts Hand, lief den Arm hinauf und setzte sich auf die Schulter. Benedikt streichelte mit dem Zeigefinger das weiche Fell. Dann kehrte er der Hütte den Rücken und ging bergab.

Der Unbekannte holte ihn ein und lief neben ihm her. „Du hast sie zerbrochen", sagte er leidenschaftslos.

„Er wäre erstickt!"

„Aber nein." Er schwieg einen Augenblick. „Dies hier ist kein Traum, es ist aber auch nicht die Wirklichkeit. Es ist eine Simulation, virtuelle Realität."

„Was für ein Unsinn. Ich habe selbst lang genug im Cyberspace verbracht, um zu wissen, daß ein solcher Realismus mit heutigen technischen Mitteln unmöglich ist."

„Was heißt schon real? Realismus: zu wahr, um schön zu sein."

Benedikt hob die Brauen. „Ich wußte nicht, daß Manfred Boschs Epigramme so bekannt sind."

„Sind sie nicht. Aber ich kenne viele deiner Erinnerungen. – Setzen wir uns." Er wies auf den Stamm einer umgestürzten Eiche. Benedikt zögerte, ehe er sich auf dem Baumstamm niederließ.

Der Unbekannte setzte sich neben ihn, brach einen knorrigen Ast, an dem einige welke Blätter hingen, vom Stamm, und warf ihn hoch in die Luft. Der Ast drehte sich aufgrund der Trägheit, doch noch während er rotierte, begann er sich zu verändern, schrumpfte, zuckte, verzweigte sich. Schon auf dem Höhepunkt der Wurfparabel war zu sehen, was da entstand: eine Weintraube. Sie fiel, und Benedikt fing sie auf. Er nahm eine der blauen Beeren und biß die Hälfte davon ab. Sie schmeckte wie eine gewöhnliche Weinbeere, nichts erinnerte daran, daß sie aus morschem Holz entstanden war. Benedikt aß die zweite Hälfte, nahm eine weiter Beere und betrachtete sie. „Hübscher Trick, diese Verwandlung", sagte er. Sein Kopf fuhr herum, er sah seinem Gegenüber ins Gesicht. „Kafka!" stieß er hervor. „Du bist – Sie sind – Franz Kafka!"

„Nicht ganz. Genaugenommen sehe ich nur aus wie Franz Kafka. Du hast bereits festgestellt, daß hier nicht alles so ist wie es scheint. Wie jemand so treffend, wenn auch in einem anderen Zusammenhang, bemerkte, ist dies lediglich ein Test. Wäre es das wirkliche Leben, hättest du viel weitergehende Anweisungen erhalten, das Was, Wohin und Wozu betreffend."

„Sehr komisch. Was also ist das für ein blödsinniger Test, bei dem ich auf dem Boden kriechen und hecheln muß oder durch den Kamin fahren wie der –?" Ein Geräusch am Himmel erregte seine Aufmerksamkeit. Das Bild, das sich ihm bot, zeigte einen Verkehrsunfall: Der Weihnachtsmann hatte mit seinem Rentierschlitten einen bärtigen jungen Mann im Nachthemd angefahren, der auch ohne Heiligenschein einem mittelalterlichen Gemälde hätte entstiegen sein können. Engel unterschiedlichster Gestalt flatterten zeternd umher, große edle, wie griechische Halbgötter, kleine madenfette Putten, Cherubim.

Benedikt senkte den Blick und funkelte das Trugbild Kafkas an.

„Nur ein Scherz", sagte Franz. Das Gekeife und Geschnatter verstummte, der Himmel war wieder leer. „Was du hier wahrzunehmen glaubst, ist nicht wirklich, nur eine Simulation, also gewissermaßen doch ein Traum, aber du interpretierst die Testaufgaben auf eine Weise, die dein Gehirn verarbeiten kann, jemand anders würde völlig unterschiedliche Dinge erleben. Die Wirklichkeit ist nur ein sehr kümmerlicher Ersatz für die Phantasie, wie Werner Enke sagte."

„Minsky hat das viel schärfer formuliert: In der wirklichen

Welt gibt es nichts Interessantes."

„Dies ist die wirkliche Welt – die Phantasie ist draußen. Disney über Disneyland. Doch genug Bonmots gewechselt. Wir sind von der Nachahmung zur Erfindung der Wirklichkeit gelangt."

„Wir?" fragte Benedikt. Er klaubte eingetrockneten Schmutz von seiner Kleidung, zerkrümelte die Klumpen zwischen Daumen und Zeigefinger und blies dann den Staub seinem Gegenüber ins Gesicht.

Franz zuckte nicht, blinzelte nicht einmal. Die Staubwolke durchdrang ungehindert sein Gesicht und trat am Hinterkopf wieder aus. Der Staub ballte sich zu zwei Schmetterlingen mit rahmweißen Flügeln und schwarzen Vorderflügelspitzen. Einer hatte zudem dunkle Flecken – es war ein Pärchen. Ziellos flatterten die beiden davon. „Entschuldige", sagte Franz, und im gleichen Augenblick war Benedikts Kleidung sauber und frisch. Selbst seine weißen Leinenschuhe strahlten wie neu, genaugenommen, als ob das einfallende ultraviolette Licht durch einen Waschmittelzusatz in sichtbares verwandelt würde.

Stampfen wie von einem Pferd – ein ebenso weißes Einhorn, leuchtend und zerbrechlich wie Porzellan, trat aus dem Gehölz, keine drei Schritte entfernt. Sein Horn, schwarz wie Augen und Hufe, war korkenzieherartig rechtsgedreht und fein ziseliert wie der linke Zahn eines Narwalmännchens. Franz erhob sich, ging zu ihm und strich ihm zärtlich über die Nüstern. Es schnaubte freundlich kleine Dampfwolken in die kalte Luft.

„Dein Verhalten und daher deine Kenntnisse, wenngleich nützlich, um richtige Entscheidungen zu treffen, waren an sich eher unwichtig in diesem Test", fuhr Franz fort, „obwohl es amüsant war, dich zu beobachten. Nicht jeder erkennt einen Wombat, wenn er ihn sieht. Es gibt nichts, was bedeutender wäre als Information, und die Verbreitung von Information: Wer in eine Gorillaherde gerät, sollte wissen, daß er den Blickkontakt mit dem Silberrückenmännchen vermeiden und mit dem Kopf nicken muß, andernfalls könnten ernsthafte Konflikte entstehen. Viele sind einfach unfähig, alternative Lösungen zu sehen, so daß ihnen scheinbar nur die Gewalt bleibt – und damit die Zerstörung von Information. Entscheidend waren hier jedoch allein deine Empfindungen. Selbst als du die Axt ergriffen hast, dachtest du keinen Augenblick daran, die Tigerin oder später den Waran zu verletzen. Wir, um deine Frage zu beantworten, sind Reisende aus einem anderen Sonnensystem – was dachtest du denn?"

„Ach, nichts weiter? Und das soll ich glauben? Schleimige, glotzäugige Monster von Alpha Centauri, die sich in Menschen verwandeln, um uns zu jagen, aufzufressen, ihre parasitären Embryonen von uns austragen zu lassen?" Benedikt stand auf, ging auf das Einhorn zu und berührte vorsichtig seinen schimmernden, fast transparent scheinenden Hals. Es war warm, und er fühlte deutlich das Blut unter dem seidigen Fell pulsieren. „Ja, ich denke ich sollte es wohl glauben. Wir auf der Erde können so etwas nicht, nicht einmal in militärischen Geheimlabors, da bin ich sicher."

„Von dämonischen Aliens kann übrigens keine Rede sein. Das sind Klischees, und das weißt du auch. Wir sind weder Fleischfresser noch Schmarotzer. Wir sind vielmehr sehr vorsichtig beim Kontakt mit –"

„Primitiven?" warf Benedikt ein.

„– mit anderen Spezies. Das wirft nicht nur ethische Fragen auf, wie etwa, ob wir uns ihnen zeigen, ob wir in ihre Entwicklung eingreifen dürfen oder müssen."

„Es ist nicht leicht, ein Gott zu sein."

„Gewiß nicht. Sollen wir zusehen oder eingreifen, wenn Ameisen Blattläuse oder Menschen Schafe versklaven? Ist es richtig oder falsch, sinnvoll oder widernatürlich, einen Frosch am Fliegenfangen, einen Hai am Menschenfressen zu hindern?" Das Einhorn wieherte und lief davon. „Wir haben uns dafür entschieden, mit Zivilisationen, die wir antreffen, Kontakt aufzunehmen, sofern sie ein gewisses Entwicklungsstadium erreicht haben. Das versuchen wir durch solche Tests, wie der, den du gerade erfolgreich bestanden hast, festzustellen. Ein Mensch mag unter Menschenaffen leben können, aber nicht unter Heringen oder Termiten. Daher ist diese Simulation erforderlich, diese Maskerade."

„Warum Kafka, warum nicht Dick oder Gibson? Oder Dalí? Die hätte ich sofort erkannt."

„Nun, vielleicht weil ich Kafkas Arbeit der zweier Junkies vorziehe. Und ein faschistischer, religiöser Paranoiker ist auch nicht das Wahre, selbst wenn ich einige seiner Bilder mag."

„Verstehe. Aber jetzt könntest du mir doch deine wirkliche Gestalt zeigen."

„Ich glaube nicht, daß das eine gute Idee ist. Du könntest sie ... abstoßend finden."

„,Als Gregor Samsa eines Morgens aus unruhigen Träumen erwachte, fand er sich in ein ungeheures Ungeziefer verwandelt.' Keine Sorge, ich denke, ich kann es verkraften."

Der Schläfer auf seiner Schulter, den Benedikt fast vergessen hatte, kitzelte ihn am Ohr, wie um seine Aufmerksamkeit zu erregen. Benedikt verdrehte den Hals, um ihn anzusehen.

Das Tierchen verwandelte sich. Kopf und Schwanz schrumpften, zwei zusätzliche Beinpaare wuchsen ihm, das glänzende Fell wurde borstig und schwarz. Eine Vogelspinne starrte Benedikt aus zu vielen Augen an.

Er schluckte krampfhaft. „Das ist nicht nett", preßte er zwischen fast geschlossenen Lippen hervor. „Du weißt sehr wohl, daß ich an Arachnophobie leide."

„Deine eigene Schuld. In ein paar psychotherapeutischen Sitzungen hättest du dich desensibilisieren lassen können. Jedenfalls sollten wir noch etwas warten, ehe ich dir meine wahre Gestalt zumute."

„Hitchcocks *Vögel* genügen wohl nicht – jetzt auch noch Jack Arnolds *It came from outer space.*"

Die Spinne raste Benedikts Arm hinab, wurde dabei kleiner und kleiner, hob schließlich ab wie ein Tölpel, um dann als schwirrende Stechmücke auf Benedikts Handrücken zu landen. Er führte die Hand vor den Mund und sagte: „Verschwinde!" Das Insekt gehorchte, flog summend davon. Vielleicht war ihm auch der Luftstrom des langgedehnten V zu stark gewesen. Benedikts Hand juckte, er kratzte sich und fragte: „Mußte es unbedingt ein weibliches Exemplar sein?"

„War es nicht, du bildest dir nur ein, daß der Moskito dich gestochen hat."

Benedikt hörte auf, sich zu kratzen. „Nun zeige dich mir schon, schließlich wirst du nicht wie eine Riesenspinne aussehen, oder?"

Franz rieb sich das Kinn. Dann zuckte seine Körperoberfläche, Pseudopodien bildeten sich, der Schädel wuchs, der Rumpf dehnte sich nach hinten aus, die Haut färbte sich glänzendrot, warf Falten – ein paar Sekunden später war die Verwandlung beendet.

Benedikt biß sich auf die Unterlippe. Er starrte das Wesen an, das ihm gegenüber stand. „Nun", sagte er, „solange wir nicht aus einer Tasse trinken müssen..." Er schmunzelte. „Könntest du dich bitte wieder –?"

Der Außerirdische schwappte zurück in seine Kafka-Gestalt.

„Nicht, daß dein Aussehen mich stört, aber..." Benedikt räusperte sich.

„Aber es ist schwer, die Mimik eines Delphins, der ständig zu lächeln scheint, die eines Kraken oder eines Rochen, zu deuten, ich weiß. Obwohl sie den Menschen viel ähnlicher sehen, als wir.

„Ich habe den Test also bestanden, wie?"

„Ja."

„Warum ich? Warum habt ihr ausgerechnet mich getestet?"

„Wir haben dich nach dem Telefonbuch ausgesucht."

„Ich stehe nicht im Telefonbuch."

„Das war auch mehr im übertragenen Sinn gemeint. Zufall."

„Aber das ist doch Wahnsinn: nach einem Exemplar die ganze Spezies zu beurteilen! Nach Bundesrat Bourgknecht, womöglich."

„Wo denkst du hin. Selbst wenn du Millionen zu kurze Leitern hast, eine einzige, die lang genug ist, reicht aus, um eine

Mauer zu überwinden. Notfalls messen wir sämtliche Leitern. Wir haben in den letzten Tagen bereits mehrere hunderttausend Menschen untersucht. Du wirst bald die beiden anderen kennenlernen, die den Test ebenfalls bestanden haben."

Benedikt wandte sich ab und ging ein paar Schritte abseits. Dann blieb er stehen, verschränkte die Hände im Nacken, dehnte und streckte sich.

„Wie hätte ich die Kugel öffnen können, ohne sie zu zerbrechen?" fragte er, drehte sich um und sah den Außerirdischen an.

Franz schwieg, dann lächelte er zum ersten Mal wirklich, und der düstere Ausdruck seiner Augen verschwand. „Überhaupt nicht", sagte er schließlich, „es gab keine andere Möglichkeit, den Schläfer zu befreien."

Herbst 1991, Sommer 1992

Blutige Engel

Denn die Seele des Fleisches ist im Blut,
und ich selbst habe es euch auf den Altar gegeben,
Sühnung für eure Seelen zu erwirken.
3. Mose 17:11

Fensterläden wurden zugeschlagen, als wir kamen, Türen schienen keinen Knauf mehr zu haben, um sie zu öffnen, Schellen waren verstummt, das weißt du selbst, niemand wollte etwas wissen, niemand etwas gesehen oder gehört haben, niemand mit uns sprechen. Du bist umgekehrt, verständlich, doch ich ließ nicht locker, ich wollte, ich mußte Patrick finden. Die Art, wie sie schweigen, schien mir Hinweis genug, die Widersprüche der wenigen, ausweichenden Antworten verdächtig. Wie blind waren wir!

Trink doch einen Schluck! Nein? Vielleicht später.

Sie ist bewacht, die Grenze zum Viertel der Engel des Lichts, wie erwartet. Keinen unnötigen Kontakt mit den Mächten der Finsternis, hermetisch abgeschottet nach draußen, dank der Religionsfreiheit unbehelligt. Doch die Gemeinschaft ist zu klein, um sich selbst zu versorgen, etwas muß hineingebracht werden, Lebensmittel zumindest. Ja, tatsächlich, an der Kreuzung vor der Zufahrt hielt ein Kleinlaster, blinkte nach rechts, er wollte ins Viertel. Ich hatte keine Zeit zu verlieren – die Rotphase der Ampel würde nicht ewig dauern –, erkletterte die Außenmauer. Im Graben dahinter kamen, natürlich, die Wachhunde angelaufen, blafften mich an, die Mauer zu übersteigen war zwecklos. Oben steckte sie voller Glassplitter, um Eindringlinge fernzuhalten, ich schnitt mich böse an der linken Hand, doch das hielt mich nicht ab. Eine alte Buche stand innen, ein großer Ast ragte über die Mauer, ein paar seiner Zweige lagen genau auf der Plane über der Ladefläche des Lasters. Ein Klimmzug, das Bein über den Ast geschwungen, ich kletterte hinüber, vom Laub, wie ich hoffte, vor Blicken verborgen. Der blaue Kunststoff war verdreckt, Regenwasser und modriges Laub hatten sich in der Mulde gesammelt. Es war mir gleich, ich dachte nur an Patrick. Über eine spätere Fluchtmöglichkeit machte ich mir keine Gedanken.

Die Wachen schienen den Fahrer zu kennen, ohne Probleme ließen sie den Wagen durch, kurz darauf hielt er vor einer Rampe, Gemüsekisten wurden ausgeladen. Vorsichtig spähte ich über den Rand. Hier oben durfte ich nicht bleiben, aus den oberen Stockwerken der umliegenden Gebäude konnte ich zu leicht entdeckt werden. Ich schob mich über die Kante, als niemand zu sehen war, klammerte mich mit den Fingerspitzen fest, um mit den Füßen dem Erdboden möglichst nah zu kommen, schrie fast vor Schmerz, als die Wunde belastet wurde, ließ mich fallen. Ich landete im Schlamm, meine Schuhe waren voller Matsch, doch meine Knöchel unversehrt.

Niemand schien mich bemerkt zu haben, ich ging, bemüht unauffällig, auf die nächste Ecke zu.

Was nun? Ohne Nachzudenken war ich hier eingedrungen, aber ich hatte keinen Plan, wie ich weiter vorgehen sollte. Was wußte ich schon über die Engel? Nur das, was in den Broschüren der Sektenberatungsstellen stand, geschrieben von katholischen und evangelischen Pfarrern – Böcke zu Gärtnern. Sie sprechen von der ‚Verkündung neuer Offenbarungen, die die Bibel herabsetzen oder ergänzen', ohne zu erkennen, daß sie selbst genau das tun, was sie anderen vorwerfen: einige alttestamentliche Gebote nach Gutdünken für ungültig erklären, sich aus den Evangelien das herauspicken, was ihren Zwecken dient, alles andere ignorieren. Was ist bibelkonform, weibliche Priester etwa? Ein päpstliches Oberhaupt?

Es waren nur wenige Menschen auf der Straße. Die, die mir begegneten, sahen mir nicht in die Augen, schienen mich überhaupt nicht wahrzunehmen, fast als wären sie apathisch. Dann kam ich zu einem Pool, einem dieser abscheulichen, nierenförmigen, türkisen, nach Chlor stinkenden Dinger. Gut drei Dutzend Kinder waren da, die jüngsten keine zwei, die ältesten nicht mehr als zwölf Jahre alt, keines getauft. Aber kein Schreien, Kreischen, Plantschen war zu hören, sie saßen nur um das Becken, ein paar schwammen ruhig und mit gleichmäßigen Zügen darin. Nach dem Regen ein paar Stunden zuvor kam es mir viel zu kalt vor, nur in Badesachen oder gar im Wasser, ich in meiner von der Pfütze auf dem Lastwagen durchnäßten Kleidung fröstelte, doch keines der Kinder schien sich daran zu stören, vielleicht war die Sonne ja auch gerade erst hinter den Wolken verschwunden, ich hatte nicht darauf geachtet. Eines der Mädchen hielt einen Block auf den Knien, einen Buntstift in der Hand. Ich ging zu ihr hin und fragte sie, was sie malte.

„Ich zeichne", verbesserte sie mich abwesend, völlig in ihre Arbeit vertieft. Sie mochte neun oder zehn sein. Dann sah sie auf und starrte mich an, als hätte sie einen Geist gesehen. Wirklich, sie zeichnete, mit Holzbuntstiften, aber sie hatte auf dem Bild fast fotografisch genau die Kinder um sie herum dargestellt, mit allen Schattierungen plastisch herausgearbeitet, Licht und Schatten, perfekte Perspektive, räumlich verteilt, die weiter entfernten kleiner und näher beim oberen Rand. Aber sie waren freigestellt, alles um sie herum war weiß, als hätte sie die Figuren aus Illustrierten ausgeschnitten und auf ein leeres Blatt geklebt. Sie schwebten im Nichts. Und keine hatte einen Mund. Dann sah sie hinter mich, warf mir einen undeutbaren Blick zu und fuhr in ihrer Arbeit fort.

Zwei Männer näherten sich uns von hinten – mir, ich ging weiter und sie beschleunigten ihren Schritt. Ich lief auf ein Gebäude zu, durch die Tür – bei den Engeln gibt es keine verschlossenen Türen –, ein Treppe hinauf. Ich hetzte nach oben, frag nicht, warum, dritter Stock, vierter. Außer Atem fand ich mich in einem Raum wieder, der angefüllt war mit Videoausrüstung: Monitore, Rekorder, Kameras. Ich dachte, daß etwas davon unserem Sohn gehören konnte, untersuchte alles, vergaß völlig meine Verfolger, stellte die Handycam, die ich in der Hand hielt, als ich Schritte auf der Treppe hörte, ins Regal zurück.

Sie kamen herein, sagten kein Wort, musterten mich nur. Der eine schlug mir mit der Faust ins Gesicht, der andere kam ihm zu Hilfe, ich erinnere mich kaum, sie schlugen mir nur ins Gesicht, vielleicht traten sie mich auch ein paar Mal in die Rippen, als ich am Boden lag, zusammengekrümmt, die Arme schützend um den Kopf. Hier, zwei Schneidezähne hat mich das gekostet, siehst du, mein Auge ist noch immer geschwollen, die Hände auch, meine aufgeplatzten Lippen rühren daher. Ich sehe furchtbar aus, nicht?

Ich muß das Bewußtsein verloren haben, als ich zu mir kam, waren sie weg. Ich quälte mich auf die Füße, schaltete die Kamera aus und nahm die Kassette heraus, was nicht leicht war mit den zerschundenen Fingern. Aber das Objektiv hatte in eine günstige Richtung gezeigt, zumindest, als ich noch gestanden hatte; wie ich am Boden lag, konnte die Aufnahme nicht zeigen, immerhin mein Gesicht.

Ich ging zur Tür, sie ließ sich nicht öffnen. Ein Scharren draußen, sie ging auf, ich sah ein Mädchen, den Stuhl in den Händen, den sie unter die Klinke gekeilt hatten, damit ich sie nicht herunterdrücken konnte. Es war das Mädchen, das am Pool gezeichnet hatte, sie hatte sich umgezogen, doch ich erkannte sie gleich wieder. Sie ließ den Stuhl los, wich einen Schritt zurück und preßte sich gegen das Treppengeländer.

„Hilf mir", sagte sie leise. „Bring mich weg von hier."

Ich wußte nicht, was ich sagen sollte. „Ich kann nicht, ich..." Die Haustür ging auf, jemand kam herein. Ich spähte nach unten, konnte aber nichts entdecken, es war zu dunkel. „Ich komme wieder, das verspreche ich. Ich hole dich heraus."

Sie biß sich auf die Unterlippe. Dann zeigte sie den Korridor entlang. „Die Hintertreppe", flüsterte sie.

Ich wollte schon gehen, hielt noch einmal inne. „Wie heißt du?"

„Zilla. So hieß eine der beiden Frauen Lamechs."

Ich gab ihr die Kassette. „Zilla, wenn etwas schiefgeht...", sagte ich leise. „Steck das in einen Umschlag, schreibe ‚Polizei' darauf und versuche, es im Lastwagen eines Händlers zu verstecken." Da keiner der Engel des Lichts das Viertel verläßt, dachte ich, konnte der Fahrer nur ein Außenseiter sein, die Kinder gehen nicht an öffentliche Schulen, auch Kranke werden innerhalb der Mauern behandelt.

Sie sagte nichts.

„Du kannst doch schreiben?"

„Natürlich!" Sie war entrüstet, flüsterte aber noch immer. „Ich habe schon alles kopiert bis Josua und gerade mit dem Buch der Richter angefangen."

Schritte wurden auf der Treppe laut, sie schlüpfte durch eine der Türen, und ich lief in die Richtung, die sie mir gezeigt hatte. Ich flog förmlich die Treppe hinunter, landete in einem Hof. Ein Fahrrad stand dort, es war nicht abgeschlossen, ich schwang mich in den Sattel, ohne Helm fühlte ich mich nackt, doch ich raste davon, trat in die Pedale, daß sie knackten, gelangte an die Schranke, viel zu schell, kam es mir vor; sie war eine Sperre für Autos, doch mit dem Fahrrad, hoffte ich, würde ich durch die Lücke kommen. Die Wachen bemerkten mich, jemand warf mir einen Stock zwischen die Speichen, das Rad bockte wie ein Wildpferd beim Zuritt, ich stürzte, die zwei Wachtposten packten mich, ich kam nicht gegen sie an. Da sah ich meine Verfolger. Du weißt, welche Angst ich früher schon immer gehabt habe, wenn ich eine Spritze auch nur sah – selbst in der Hand einer Krankenschwester, von der ich wußte, daß sie mir nur helfen wollte. Und nun hatte einer der beiden, die hinter mir her waren – ich war in Panik, wehrte mich verzweifelt, wand, schlug um mich. Hätte ich nur gewußt...

Wir haben uns nicht getäuscht. Patrick ist wirklich hier.

Ich habe mir die Kassette von Zilla selbstverständlich wiedergeholt. Was sie taten geschah schließlich nur zu meinem Besten. Daß das Mädchen übers Geländer gestürzt ist, war ein Unfall. Nicht zu vermeiden. Ich bitte dich, trink einen Schluck, den Knebel kann ich dir abnehmen. Warum sträubst du dich so? Das Blut birgt Seele, begreifst du nicht? Zilla soll in uns weiterleben.

Ah, da kommen sie endlich mit deiner Spritze, keine Angst, in ein paar Augenblicken ist alles vorüber, dann bringen wir dich zur Taufe in die Kapelle, und auch du wirst das Licht sehen.

September 1995

Sternsplitter

Die Strahlen der Mittagssonne huschten durch das Laub, fanden ihren Weg zwischen den Blättern, um Lichtflecken wie lebendig über den Boden hüpfen zu lassen. Zwei schwarzlackierte Fahrräder lagen achtlos an der Böschung des Sees. Ein schwerer, lederner Schultornister war vom Gepäckträger des Damenrads gefallen. Die Schnalle hatte sich gelöst, Bücher waren herausgerutscht.

Eine leichte Brise kräuselte das Wasser. Fern vom Geschützdonner war es still, nur Insekten summten, Vögel begrüßten den erwachenden Frühling. Leise klatschend schlugen die Wellen gegen das ausgehöhlte Ufer, das hier steil abfiel.

Heinz nahm seinen gesunden Arm von Ursulas Schultern, um sich eine Eckstein anzuzünden. Der andere Arm steckte in einer Schlinge. Sein Koppelschloß blitzte in der Sonne; der Reichsadler darauf hielt das Hakenkreuz in den Krallen, der Schriftzug „Gott mit uns" schlang sich im Kreis darum. Er legte wieder den Arm um Ursula.

Sie lehnte den Kopf gegen seine Schulter. Ihre Finger spielten mit den Grashalmen, die zwischen ihren Körpern nach oben drängten, dann ließ sie sie wie zufällig über sein Uniformhemd wandern, zupfte leicht am Stoff der Armschlinge. „Mein Held", sagte sie. „Tut es noch sehr weh, Heinz?"

„Aber wo!" brummte er. „Das E. K. I ist's allemal wert. – Und natürlich den Fronturlaub", fügte er eilig hinzu.

Sie sah mit großen, blauen Augen bewundernd zu ihm auf. Braune Haare, über der Stirn verwegen lang, der Schnauzbart – so mochte der Führer in jungen Jahren ausgesehen haben. Sie seufzte. „Mein Held", wiederholte sie.

Ein Windstoß ließ die Bäume rauschen. Die Seiten eines der Schulbücher flatterten hin und her. Mit plumpen Pranken blätterte der Wind sie um. Schlängelnd schob sich eine

Schnurassel über das strahlendweiße Papier, kroch unbeirrt über die großen Namen, die buchstäblich zu ihren hunderten von Füßen lagen: von Martin Luther machte sie sich über Rudolf Heß, Hermann Göring und Joseph Goebbels auf zu Adolf Hitler und schließlich wieder zu einem anderen Beitrag Luthers. Sie wandte sich zur Seite und eilte über den Titel hinweg: „Von den Jüden und ihren Lügen."

Ursulas strohblonde Haare waren zu einem züchtigen Kranz geflochten. Sie löste ihr schwarzes Halstuch und legte es beiseite. Die Haut ihres Halses war ebenso weiß wie die ihres Gesichts, von ein paar Sommersprossen abgesehen.

Ein Kleines Nachtpfauenauge ließ sich auf dem Lesebuch nieder, das der Wind inzwischen an anderer Stelle aufgeschlagen hatte. „Erstlich", las es dort, oder tat zumindest so, „daß man ihre Synagogen oder Schulen mit Feuer anstecke und, was nicht verbrennen will, mit Erde überhäufe und beschütte, daß kein Mensch einen Stein oder Schlacke sehe ewiglich, und solches soll man tun unserm Herrn und der Christenheit zu Ehren, damit Gott sehe, daß wir Christen seien und solch öffentlich Lügen, Fluchen und Lästern seines Sohnes und seiner Christen wissentlich nicht geduldet noch gewilligt haben." Der Schmetterling flog auf und landete wieder. „Moses schreibt, daß, wenn eine Stadt Abgötterei triebe, man sie mit Feuer ganz zerstören und nichts davon übriglassen sollte. Und wenn er jetzt lebte, so würde er der erste sein, der die Judenschulen und -häuser ansteckte." Der Spinner flog davon. Mit Luthers Ergüssen wußte er wohl ebensowenig anzufangen, wie Schweine und Schwäne.

Ursula nahm Heinz die Zigarette aus dem Mund und schnippte die Asche ab.

Seine Hand auf ihrem Schlüsselbein glitt tiefer über die weiße Bluse. Adrett sah sie aus in ihrer BdM-Uniform. Er beugte sich über sie, drückte ihr einen Kuß auf die Lippen. Als sie seine Zunge im Mund spürte, ließ sie die Zigarette fallen. Sie bemerkte nicht, daß die Glut ihr Halstuch versengte.

Eine Florfliege hatte sich auf das Buch verirrt. Ein weiterer

Windstoß warf die Seiten herum, sie wurde zerquetscht und bildete nun einen schmutzigen Fleck zwischen den Worten: „Wie sie denn im Anfang an uns Christen in aller Welt wohl erwiesen und noch gerne täten, wenn sie es könnten, habens auch oft versucht und darüber auf die Schnauze weidlich geschlagen worden sind. – Sie haben solch giftigen Haß wider die Gojim von Jugend auf von ihren Eltern und Rabbinern eingesoffen und saufen ihn noch ohne Unterlaß in sich, daß es ihnen durch Blut und Fleisch, durch Mark und Bein gegangen, ganz und gar Natur und Leben geworden ist" auf der einen Seite, und „Darum wisse du, lieber Christ, und zweifle nicht daran, daß du nächst dem Teufel keinen bittereren, giftigeren, heftigeren Feind hast als einen rechten Juden, der mit Ernst ein Jude sein will. Es mögen wohl unter ihnen sein, die da glauben, was die Kühe und Gänse glauben, doch hängt ihnen allen das Geblüt an. Daher gibt man ihnen oft in den Historien Schuld, daß sie die Brunnen vergiftet, Kinder gestohlen und zerpfriemt haben" auf der anderen.

Heinz nahm den Arm aus der Schlinge. Es ziepte nur ein wenig. Ursula machte einen halbherzigen Versuch, seine Hand aufzuhalten, als er ihren dunklen Rock hochraffte.

Er bedeckte ihr Gesicht mit Küssen. Sein Atem ging heftiger. Er schob sein Knie zwischen ihre.

„Oh!" rief sie.

„Laß uns –", keuchte er, „laß uns dem Führer ein Kind schenken."

„Was?" Sie wand sich, bemüht, ihn wegzustoßen.

„Ein Kind. Dem Führer. Willst du denn nicht die arische Rasse –?" Es fiel ihm schwer, in ganzen Sätzen zu sprechen.

„Nein! Schon. Aber noch nicht. Wir sind – ich bin noch nicht ... Wollen wir heute Abend ins Lichtspielhaus gehn?" versuchte sie abzulenken. „Sie geben den neuen Film mit Rühmann." Noch immer zierte sie sich, ohne sich von ihm lösen zu können.

„Wenn es das ist", sagte er stoßweise, „ich habe einen –" Er stockte, fühlte, wie ihm das Blut ins Gesicht schoß. „Du weißt schon ..."

„Was? Was meinst Du?"

„Einen – einen Schutz dabei."

„Oh, Heinrich!"

Die Buchseiten machten im Wind ein knatterndes Geräusch. Ein Fink flog darüber hinweg – einen Augenblick später bedeckte frischer Vogelleim Luthers Ausführungen: „Denn das Schwert und die Gewalt, als ein sonderlicher Gottesdienst, gebührt den Christen zu eigen vor allen andern auf Erden" und „Darum, ob Christus schon nicht das Schwert geführt noch gelehrt hat, so ists doch genug, daß ers nicht verboten noch aufgehoben, sondern bestätigt hat" klebten nun zusammen.

Ursula erstarrte; angestrengt sah sie durch die schwankenden Zweige nach oben. Sie kniff die Augen zusammen, die Sonne im Zenit blendete sie. „Warte!" rief sie. „Was ist das?" Heinz ließ sich nicht beirren. „Sieh doch nur! Da!"

Unwillig wälzte Heinz sich herum. „Was denn?" preßte er zwischen den Zähnen hervor. „Heiliger Strohsack!" rief er. Nun hatte auch er es gesehen. „Was kann das sein? Der Tommy? Ein Angriff? Hier?"

Ursulas Augen waren vor Schreck weit aufgerissen. „Nein, das ist kein Flugzeug. Es ist eine Wolke."

„So schnell bewegen sich Wolken nicht."

„Aber es gab doch keinen Fliegeralarm!"

„Die Sirenen würden wir hier gar nicht hören. Aber – es ist wirklich kein Flugzeug, es hat nicht einmal Flügel. Was kann das nur sein? Eine Art Autogiro?"

„Es kommt näher! Was sollen wir tun?"

Das Objekt näherte sich tatsächlich. Die beiden sprangen auf. Es sah aus wie zwei muschelschalenartig zusammengeklebte Suppenteller.

„Es muß riesig sein", flüsterte Heinz fast ehrfürchtig. „Sicher dreimal so groß wie eine Do X. Mein Gott! Das muß eine Wunderwaffe sein! Der Ami ist uns zuvorgekommen. Wir müssen –" Er verstummte. Das Flugobjekt ging auf einer Lichtung nieder, keine hundert Meter entfernt. Es landete – ohne

Landebahn. Senkte sich zu Boden wie ein Zeppelin. Im Sonnenlicht schimmerte es silbrig, Lichter auf seiner Außenhaut flammten auf und erloschen ohne erkennbares Muster.

Nur ein paar Bäume befanden sich zwischen ihnen und dem Ding. Eine Luke öffnete sich. Jemand stieg aus. Er – es war in etwas gekleidet, das wie ein Tiefseetaucheranzug aussah – ein Taucheranzug mit acht Armen und vier Beinen, glänzend wie das Raumschiff.

Heinz fühlte etwas Feuchtes an seinem Schenkel hinabrinnen. Er lief los, stieß Ursula vor sich her. Sie rutschte aus, fiel beinahe ins Wasser. Er zerrte sie hoch.

Das Wesen hatte sie entdeckt. Es kam näher, bewegte sich viel schneller als ein Mensch. Sie blieben stehen, fliehen war aussichtslos. Zehn Meter von ihnen entfernt hielt es inne. Es hob etwas, das wie ein Haarfön aussah, und richtete es auf Heinz.

Ursula sank zu Boden. Heinz lief – er hatte keine Chance, doch der Fluchtinstinkt war stärker. Kein Schuß ertönte, nur ein kurzer Piepston löste sich von dem Fön. Einen Sekundenbruchteil fühlte Heinz sich fiebrig, während die Mikrowellen ihn durchdrangen; er stürzte, als das Eiweiß in seinem Körper gerann. Den klatschenden Aufschlag im Wasser spürte er schon nicht mehr.

Ursula stieß, den Unterarm vor die Stirn haltend, einen lauten, hochfrequenten Schrei aus.

Der Planetoid war erst wenige Sonnenumläufe zuvor von den Erdmenschen entdeckt worden, doch Rruuptuurr kümmerte das nicht. Der kleine Felsbrocken, der knapp drei Längen von einem Ende zum anderen und eine Dreiviertel Länge im Querschnitt maß, war für ihn nichts als ein bequemes Versteck, von dem aus er einen Ausfall machen, seine Beute greifen und in das er sich wieder zurückziehen konnte wie ein Sandschnapper, denn Eros war nur etwa vier Millionen Längen vom dritten Planeten entfernt.

Das Landesegment war wieder dem Hauptschiff aufgepfropft, so daß es aussah wie ein Stapel frisch gebackener Flunderschnecken auf dem Frühstückstisch. Für ein Ein-Mol-Schiff war es recht groß. Trotz seiner Winzigkeit vermittelte 433 Eros immerhin einen Hauch von Schwerkraft, ohne kostbare Antriebsenergie verschleudern zu müssen, wenn Rruuptuurr sich an die Gebetsstange hängen wollte, obwohl dies eher von metaphysischer als physikalischer Bedeutung war.

Ursula schlief auf einem großen Liegetisch. Eine Atemmaske bedeckte ihr Gesicht, denn die Schiffsluft war für sie ebenso unverträglich wie die Erdluft für Rruuptuurr. Zugleich wurde sie über die Maske mit einem Betäubungsmittel beatmet, um sie ruhig zu halten.

Nichts ließ erkennen, daß es sich um ein Raumschiff handelte. Üppige Pflanzen mit fleischigen Blättern rankten an Wänden, Boden und Decke. Sie gediehen gut in der schwülen Atmosphäre, bedeckten fast die Fenster, die die karge Planetoidenlandschaft zeigten. Die Schiffsbeleuchtung war ausgeschaltet, nur die aufgehende gelbe Sonne, in deren Schein zerklüftete Felsen lange Schatten warfen, spendete etwas Licht.

Rruuptuurr hatte den Raumanzug abgelegt. Seine schneeweiße Haut glänzte. Vor Erregung begannen seine Kehllappen zu pulsieren, die Gelenkbeugen seiner Armglieder waren angemessen geschminkt. Mit sorgfältig abgewogenen Bewegungen nahm er ein Skalpell in die Hand. Langsam führte er die Klinge in Ursulas Ärmel ein. Sie fuhr durch den Stoff wie durch Schlupfkäferweben. Die Spitze berührte Ursulas Hals.

Entsetzt über das, was er getan hatte, fuhr Rruuptuurr zurück. „Nein!" gurrte er. Das Skalpell fiel klirrend zu Boden. „Was tue ich da? Ich darf es nicht, nicht ohne Präabsolution!"

Eilig sprang er hinaus, flog fast in der geringen Schwerkraft, Segment um Segment höher. Türen glitten vor ihm auf und hinter ihm wieder zu, bis er das Segment erreichte, in dem er die kleine Kapelle eingerichtet hatte. Ehrfürchtig warf er die Arme in die Luft. Acht Wände umschlossen den Raum, sieben von ihnen verziert mit dem Symbol einer der acht Immanationen des einzig wahren Gottes: der Kreis stellte den

Schöpfer dar, der aufrechte Balken den Bewahrer, der den Lauf der Welt vorantrieb; Ypsilon und Kreuz repräsentierten das zuerst erschaffene, unvollkommene, böse Weibliche und das abgeleitete, vollkommene, gute Männliche – einige Häretiker verwendeten irrigerweise ein auf der Spitze stehendes Dreieck und eine Raute; Drudenfuß und Davidsstern standen für die ausführende und die gesetzgebende Immanation; das achtspeichige Rad symbolisierte Richter, Tod und Zerstörer. Die siebte Wand, die der okkulten Immanation, war leer.

Rruuptuurr richtete die Gebetsstange in der Mitte der Kapelle auf die achte Immanation aus, die für Vorvergebung zuständig war. Dann entzündete er das Rauchkraut in der darunterstehenden Schale, schlang seine Beine um die Stange und begann mit hängendem Kopf und wellenförmig schwingendem Armkranz zu singen: „In dieser Kerze, unser aller Nestherr, erbittet Dein Knecht die Lossprechung, auf daß er in den Garten gelange. Geheiligt sei Dein Auswurf, oh Herr. Du bist ewig, hast nicht Anfang noch Ende. Herr, der Du acht bist und doch eins, sprich mich los. Aus Sternsplittern hast Du uns erschaffen gleich Deinem Angesicht, sprich mich los. Herr, der Du meine Krallen und meine Gedanken führst, jetzt und immerdar, sprich mich los. Du leitest meine Wege wie Du dem Staubkorn befiehlst und dem fallenden Regen Einhalt gebietest, sprich mich los. Acht Weisungen gabst Du uns, auf daß wir nicht fehlen, sprich mich los. Aus dem Nichts bist Du geboren, Nestherr unserer Nestherren, Nestherr unserer Nestlinge, sprich mich los. Du gibst, wie Du genommen, und Du nimmst, wie Du gegeben, sprich mich los. Was war, was ist und was wird: Du weißt es, denn es ist Dein Wille. Was war, was ist und was wird: ich bin zu gering, es zu wissen, denn es ist Dein Wille. Und so bitte ich Dich, Herr, sprich mich los..."

Zwei Kerzen später war das Rauchkraut ausgebrannt. Rruuptuurr beendete das Bittgebet. Er ließ sich wieder zu Boden gleiten, nahm einen Kelch aus dem Hängeschrein über der Gebetsstange, nippte daran und besprengte die acht Immanationen mit vergorener Wipptiermilch. Ein letztes Mal warf er demütig die Arme hoch, dann verließ er die Kapelle. Nun war er gewappnet, die Sünde zu begehen, ohne eine seiner vier unsterblichen Seelen zu gefährden, das wußte er.

Wieder hielt er das Skalpell in der Hand. Rasch, mit gestärktem Selbstvertrauen, trennte er den zweiten Ärmel auf und entfernte die Bluse. Verblüfft bemerkte er, daß darunter eine weitere Stoffschicht zum Vorschein kam. Energisch löste er auch diese, dann entfernte er die restlichen Kleidungsstücke.

Nach wenigen Achtelkerzen war die Arbeit getan, Ursula trug nur noch die Atemmaske. Ihre Haut war in der warmen, feuchten Luft von einem Schweißfilm überzogen.

Rruuptuurrs dunkelblaue Kehllappen begannen, sich aufzublähen, wurden dabei blasser. Gierig fuhr er seinen armlangen Zungenbusch aus, um den Schweiß aufzulecken. Die Näpfe an seinen Handgelenken saugten sich wieder und wieder an Ursulas leblos wirkenden Körper fest. Sie hinterließen rote Spuren auf ihrer milchigen Haut.

Wachtmeister Wrietz war auf dem Weg zu Ursulas Mutter. Keine leichte Aufgabe. Der Tornister wog schwer in seiner Hand. Die Spuren am See waren eindeutig. Das Wasser war noch zu kalt, um zu Baden, und außer einem Halstuch hatten sie nicht ein Kleidungsstück gefunden. Wenn es auch keinen Abschiedsbrief gab und sie die Leichen noch nicht entdeckt hatten – und sie vielleicht auch nie mehr auftauchen würden –, so war es doch offensichtlich, daß das junge Pärchen den Freitod gewählt hatte. Den Grund konnte er sich denken.

Einen Augenblick blieb er stehen, um einer vorübermarschierenden HJ-Schar nachzusehen. Er schüttelte den Kopf. Nein, so etwas tat ein deutsches Mädel nicht, und ein deutscher Soldat noch weniger.

Rruuptuurrs Kehlsäcke hatten inzwischen fast ihre volle Ausdehnung erreicht. Sie wirkten beinahe weiß, so sehr war die Haut gespannt. Die Luft, die von einem Kehlsack in den anderen gepreßt wurde, erzeugte ein knarrend-pfeifendes

Geräusch. Sein Rumpf und seine zwölf Gliedmaßen bedeckten Ursulas Körper fast völlig.

Schmatzend löste sich einer seiner Saugnäpfe von Ursula. Er aktivierte mit einem Tastendruck ein Gerät, das am Kopfende des Tischs stand. Augenblicklich schoben sich Sonden in Ursulas Ohren. Schuldbewußt wandte er den Blick ab – ihr Gehör wurde zerstört, aber sie würde es ohnehin nicht mehr brauchen.

Ursulas Arme und Beine waren mit Magnetschellen an den Tisch gefesselt. Die Sonden drangen in ihr Gehirn ein und stimulierten ihr Zentralnervensystem. Unmengen von Hormonen wurden ausgeschüttet. Ihr Brustkorb hob und senkte sich schneller, die beiden Papillen an ihrem Oberkörper schwollen an.

Schleim quoll aus Rruuptuurrs Achselhöhlen, er fühlte, daß die Schleimbeutel bis zum Platzen gefüllt waren. Das Kehlsackpfeifen wuchs zu einem Sturmgeheul.

Kaum mehr zu kontrollierten Bewegungen fähig, änderte er das Luftgemisch, mit dem Ursula beatmet wurde. Vierundsechzigstelkerzen später schlug sie die Lider auf. Starr sah sie Rruuptuurrs vier rote Glotzaugen über sich. Dann schrie sie erstickt unter der Maske, versuchte, sich aufzubäumen, doch sein schwerer Leib und die Schellen machten es ihr unmöglich, ihre Glieder zu rühren. Rruuptuurr strich sorgfältig den glitzernden Schleim auf ihre Haut, verteilte ihn über den ganzen Körper.

Die Tür glitt zischend zur Seite, acht Mols stürmten herein. *„Auffhören!"* gurrte einer der Eindringlinge mit attischem Akzent.

Rruuptuurr sprang mit knallenden Saugnäpfen auf, seine Kehlsäcke fielen zu dunkelblauen Lappen zusammen. Aus seinen Achselhöhlen löste sich Schleim, tropfte in der geringen Schwerkraft jedoch nicht zu Boden, sondern schwebte Fäden ziehend in klebrigen Klümpchen umher. Er stammelte unzusammenhängend vor sich hin. Wie hatten sie ihn gefunden?

Der Atter trug das Abzeichen des Psychologischen Diensts

zwischen den Stirnzapfen. Seine Augen färbten sich violett vor Abscheu. Natürlich wußte er, daß Rruuptuurr unter einem psychischen Defekt litt. Intellektuell konnte er es nachvollziehen, doch emotionell fehlte ihm jedes Verständnis für das, was dieser Zoophile beim Anblick jener widerwärtigen, verstümmelt wirkenden Kreatur, die sich wie ein Gabelwurm auf dem Liegetisch krümmte, empfand.

März 1993

Amadeus

Am meisten störte mich an der *Eurographics*, einer der wichtigsten Computergraphikveranstaltungen der Welt, die im September '91 in Wien stattfand, daß ich, der ich überhaupt keine Beziehung zur Musik habe, auf Schritt und Tritt mit jenem Komponisten konfrontiert wurde, dessen Todestag sich zum zweihundertsten Mal jährte. Was ich nicht ahnte, war, daß ich kurz darauf Mozart persönlich kennenlernen würde.

Die Symposien waren hochinteressant; viele jener Leute, deren Name uns mit Ehrfurcht erfüllt – Encarnação, Glassner, Greenberg, Hagen, Mäntylä, Müller, Peitgen, Saupe – waren da, selbst Amerikaner trauten sich wieder, anders als im Frühjahr bei der *Imagina* in Monte Carlo, ein Flugzeug zu besteigen, Menschen, deren Nachname allein schon genügt, um sie zu identifizieren, wie Jung, Monet, Pythagoras, von Weizsäcker (schön, von Weizsäckers Bruder ist ebenfalls bekannt, aber Politiker zählen nicht).

Gerade war ich unterwegs zu dem abscheulichen Bau, in dem die Tagung stattfand, der Hofburg, wohl eine Residenz des letzten österreich-ungarischen Kaisers, als es geschah.

Der Zeitrutsch erschien wie ein Filmschnitt: Eben noch war ich, von der Morgensonne geblendet, über staubtrockenen Asphalt gegangen, in einer mondrianfarbigen Welt voller lärmender Autos, Werbetafeln, Verkehrsampeln, Hinweisschilder, da stolperte ich plötzlich, denn ohne einen spürbaren Veränderungsprozeß bedeckten Wolken die Sonne, die zum westlichen Horizont gesprungen war, befand sich unter meinen Füßen glitschig-nasses Kopfsteinpflaster, als ob es vor wenigen Augenblicken geregnet hätte, ersetzte Gestank faulenden Abfalls und menschlicher Exkremente die Auspuffgase und Benzindämpfe, schrumpften die Häuser, wurden schief und unregelmäßig, waren die Farben einem allgegenwärtigen, schmutzigen Braun gewichen, selbst meine Kleidung war, wie ich bemerkte, von einer graubraunen Rußschicht bedeckt.

Niemandem schien etwas aufgefallen zu sein, die Passanten gingen achtlos weiter. Die Stille war befremdlich; irgendwo klapperten Pferdehufe über das Pflaster, rasselten die Räder einer Droschke, greinte ein Säugling, zankten sich keifend zwei Frauen, hämmerte jemand monoton Metall – weiter war nichts zu hören.

Ziellos irrte ich durch dunkle, enge Gassen und versuchte, zu begreifen was geschehen war. Insgesamt erdachte ich neunundzwanzig Möglichkeiten – Traum, Wahnsinn, Drogen, Ratte-im-Labyrinth-Experiment Außerirdischer, Seelenwanderung (warum nicht rückwärts?), göttlicher Scherz, und, und, und ... – von denen mir eine weniger behagte und unwahrscheinlicher schien als die andere. So entschied ich mich schließlich dafür, den Zeitrutsch als Arbeitshypothese zu akzeptieren, auch wenn die Physiker nachgewiesen zu haben glaubten, daß eine Zeitreise – zumindest in die Vergangenheit – unmöglich ist. Aber das hatten sie irgendwann auch vom Schwerer-als-Luft-Flug behauptet.

Somit befand ich mich – wie ich später nach und nach herausfand – im Wien des Jahres 1790, mehr als zweihundert Jahre vor meiner Zeit. Obwohl sich Erde, Sonnensystem und Galaxis weiterbewegt haben mußten, war ich scheinbar am gleichen Ort geblieben. Die Gesetzmäßigkeit, auf der das beruht, ist mir unklar, es mag mit der Massenanziehung zusammenhängen.

Langsam wurde es kälter, und ich begann, mich zu einem Gasthaus durchzufragen, in dem Zimmer vermietet wurden. An Wörter wie *Kren, Schlagobers, Palatschinken, Fußgeher, Jänner, heuer* hatte ich mich schon gewöhnt, doch der Wiener Dialekt des ausgehenden achtzehnten Jahrhunderts bereitete mir einige Schwierigkeiten.

Als ich endlich am Ziel angekommen war, bestand der Wirt auf Vorauszahlung (nach meinem Namen befragt, setzte ich diejenigen der beiden einzigen Österreicher, die mir einfielen, zusammen, und nannte mich Adolf Waldheim, ohne zu berücksichtigen, daß mein Akzent mich sofort als Ausländer verraten mußte und so sein Mißtrauen weckte), doch natürlich hatte ich kein Geld. Zwar besaß ich etwa zweihundert Schilling, doch mit moderner Währung, falls Geldscheine überhaupt schon ein gebräuchliches Zahlungsmittel waren, konnte er sicherlich nichts anfangen, von Euroschecks gar nicht zu reden. So machte ich mich, obwohl es bereits dunkel war, auf zu einem Trödler, an den er mich verwiesen hatte – Ladenschlußzeiten gab es offenbar nicht – und ging im Geist die wenigen Dinge durch, die mit mir in den Zeitrutsch geraten waren: Meine Kleidung, Armbanduhr, Kontaktlinsen (ein Glück, daß ich keine Brille trug, die hier sicherlich unangenehm aufgefallen wäre; ohnehin nahmen die Leute bemerkenswert wenig Notiz von meinem Äußeren, das auf sie doch recht fremdartig wirken mußte), das erwähnte Geld und eine Leinentasche mit *Greenpeace*-Aufdruck. In dieser befanden sich mehrere Hochglanzprospekte verschiedener Computergraphikfirmen, Schreibblöcke, ein Federmäppchen mit einem halben Dutzend Druckbleistiften, drei Kugelschreibern (einer davon mit eingebauter Taschenlampe für Notizen in abgedunkelten Vortragssälen), einem Papiermesser und einem Uhrmacherschraubenzieher, eine Tüte mit Nüssen und Rosinen (die ich, sobald sie mir eingefallen waren, zu essen begann), der übliche Stapel unsortierter Notizen und Ausdrucke, alter Briefe usw., eine Videokassette sowie ein großer Bildband über Mozart, den zu tragen mich jemand am Tag zuvor gebeten hatte, dessen Tasche dafür zu klein gewesen war, und den ich vergessen hatte, ihm im Hotel zu geben. Falls ich hier längere Zeit verbringen sollte, konnte ich meinen Lebensunterhalt verdienen, indem ich Dinge „erfand", die es noch nicht gab, die aber mit den Mitteln, die zur Verfügung standen, realisierbar waren, sobald ich herausgefunden hatte, was benötigt wurde und zugleich verwirklicht werden konnte – spontan erinnerte ich mich an eine Maschine zur Lösung von Gleichungen dritten Grades, die einfach zu bauen war. Gerade als ich den Laden erreichte, kam mir meine Euroscheckkarte in den Sinn – das Hologramm darauf, das zwar flach war, doch aus jeder Richtung betrachtet einen anderen Eindruck einer scheinbar räumlichen Büste Beethovens erweckte, mußte hier sicherlich Aufmerksamkeit erregen, sprich: sich zu Geld machen lassen. Sorgfältig schnitt ich es mit dem Papiermesser aus der Karte.

Da, als ich den Laden betrat, bereits ein Kunde anwesend war, gab ich vor, die Antiquitäten, die den Raum füllten (und die hier wohl nichts als Plunder waren) in Augenschein zu nehmen, während ich in Wirklichkeit die Verhandlung belauschte, um daraus vielleicht etwas für meine eigene lernen zu können. Doch der Handel war abgeschlossen, der Händler nahm einen kleinen, silberglänzenden Gegenstand in Empfang und schob dafür ein paar Münzen über den Tisch; als sich beide verabschiedeten, nannte der Händler seinen Kunden beim Namen – konnte das Zufall sein? Oder war es ein Hinweis darauf, daß nicht meine Zeitrutschhypothese, sondern eine andere meiner Vermutungen zutraf? Kurzentschlossen sprach ich den Kunden an, fragte ihn, ob er tatsächlich Mozart sei, der Komponist Wolfgang Amadeus Mozart, und bat ihn, als er, wenn auch nur sehr zurückhaltend, bejahte, kurz zu warten.

Ich zeigte dem Trödler mein Hologramm – nannte es eine neuartige Kupferstichtechnik des holländischen Meisters Dijkstra – und er bot mir augenblicklich eine Summe, die etwa dem zwanzigfachen dessen, was der Wirt als Monatsmiete verlangt hatte, entsprach, ja er erhöhte sogar auf das fünfundzwanzigfache, als er meine Überraschung fälschlich als Mißbilligung deutete (etwas, wovon ich nie gedacht hätte, daß es außerhalb von Schundromanen geschehen könnte). Mozart, der neugierig nähergetreten war, erkannte erstaunt seinen Schüler Beethoven. So verließ ich mit einer größeren Barschaft zusammen mit Mozart den Laden.

Was sollte ich ihm erzählen? Ich wußte nicht viel über ihn. Daß er tot war, was aber im Augenblick nicht zutraf, Musiker, der seinen Ruhm nicht mehr erlebt hatte, daß Einstein (Alfred, ein Vetter Alberts) ein Buch über ihn geschrieben hatte, daß seine Biographen, wie ich in einer Zeitschrift – Bild der Wissenschaft, Juni '91, soweit ich mich erinnere – gelesen hatte, ein völlig falsches Bild von ihm gezeichnet hatten, denn wie moderne Papieranalysen und Untersuchungen der Wasserzeichen auf dem Notenpapier zeigten, hatte er keineswegs seine Werke in einem Zug geschrieben, ließ sie vielmehr oft jahrelang unvollendet. (Sofort hatte ich dabei an die Geschichte des zeitreisenden Schauspielers gedacht, der Shakespeare als hoffnungslosen Trunkenbold antraf und sich gezwungen sah, sein Werk aus dem Gedächtnis niederzuschreiben, weshalb nirgendwo in den Originalschriften auch nur eine einzige Zeile ausgestrichen ist.) Das war alles, was mir zu Mozart einfiel. So entschied ich mich, in der Annahme, daß ein Genius wie er solchen Dingen gegenüber aufgeschlossen sein müßte, dafür, ihm die Wahrheit zu sagen.

Ich weiß nicht, ob er mir glaubte, wenn er auch das Hologramm gesehen hatte und ich ihm meinen Solartaschenrechner, der zwischen meinen Ausweisen gesteckt hatte und hier im Dunkeln kaum funktionierte, zeigte, doch meine Geschichte faszinierte ihn immerhin, so daß wir uns in den folgenden Wochen häufiger trafen, meist, um ungestört zu sein, in meinem Zimmer im Gasthaus, „Kämmerchen", wie der Wirt es nannte, obwohl es für meine Verhältnisse recht groß war. Vermutlich würde zwei Jahrhunderte später der Besitzer eine Zwischendecke einziehen lassen und es an ein paar Studenten, vorzugsweise eine Fünfer-WG, vermieten. Die Decke war sicherlich drei Meter hoch, obwohl die Menschen zu dieser Zeit im Mittel schätzungsweise fünfundzwanzig Zentimeter kleiner waren als Ende des zwanzigsten Jahrhunderts, was mich, der ich etwa die Durchschnittsgröße eines Studenten um das Jahr 1920 habe, eher groß wirken ließ.

Mozart schien nach einigen Tagen zu der Überzeugung gelangt zu sein, daß meine Geschichte, so verrückt sie klingen mochte, doch ein Fünkchen Wahrheit enthalten mußte. Zumindest fragte er mich nach moderner Musik, bat mich, ihm am Flügel etwas vorzuspielen (was ich ablehnte, da ich nur mit beschrifteten Tasten etwas anfangen kann); schließlich bemühte ich mich, einige Melodien zu pfeifen, doch ich brachte lediglich einen Marsch aus der Reinigungsmittelwerbung, den Anfang der Nationalhymne und die Titelmelodie der Fernsehserie *Raumpatrouille* zustande. Wie er mir später gestand, hätte er mich angesichts meiner Ignoranz am liebsten geohrfeigt, betrank sich statt dessen jedoch an diesem Abend.

Seine Gesundheit war angegriffen; ständig wurde er von Hustenreiz gequält. Und auch psychisch ging es ihm schlecht. Im Januar, einen Monat vor unserer ersten Begegnung, war seiner *Buffa* (das scheint eine Art gesungenes Boulevard-Theater zu sein) *Così fan tutte* nur ein leidlicher Erfolg beschieden, und er arbeitete nun sehr unlustig an einer Oper mit dem Titel *Zauberflöte*. In dem Bildband, den ich ihm natürlich vorenthalten hatte, da er unter anderem das Datum seines Todes nannte, entdeckte ich auch eine Schallfolie. Wurde die Pappe, in der sie sich befand, aufgeklappt, kam eine Nadel zum Vorschein, die den Ton von der Folie, wenn diese mit dem Finger oder einem Stift gedreht wurde, abnahm und über die Pappe verstärkt abstrahlte. Ein äußerst primitiver Plattenspieler, wenn auch wirkungsvoll; jedenfalls hoffe ich, daß Edison so etwas nie zu Gesicht bekommt. Mozart immerhin war beeindruckt, als er einen kurzen Ausschnitt aus der Synthesizerbearbeitung eines japanischen Musikers hörte, in der er seine *Krönungsmesse* wiedererkannte. Das zumindest heiterte ihn etwas auf, doch bald wurde er sehr nachdenklich.

Noch verfügte ich über genügend Geld, notfalls konnte ich einige Bilder aus den Farbprospekten verkaufen. Möglicherweise konnte ich mich mit konventioneller Malerei beschäftigen, wenn ich auch, wie merkwürdigerweise viele Computergraphiker, rot-grün-blind bin, und deshalb in den nächsten hundertfünfzig Jahren nicht mit Erfolg rechnen durfte. Jedenfalls dachte ich über meine „Erfindungen" nach. Falls es möglich war, die Geschichte – meine Vergangenheit, Mozarts Zukunft – zu ändern, war dies sicherlich schon durch meine Anwesenheit geschehen. Deshalb hatte ich keine Bedenken, doch als ich meine Gleichungsmaschine erwähnte, fragte mich Mozart, wozu jemand Gleichungen dritten Grades (was das sein sollte, war ihm ohnehin unklar) lösen müßte, worauf ich keine Antwort wußte. Was konnte ich tun? Mit Computern kannte ich mich aus, aber sollte ich Mikrochips aus Holz schnitzen? Von den meisten anderer Dingen, die bisher alltäglich für mich gewesen waren, besaß ich nur oberflächliche Kenntnisse. Ein Otto-Motor arbeitet irgendwie mit einem explodierenden Gas-Benzin-Gemisch, ein Dynamo benötigt irgendwelche Drahtspulen (Kupfer, glaube ich), Penicillin entsteht aus irgendeinem Schimmelpilz ... jedesmal ein „irgend" zuviel. Es gab zu Mozarts Zeit keine Kugeln, die rund genug gewesen wären, um einen Kugelschreiber bauen zu können, keine geeignete Antriebskraft für ein Flugzeug, kein Material für ein brauchbares Fahrrad.

Währenddessen kam auch Mozart nicht recht voran mit seiner *Zauberflöte*. Manchmal beobachtete ich ihn, wie er die Feder ins Tintenfaß tauchte, Kleckse aufs Papier machte, in die Tasten griff und sich die Haare raufte. Doch mit der Zeit wurden die ständigen Wiederholungen langweilig, ja nervtötend, so daß ich mich anderweitig beschäftigte.

Im Verlauf des Sommers aber reifte in mir ein Gedanke: An der Wiener Universität hatte es schon lange (zu meiner Zeit) Computer gegeben, die mit Hilfe künstlicher Intelligenz den Stil eines Komponisten durch „hören" seiner Musik lernten und dann in der Lage waren, wie er zu komponieren. So war Musik entstanden, die Bach nie geschrieben hatte, die aber doch wie Bach klang.

Das Hauptproblem war, daß mir kein Computer zur Verfügung stand. Zwar machte mir das tagelang zu schaffen, doch dann erinnerte ich mich an den Schachautomaten, den Martin Gardner in den sechziger Jahren gebaut hatte. Sein – vereinfachtes – Schachspiel besteht aus drei mal drei Feldern und je drei Bauern pro Spieler, die ein Feld vorwärts ziehen oder schräg schlagen können. Wer die dritte Reihe erreicht, alle Figuren des Gegenspielers schlägt oder ihm das Ziehen unmöglich macht, hat gewonnen. Auf Streichholzschachteln zeichnete Gardner jeweils eine der 24 möglichen Stellungen, kennzeichnete die verschiedenen Züge durch unterschiedliche Farben und legte für jeden Zug eine Liebesperle entsprechender Farbe in die Streichholzschachteln.

Zog er nun mit geschlossenen Augen eine Perle aus der Schachtel, die der aktuellen Stellung entsprach, war damit zufällig ein Zug bestimmt. Führte diese Zufallsstrategie zum Sieg, legte er die Perlen wieder in die Schachteln, andernfalls entfernte (oder aß) er diejenige, die den letzten Zug ausgelöst hatte, und legte nur die anderen zurück. So wurde mit jedem Spiel die Wahrscheinlichkeit für korrekte Züge immer größer, der Automat „lernte", zu gewinnen.

Nachteil dieses Verfahrens ist, daß, um ein vollständiges Schachspiel zu lernen, etwa so viele Streichholzschachteln erforderlich wären, wie es Atome im Universum gibt, denn die Anzahl der möglichen Züge wächst (denke ich) exponentiell.

Doch die Anzahl der möglichen Kombinationen weniger aufeinanderfolgender Noten (kurzer Markov-Ketten also) ist sehr beschränkt. Mozart war zunächst skeptisch, erklärte sich dann jedoch (da er mit seiner Arbeit ohnehin in einer Sackgasse angelangt war) bereit, mich zu unterstützen. Aus dem Schulunterricht erinnerte ich mich nur noch, daß Noten sich aus Nüßchen und Fähnchen zusammensetzen, doch mit Mozarts Erläuterungen wurde mir schnell klar, daß die Notenlinien ganz einfach ein Koordinatensystem repräsentierten: die Abszisse entsprach der Zeitachse, die Ordinate der Tonhöhe (wobei seltsamerweise die zweite Linie von unten, eine g genannte Tonhöhe, als Basisordinate verwendete wurde). Die Zeitachse war allerdings nicht linear, nicht einmal stetig, sondern beeinflußt von der Tondauer, die durch die Darstellung der einzelnen Noten spezifiziert wurde. Dabei war (solche Unlogik muß Künstlern wohl zugestanden werden) die Zeit, die benötigt wurde, die Note zu zeichnen, umgekehrt proportional zur Länge des Tons. Sofort überlegte ich, eine systematischere Notation zu entwickeln, verwarf den Gedanken jedoch wieder, da es mir noch an Erfahrung mit der konventionellen mangelte.

Die technische Realisierung war sehr zeitraubend. Ich benutzte kleine Döschen (wohl für Tabak gedacht) und, nachdem Ratten meinen Vorrat an Zuckerkügelchen dezimiert und meine Arbeit um Wochen zurückgeworfen hatten, Holzperlen. In mehreren Brainstorming-Sitzungen zusammen mit Mozart gelang es mir, die Zahl der benötigten Speichereinheiten (also Schachteln) stark zu verringern. Die Lernphase war bei weitem das Aufwendigste, sie umfaßte beinahe neun Monate, doch dann zeigten sich erste brauchbare Resultate. Aus einer Verbindung des Gardner-Automaten und moderner Methoden der künstlichen Intelligenz enstand – Amadeus, Akronym für <u>Au</u>to<u>ma</u>tische Komposition <u>d</u>urch <u>e</u>lementare <u>U</u>nit-<u>S</u>imulation (*Unit*, also Einheit oder Bauteil, ist die übliche Bezeichnung für die Elemente solcher Simulatoren).

Mag sein, daß jemand, der dieses Manuskript findet, es für Phantasterei hält. Daher will ich versuchen, die Authentizität zu belegen, indem ich Vorhersagen mache, deren Genauigkeit Nostradamus angesichts seines eigenen vieldeutigen Gefasels vor Neid erblassen ließe. An welche zukünftigen Ereignisse erinnere ich mich? Geschichte war nie mein stärkstes Fach in der Schule. Kriege? Aber wann war der siebte punische Krieg? Gleichgültig, er ist ohnehin schon Vergangenheit. Attentate: Martin Luther King verlor durch einen Kopfschuß sein Sprachvermögen; von Stauffenberg tötete '44 Hitler durch einen Sprengsatz – ein besserer Militärstratege wurde Reichskanzler, sonst hätten wird die zweite Weltverteidigung womöglich verloren; John Lennon, ein bekannter Pianist, wurde etwa '68 erschossen, Heiner Geißler, Generalsekretär der NSDAP, '90 erstochen ... das alles könnte ich nicht voraussahnen, wenn ich mich nicht daran erinnerte.

So also komponierte Mozart zusammen mit Amadeus große Teile der *Zauberflöte*. Mozarts Todestag, den ich allein kannte, rückte näher. Doch der April verstrich, und er lebte immer noch. Es ist offensichtlich: Durch meine Anwesenheit hier war sein Lebenswille gestärkt. Dabei fällt mir ein, möglicherweise hat sich noch mehr verändert. Mag sein, daß hier in Wien, in weit über hundert Jahren, Hitler die *Zauberflöte*, die es bisher noch gar nicht gab, hört, dadurch neue Einsichten gewinnt, klarere menschliche Figuren in seine Bilder einarbeiten kann und von der Akademie angenommen wird – *Mein Kampf* wird vielleicht nie geschrieben werden.

Daher brauche ich wissenschaftliche Fakten, um meine Worte zu beweisen. Pluto ist noch nicht entdeckt. Also: es gibt einen äußeren, neunten Planeten, dessen Bahn manchmal die des Neptun kreuzt. Nein, zwecklos, Jonathan Swift hat in seiner Satire *Gullivers Reisen* die beiden Marsmonde vorausgesagt. Zufall, falls ich nicht erneut in einen Zeitrutsch gerate und ihm davon erzähle. Natürlich, das ist es: Niemand kann heute ahnen, daß Energie der Masse äquivalent ist, mit einem Proportionalitätsfaktor, der gleich dem Quadrat der Lichtgeschwindigkeit ist, kurz: $E = mc^2$. Das sollte als Echtheitsbeweis genügen.

Ende September wurde die *Zauberflöte* in einem Vorstadttheater aufgeführt, ein letzter Lichtblick für Mozart, der am 4. Dezember 1791, einem naßkalten Sonntag, mehr als ein halbes Jahr nach dem in meinem Buch angegebenen Datum, im Alter von fünfunddreißig Jahren starb, während er gerade einen Teil eines von Amadeus komponierten *Requiems* in gewöhnliche Notenschrift übertrug. Ich war nie auf einer Beerdigung gewesen, denn was da vergraben wird, ist nichts als ein paar Kilogramm tierischen Gewebes, und ich machte auch bei Wolfgang Amadeus Mozart keine Ausnahme.

Inzwischen schreiben wir das Jahr '92. 1792. Der Automat komponiert eine Sinfonie. Die letzte Amadeus-Sinfonie stammt nicht von Mozart, sondern von einem Streichholzschachtelcomputer. Und ich wette, daß niemand es bemerken wird.

Nachtrag:
Gerade als ich dieses Manuskript auf die Tischplatte schlug, um die Seiten auszurichten, erfolgte ein erneuter Zeitrutsch.

Ich fiel etwa zwei Meter tief, zwar auf weichen Waldboden, doch ich übertrat mir das Fußgelenk, das daraufhin stark anschwoll. Seither sind etwa drei Monate vergangen.

Ich fand ein nahes Dorf und lernte bald die Grundzüge der Sprache der Einwohner, die mich freundlich aufgenommen hatten. Das Dorf ist eine keltische Siedlung, an der Stelle, an der später einmal die Stadt Wien entstehen wird – Donau und Alpen existieren bereits als unverkennbare Landmarken. Ich muß über zwei Jahrtausende in die Vergangenheit gerutscht sein.

Die landwirtschaftliche Geräte, die die Kelten benutzen, sind äußerst primitiv. Auch ohne größere Kenntnisse auf diesem Gebiet dürfte es einfach sein, sie entscheidend zu verbessern ...

April 1991

Kampfpause

Schröters Puppe robbte durch den rotbraunen Schlamm – der Sand war nicht feucht von Wasser, sondern von Blut. Puppenblut.

Die Puppe erreichte den obersten Punkt der Anhöhe. Von hier aus konnte Schröter durch ihre Nachtsichtaugen den gesamten Kampfplatz überblicken. Trotz Neumond sahen die Restlichtverstärker genug, mehr als Schröter lieb war: Hunderte von Puppen rannten, unkoordiniert, wie es schien, umher. Der Kampfplatz war von Kratern übersät. Sie waren in einen Hinterhalt geraten. Der Feind belegte sie mit Sperrfeuer.

Schattenlos im verstärkten Licht, mit Kantendetektion und Falschfarben, wirkte die Szene bizarr, wie eine Traumsequenz aus einem billigen Film. Doch sie war real genug: der Krieg war echt, die Puppen starben wirklich.

Schröter hörte hinter sich ein Geräusch. In einer einzigen Bewegung wirbelte seine Puppe herum, machte das Ziel aus und schoß. Das Projektil fuhr in den Kopf der feindlichen Puppe, der Aufschlagzünder ließ es detonieren, Gewebe und Metall spritzten. Sie lief noch ein paar Schritte weiter wie ein kopfloses Huhn.

Aus
Nordwesten näherten sich unvorsichtig zwei Wühlpanzer, die Erdverschiebungen waren durch grellgelb umrandete Kanten leicht zu entdecken. Schröter robbte weiter, sprang auf und lief in der spärlichen Deckung einiger Büsche darauf zu. Er riß eine Handgranate vom Gürtel, drückte den Zündcode –

Ein Jingle ertönte, das Flying Logo der Wehr, ganz in Granit und Gold, flimmerte über die beiden Bildschirme vor Schröters Augen.

Ein großer Wagen schlängelte sich über Serpentinen, begleitet von Johann Strauß' *An der schönen blauen Donau.*

Tiefgrüne Wälder und türkisfarbene Wellen glitten vorbei. Eine glubschäugige Trickschnecke kroch über die Straße, der Wagen bremste scharf. Ein Truck, unversehens hinter ihm aufgetaucht, tutend, rutschte mit blockierten Rädern auf ihn zu. Die Schnecke riß entsetzt die Augen auf, in ihrem verchromten Schneckenhaus spiegelten sich verzerrt die beiden Fahrzeuge. Einzelteile des Trucks schossen durchs Bild. „Die SS-Klasse", sagte ein Sprecher im Off. „Jetzt mit Kofferraum-Airbag serienmäßig."

Ein Lampengeist verwandelte sich in eine dampfende Terrine heißer Suppe, schwebte über einen Tisch und landete sanft. Ein kleines Mädchen leckte sich die Lippen: „Mmm", sagte sie, „der zwei-Sekunden-Schlemmertopf –"

Schröter nahm die Goggles ab. Auf den winzigen Augenschirmen begann das Mädchen, die Suppe zu löffeln. Kaum hörbare Musik drang aus den Ohrstöpseln. Die Werbeunterbrechungen waren lästig, aber irgendwie mußte der Krieg schließlich finanziert werden. Wenigstens war dies ein öffentlich-rechtlicher Krieg, so daß die Werbung sich in Grenzen hielt – ganz im Gegensatz zum Feind, der keine Grenzen anerkannte.

Er hängte die Goggles sorgfältig in die Halterung. Natürlich war es unzulässig, sie während der Arbeit abzunehmen, aber schließlich war es sein Leben, das er dabei riskierte; er wußte, seine Kameraden taten in den Kabinen ringsum das gleiche, und der Feind hielt es sicher nicht anders.

Er zog eine Zigarette aus der Schachtel in seiner Hemdtasche, was nicht ganz einfach war, da er noch immer die Fingerhüte trug. Zwangsläufig: hätte er sie abgenommen, hätte die Kontrolle die fehlende Sensoreingabe bemerkt. Er steckte die Zigarette an und blies einen Rauchring in die Luft und einen zweiten durch den ersten hindurch. Das war besser als jede Sanduhr. Sobald er zu Ende geraucht hatte, das lehrte die Erfahrung, würde auch die Werbepause vorüber sein.

Wie er die Nachtschicht haßte! Er warf einen Blick auf die in den Goggleschirmen eingeblendete Zeitanzeige. Noch fast drei Stunden. Wenn er nach Hause kam, würde seine Frau längst schlafen. Seine beiden Söhne hatte er seit Tagen kaum mehr gesehen. Wenigstens war es nachts nicht so brütend heiß wie am Tag. Natürlich spürte er selbst das nicht, die Kabinen in den unterirdischen Wehranlagen waren klimatisiert, aber die Puppen reagierten in der Hitze träge, fast ebenso langsam wie ein Mensch. Allerdings verhielten sie sich auch im Frost recht zäh, das wußte er aus seinem letzten Antarktis-Einsatz; oft hatte er die Glieder seiner Puppe in den aufgebrochenen Kadavern anderer gewärmt.

Er schnippte die Kippe auf den Boden. Routiniert setzte er mit einem Handgriff die Goggles auf, justierte Ohrstöpsel und Skorpion. Eine schokoladenbeschmierte Kinderhand hielt ihm einen Pausensnack vor die Nase, was im Stereobild fast schon bedrohlich nah wirkte, während jemand etwas von viel gesunder Milch erzählte.

Vor ihm tauchten die Wälle der Wühlpanzer auf. Der Kampf ging weiter, gerade noch rechtzeitig war Schröter wieder eingestiegen. Er schleuderte die Handgranate. Sie explodierte. Mit einem dumpfen Knall riß sie ein tiefes Loch, eine weitere Wunde im pockennarbigen Gesicht der Erde. Steine prallten gegen die Kevlarhaut der Puppe, mehrschichtigen Kunststoff, härter als Stahl. Beide Wühlpanzer krochen unversehrt aus dem Boden hervor. Ein Geschoß traf die jetzt sichtbar gewordenen Fahrzeuge, die Druckwelle schleuderte Schröter mehrere Meter weit; als er sich erhob, waren die Panzer verschwunden.

Ein Warnpfeil blinkte auf. Schröter sah nach oben. Bombenshuttles waren im Anflug. Das Mustererkennungssystem identifizierte sie augenblicklich, trotz ihrer Entfernung – es waren feindliche. Zwar lieferte die Industrie an beide Seiten den gleichen Shuttletyp, aber der Feind verwendete einen anderen Treibstoff, die Spektralanalyse der Abgase war eindeutig. SAKs dröhnten. Langsam wurde es Zeit, sich zurückzuziehen, falls das möglich und der Kessel nicht ganz geschlossen war. Schröter war also kaum überrascht, als einer der kommandierenden Offiziere, die ungefährdet in der Leitzentrale saßen, eine entsprechende Anweisung in die Sichtschirme einblendete.

Er erhob sich – ein Feind von links, Schröter ließ sich in den frischaufgerissenen Krater fallen und schoß im Flug. Treffer, der Rumpf wurde in zwei Teile zerfetzt, doch der Oberkörper der beinlosen Puppe schoß zurück, während der Unterleib, vom Gehirn getrennt, sich auf der Erde wand. Die hektischen Bewegungen schienen die Panik des Soldaten, der die Puppe lenkte, zu verraten. Schröter rollte zur Seite, sein nächster Schuß traf den Kopf des Feindes – die Puppe war zerstört, und im gleichen Augenblick starb auch der feindliche Soldat, der Skorpion in seinen Goggles injizierte ihm eine tödliche Dosis Nervengift.

Schröter schüttelte wie benommen den Kopf; er würde sich nie daran gewöhnen, daß die visuellen Wahrnehmungen nicht mit denen seines Gleichgewichtssinns übereinstimmten – die Goggles berücksichtigten nur Gesichts- und Gehörssinn, nicht jedoch den Vestibularapparat im Innenohr; glücklicherweise aber auch nicht den Geruchssinn, der Gestank der Puppenkadaver mußte unerträglich sein.

Er ließ seine Puppe hakenschlagend nach Osten laufen. Dank der nahezu erschöpfungsfrei arbeitenden Biomechanik glitt sie für ihn scheinbar mühelos durch die napalmverbrannte Landschaft über Steine, Trümmer und Puppenleichen.

Manche der moslemischen Puppen waren nicht anthropoid – natürlich, auch fundamentalistische Moslems, die kein Abbild eines Menschen anfertigen durften, waren beteiligt. Daß ihre Puppen an Spinnen, Raupen, Krebse und Echsen erinnerten, störte sie offenbar nicht, ebensowenig wie die Abbildungen des Kampfgeschehens auf ihren Goggles, die ja nur Bildübertragungen waren. Das führte zwar zu vielseitigeren Puppen, doch das Lenken wurde wesentlich erschwert, so daß christliche Soldaten wie Schröter, die das erste der Zehn Gebote – sich kein Abbild zu machen von dem im Himmel droben oder unten auf der Erde oder im Wasser oder unter der Erde – uminterpretierten, hier klar im Vorteil waren. Viele Moslems verzichteten sogar auf die gotteslästerliche Verfremdung, die eine klarere Sicht ermöglichte als das menschliche Auge.

Zehn Kilometer östlich hielt Schröter an, ließ sich in einen Schützengraben fallen. Die Lichter der Raketen am nächtlichen Himmel erzeugten fast etwas wie Silvesterstimmung; Leuchtkugeln erhellten den Kampfplatz sekundenlang wie Tageslicht. Auch der Geschützlärm war kaum mehr als ein Feuerwerk, nicht einmal Todesschreie waren zu hören. Puppen sterben schweigend.

Das Logo unterbrach die Kampfhandlungen.

Ein weißes Wildpferd galoppierte durch spritzendes Wasser der Camargue, in Zeitlupe wurde der Tröpfchenregen davongeschleudert. Die Flötenmusik im Hintergrund erinnerte an die Anden und hätte besser zu einer Lamawollwerbung gepaßt. Der Schimmel wandte sich hierhin und dahin, ohne Zweck, aus reinem Vergnügen. Ein Reif tauchte auf, und freudig sprang das Pferd hindurch wie ein Zirkuslöwe. Was auf anderen Seite herauskam, sauber und ordentlich, war eine Wurst.

„Genieß ein Stück Natur: Salami von –"

Schröter nahm die Goggles ab. Das Gerät, das sie Skorpion nannten, war vielleicht der unangenehmste Aspekt seiner Arbeit. Tarifabschlüsse, die Arbeits-, Urlaubszeiten oder Besoldung der Soldaten festlegten, waren schön und gut, aber das änderte nichts an der Genfer Konvention zur Regelung bewaffneter internationaler Konflikte: Wenn eine Puppe starb, widerfuhr dem Soldaten, der sie führte, das gleiche Schicksal, da andernfalls der Krieg ohnehin im Sandkasten gespielt werden konnte. Der Vorteil der Puppen war, daß sie weniger leicht zu verletzen waren als Menschen. Alles, was nicht tötet, härtet ab, hieß es. Jeder nicht letale Schaden war reparabel – heilbar. Die Wunder der Bionik.

Schröter rückte den Krawattenknoten zurecht und steckte die nächste Zigarette an.

Er betrachtete die Poster, die an den Wänden der Kabine hingen, Sammlerstücke, die alle den selben Mann zeigten, einen Mann, den er verehrte und bewunderte, obwohl er bei seinem Tod noch ein Kind gewesen war, den viertletzten Präsidenten der Vereinigten Staaten von Amerika. Auf jedem Plakat war ein anderes Porträt abgebildet, und jedem war ein Sinnpruch beigegeben, doch das störte ihn nicht, solche Hetze glitt an ihm ab wie an Teflon. Auf dem linken hieß es: „Bäume erzeugen mehr Abgase als Autos." Rechts stand: „Niemand geht hungrig zu Bett in Amerika." Und in der Mitte, ihm genau gegenüber, auch wenn er es nicht sehen konnte, während er sein Arbeitsgerät trug: „Die Bombardierung beginnt in fünf Minuten."

Ein letzter Zug, dann setzte er die Goggles wieder auf.

Eine schmauchende Dame an einem Rednerpult vor dem Bundesadler. Ein distinguierter Herr, der bei einem Glas Weinbrand vor einem Kaminfeuer saß und sich ein Pfeifchen stopfte. „Jetzt können Sie Bio in der Pfeife rauchen. Tabak aus garantiert biologisch-dynamischem Anbau. Importiert aus der Republik Kentucky."

„Nadeleinfädeln wird zum Kinderspiel: der neue Nadel-Master, mit automatischer Fadenzuführung und Nadelreservoir. Bestellen Sie jetzt bei Couchkauf für nur neunundvierzig fünfundneunzig zuzüglich Porto und Verpackung. Unsere Mitarbeiterinnen und Mitarbeiter sind rund und die Uhr für Sie bereit. Rufen Sie jetzt an. Couchkauf – so einfach kann Einkaufen sein."

Polardisney lockte mit Lichtkaskaden, Glitzerstaub, Funkenflug und Kunstschnee zu einem Besuch in der Werkstatt des Weihnachtsmanns, einschließlich Fütterung der Rentiere und einer Schlittenfahrt durch die Luft.

Ein unrasierter Mann im gestreiften Sträflingsanzug nagte an der Kette, mit der eine Eisenkugel an seinem Fußgelenk befestigt war. Ein Kettenglied war schließlich durchgebissen. Er bemerkte offenbar, daß es schmeckte, denn er aß auch den Rest auf. Als er gerade herzhaft in die Eisenkugel biß, legten sich von hinten die behaarten Hände zweier uniformierter Wärter auf seine Schultern. „Dentosil – die Zahnversiegelung", sagte einer von ihnen. „Auch wenn Sie nicht an seiner Stelle sind."

Schröter saugte unbewußt an einem Backenzahn, der trotz Versiegelung von Zeit zu Zeit schmerzte. Die Werbepause dauerte diesmal überdurchschnittlich lang.

Blubbernde Blasen trieben durchs Bild. Eine sichtlich verzweifelte Hausfrau, die mit ihrem über der Stirn geknoteten Kopftuch eher an eine Trümmerfrau erinnerte, war in einer davon gefangen. Gellend rief sie: „Gibt es denn kein Waschmittel, das Farben *und* Textilien erkennt?" Puzzleteile wirbelten durch die Luft, stießen zusammen, prallten voneinander ab wie wildgewordene Billardkugeln, fügten sich aneinander zum Bild eines Waschmittelbeutels. „Aber ja! Das neue Klin. Eines für alles. Jetzt mit aktivem Gewebeschutz."

Fauchend fuhren Leuchtspurgeschosse über Schröters Kopf hinweg. Dicht über dem Boden fliegende Puppen mit Backpacks tauchten auf. Er schoß. Shuttles legten in fast greifbarer Nähe einen Bombenteppich, das Backpack-Geschwader zog sich zurück.

Das CNN-Logo wurde in die Sichtschirme eingeblendet, der Nachrichtendienst zeichnete auf, was Schröter gerade sah – ausgerechnet jetzt, wo fast nichts los war; dieses Material würden sie mit Sicherheit nicht senden. Schröter ärgerte sich, als das Logo gleich darauf wieder verschwand.

Er verschanzte sich im Schützengraben. Langsam verlor er die Lust und beschloß, sich für den Rest der Schicht zurückzuhalten. Das Bombardement war für den Augenblick beendet. Tatsächlich blieb es ereignislos, als herrschte Waffenruhe.

Das pompöse Gold-Granit-Logo der Wehr flog Schröter entgegen.

Ein Model, nur mit einem Blumenkranz im Haar bekleidet, ritt in Zeitlupe auf einem schwarzen Hengst. Sie zügelte das Tier und stieg ab. Das Pferd trabte aus dem Bild, und eine Salami flog zurück. Die so Beschenkte strahlte vor Glück, während sie verzückt einer warmen männlichen Geisterstimme lauschte, die verkündete: „Genieß ein Stück Na–"

Schröter hängte die Goggles in die Halterung und griff in

die Hemdtasche. Die Schachtel war leer. Er biß die Zähne zusammen; sein Magengeschwür machte sich wieder bemerkbar. Entschlossen stand er auf und verließ die Kabine. Ein Stockwerk höher befand sich ein Zigarettenautomat. Mit dem Aufzug fuhr er nach oben, steckte die Scheckkarte in den Automaten und zog zwei neue Schachteln. Auf der Fahrt abwärts zündete er eine Zigarette an, inhalierte gierig. Zurück in der Kabine warf er einen Blick auf die Goggles.

Ein weißbekittelter Drogist pries seine Auswahl verschiedener Haschischsorten an: teurer schwarzer Afghan, grüner Türke, milder roter Libanese und brauner Berliner.

Dann zeigten die winzigen Bildschirme explodierende Schrapnells, die eingeblendete Entfernungsanzeige lief rückwärts wie bei einem Countdown. Schröters Hand, die nach den Goggles griff, hielt inne.

Im gleichen Augenblick, in dem die Schirme schwarz wurden und nur noch die Befehlstexte der Leitzentrale darüberliefen, fuhr der Skorpion schnappend seinen Schwanzstachel aus.

Schröter erstarrte. Sein Blick hing an der Spitze der Hohlnadel, von der rasch Tröpfchen perlten.

Januar 1993

Chronopsie

Am Anfang war das Nichts.
Und Gott sprach: Es werde Licht!
Da war immer noch nichts,
aber alle konnten es sehen.
Anonym

Mit einem leisen Schrei zuckte Michaela zusammen. Aus dem langen Kratzer auf ihrem Unterarm, eigentlich nur ein wenig zur Seite geschobener Haut, quollen kleine Blutströpfchen.

Es war nicht das erste Mal, daß sie sich an der Armlehne des Stuhls, einer scharfkantigen Metallschiene, von der die Kunststoffverkleidung längst abgefallen war, verletzt hatte. Die wenigen Mittel, die sie noch bekamen, mußten sie in die Hardware stecken, und es war nicht ganz einfach, die Anträge so zu formulieren, daß eine Gleitkommakarte als Bürobedarf anerkannt wurde.

Sie leckte über die brennende Haut, wischte sie trocken und schob die bisher zu den Ellbogen aufgekrempelten Ärmel ihres Overalls bis zu den Handgelenken. Dann setzte sie sich wieder vor dem Pult zurecht.

Der fensterlose Raum, in künstliches Licht getaucht, war nur spärlich geschmückt. Die Tür hinter Michaela wurde auf der einen Seite von einem Regal, auf der anderen von einem Schrank gesäumt. Eine Wand bedeckte eine große alte Schreibtafel, auf der sich Formeln und schematische Zeichnungen ineinander wanden; Feynman-Diagramme, mit rotem Filzstift geschrieben, an denen grüne Buchstaben und Symbole klebten, blaue Quantenfeldschemata und schwarze Gleichungen bildeten einen chaotischen Gobelin, der im Lauf der Zeit zu einem kaum mehr zu entziffernden Informationsbrei zusammengewachsen war. Die gegenüberliegende Wand war übersät mit Notizen, Ausdrucken, Zetteln, oft vergilbt und unleserlich. Dazwischen hing ein Titelblatt der *Chronophysics News*, in dem ein Artikel von ihr erschienen war, und dessen Titelbild, das sie selbst produziert hatte, einen Mann zeigte, um dessen Beine eine Katze strich: den Physiker Erwin Schrödinger. Das Blatt hatte sich durch die Luftfeuchtigkeit gewellt. Weitere großformatige, gerahmte Fotos hingen hier und an der vierten Wand, an der Michaelas Pult stand: Philipp Reis beim Telefonieren, Leonardo da Vinci, wie er mit Hilfe eines Spiegels ein Selbstporträt malt – die Mona Lisa –, und viele andere, alle sorgfältig beschriftet mit dem Namen der dargestellten Personen, Ort, Datum und Uhrzeit.

Auf eine Bildserie war Michaela besonders stolz. Die Fotografien zeigten allesamt von Menschen ausgerottete Tierarten, wenn nicht das letzte, so doch ein Exemplar aus dem Jahr der Ausrottung: ein Beutelwolf, 1945, von dem seit 1938 in Tasmanien nur noch Spuren gefunden worden waren, ein Moa auf Neuseeland, 1912, ein freilebendes Quagga, 1878, und das 1883 im Zoo gestorbene, eine Stellersche Seekuh, 1769, ein Auerochse, 1627, ein Burchellzebra, 1910, ein Blaubock, 1800, und einige andere, sogar ein Madagaskarstraußenpaar, das sie im Jahr 998 fotografiert hatte. Es war angesichts der enormen Rechenzeiten, die die Chronopsie verschlang, nicht leicht gewesen, diese Aufnahmen zu machen.

Das Pendel der Uhr, die die Wandtafel des Pults anzeigte, schwang gleichmäßig hin und her. Kurz vor zehn. Michaela berührte mit dem Zeigefinger das Telefonsymbol auf der Tischfläche und sagte: „Jacques"; ein altertümliches Telefon erschien neben der Uhr, dessen Hörer unter den angeblichen Schwingungen der schrillen Klingel auf und ab hüpfte. Ein Lied erklang: *One moment in time*, bis sie das Lautsprechersymbol antippte. Dann wurde das Bild durch das eines Mannes ersetzt.

„Oh, Micha", sagte er, „ich war gerade auf dem Sprung, meine Bahn geht in ein paar Minuten."

„Ich halte dich nicht lang auf, ich will dir nur nochmal viel

Glück wünschen." Sie schüttelte mißbilligend den Kopf. „Du trägst ja wieder einen dieser scheußlichen Pullover. Wann bist du zurück?"

Er lächelte. „Ich mag nun mal schwarz-gelbe Zebramuster. Wenn ich den Zug in Aachen heute abend noch erwische: so gegen vier. Hast du inzwischen etwas von Alicia gehört?"

„Nein, sie ist wie vom Erdboden verschluckt."

Jacques schüttelte den Kopf. „Seit sie für diese Artikelserie über den Mißbrauch von Kindern durch Priester recherchiert ... sie hat schon immer zu viele Fragen gestellt. Ich mache mir langsam wirklich Sorgen."

„Wem sagst du das? Wenn sie nicht bald wieder auftaucht, werde ich nach ihr suchen, ich pfeif' auf die Vorschrift." Sie wies auf das Pult.

„Was soll das heißen? Du willst das Paläoskop benutzen? Aber ich dachte, die letzten siebzig Jahre seien nicht zugänglich, aus Datenschutzgründen."

„Sicher, sie sind versiegelt. Das Siegel wird monatlich ausgewechselt, und ein Rechner würde ein Jahr brauchen, um es zu deprogrammieren. Die Versiegelung wurde von Bürokraten festgeschrieben, die nicht die leiseste Ahnung haben – als ob es keine unlösbaren Siegel gäbe. Um dieses zu knacken, muß ich nur ein paar Dutzend der Rechner, die hier herumstehen, und am Wochenende oder nachts ohnehin *idlen*, gleichzeitig darauf ansetzen. Notfalls ändere ich den Quellcode und umgehe den Schrott mechanisch. Ein Kinderspiel."

„Solange sie dich nicht erwischen."

„Ja. Wenn die Geheimdienste es benutzen, um eine Sekunde in die Vergangenheit – aber an jeden beliebigen Ort – zu sehen, habe ich keine Gewissensbisse, es in diesem Fall auch zu tun. Außerdem habe ich es schon einmal gemacht: das Bild des 1996 ausgerotteten Zackenhirschs stammt aus eben diesem Jahr, nicht, wie ich angegeben habe, von vor 71 Jahren."

„Du liebe Zeit. Tu nichts Unüberlegtes. Vielleicht meldet Alicia sich ja in den nächsten Tagen. – Ich muß mich jetzt wirklich beeilen."

„Also, alles Gute für deinen Vortrag."
Er warf ihr eine Kußhand zu.
Je t'aime, formten ihre Lippen. Jacques' Bild verschwand, das Telefon erschien für einen Augenblick mit stilliegendem Hörer, dann löste es sich ebenfalls auf.

Michaela seufzte und fuhr mit ihrer Arbeit fort. Nun war sie fast dreißig, und während in anderen Teilen der EU und den USA Leute in ihrem Alter gewöhnlich Professorenstellen innehatten, konnte sie dank der entsetzlich langen Ausbildungszeiten in Deutschland lediglich ein Diplom vorweisen. Schlimmer noch, statt an ihrer Dissertation zu schreiben, mußte sie hier eine Arbeit erledigen, für die sie in keiner Weise ausgebildet war: sie stellte ein Skript für die Vorlesung, die ihr Doktorvater hielt (wenn er nicht gerade verhindert war und ihr dies überließ) zusammen. „Wir betrachten die skalare Feldtheorie, definiert durch das Lagrange-Kontinuum", diktierte sie, und der Text erschien in dem auf dem Tisch abgebildeten Entwurf. „Doppelpunkt", fügte sie ärgerlich hinzu, und das Zeichen ersetzte den Punkt.

Ein virtuelles Buch lag neben dem Skript. Sie blätterte darin, indem sie auf den Seitenrand drückte, bis sie die Stelle, die sie gesucht hatte, fand. Dann tippte sie ein Scherensymbol an, umriß mit dem Fingernagel eine Formel und schob den Ausschnitt an die entsprechende Stelle des Skripts:

$$L = \int d^{d-1}x \left\{ \left(\frac{1}{2}\frac{\partial \varphi}{\partial t}\right)^2 - \frac{1}{2}(\Delta\varphi)^2 - \frac{1}{2}m^2\varphi^2 - V(\varphi) \right\}$$

Sie stutzte, dann korrigierte sie den offensichtlichen Fehler. Sie fragte sich, durch wieviele wissenschaftliche Abhandlungen er sich wohl ziehen mochte, denn kaum einer würde sich die Mühe machen, die Formel zu prüfen. Solche Kleinigkeiten waren nicht weiter tragisch, aber es gab durchaus gewichtigere Irrtümer in Formeln, die – das wußte sie aus schmerzlicher Erfahrung – zumindest das Verständnis erschweren. Schnaubend schob sie die Texte beiseite. Ein Blick bestätigte ihr, daß der Compiler, den sie zuvor gestartet hatte, noch lief, es blieb ihr also nichts übrig, als zu warten.

Sie gab eine Anweisung ein, um herauszufinden, ob vielleicht jemand da war, mit dem sie sich eine Weile unterhalten konnte, doch wie an den meisten Samstagen war das Institut wüst und leer, sie war allein.

Sie schnippte gegen das Piktogramm eines Flügels auf dem Pult. Eine Klaviatur erschien, und neben der Uhr ein Metronom. *Morning has broken like the first morning, blackbird has spoken like the first bird* ... Sie brachte das Lied mit einem weiteren Fingerschnippen zum Verstummen. Zögernd drückte sie ein paar Tasten, ließ dann ihre Finger immer rascher und fließender über die elfenbein- und ebenholzfarbenen Flächen gleiten.

Nach einer Weile betrachtete sie die Notenblätter, in denen auf dem Pult über der Klaviatur ihr Spiel protokolliert worden war, verschob hier und da eine Note, vertauschte einige Takte, strich und ergänzte. Es ging auf den Mittag zu.

Schließlich ließ sie das Ergebnis ablaufen. Unzufrieden unterbrach sie, spielte ein paar Takte ein zweites Mal an, startete die Wiedergabe erneut.

Die Tür flog auf, sie drehte sich um. Zwei Männer drängten in den Raum. „Oh, ich habe gar kein Klopfen gehört", sagte sie. Ohne hinzusehen klatschte sie gegen das Flügel-Piktogramm, und das Piano verstummte.

Einer der beiden war vielleicht Mitte zwanzig, sie kannte ihn vom Sehen. Er war ihr aufgefallen, weil er grundsätzlich, selbst jetzt, im tiefsten Winter, Sandalen trug, aus denen seine nackten Zehen hervorlugten. Sein langes, schwarzes Haar war zu einem Pferdeschwanz gebunden. „Ich", stand in Großbuchstaben auf seinem Latz. Seine Sicherheitskarte wies ihn als Caspar David Oehmichen aus. Ein Student einer anderen Fakultät, eines Instituts, das aber im gleichen Gebäude untergebracht war – die Fakultäten waren nicht nach Bau-, sondern nach Stockwerken getrennt, über mehrere Häuser verteilt. Niemand wußte genau, welchem Zweck das diente: historische

Gründe, hieß es.

Der andere war etwa vierzig, trug einen konservativen dunklen Anzug und Weste, ein weißes gestärktes Hemd, weinrote Krawatte. Die Krawattennadel wies ihn als Gotteswächter aus, als religiösen Fundamentalisten, und am Revers trug er verschiedene Abzeichen, ein Kruzifix, einen stilisierten Fisch und andere, die Michaela nicht kannte, am Handgelenk ein Panzerarmband, wie sie es schon mehrmals gesehen hatte: es enthielt seinen operativ entfernten Appendix, denn er wollte beim Jüngsten Gericht nicht ohne Wurmfortsatz dastehen. In der Hand hielt er – Michaela erstarrte. In der Hand hielt er eine Schußwaffe, auf Caspar gerichtet. Jetzt begann die Mündung, zwischen ihm und ihr zu schwanken.

„Keinen Widerstand", zischte der fromme Mann.

„Nur nicht aufregen", sagte Caspar fast lässig. An Michaela gewandt fuhr er fort: „Daß der gute Herr Schlicksupp einen Strahler auf uns richtet, hat nichts zu bedeuten. Schließlich ist er ein gottesfürchtiger Christ. Jedenfalls hat er mich noch nicht erschossen, richtig?"

„Was . . . ?" stieß Michaela hervor.

„Du möchtest wissen, was das zu bedeuten hat, nicht wahr?" half Caspar aus.

Sie nickte. „Hören Sie, – Schlicksupp? –, wir sind keine Wahrsager, die Ihnen voraussagen können, wann der Heiland wiederkehrt. Wir beschäftigen uns ausschließlich mit der Vergangenheit." Im letzten Jahr hatte im MIT ein Verrückter ein paar Physiker mit Dynamit bedroht und gefordert, die Pferderennergebnisse der kommenden Woche zu erfahren.

„Lassen Sie diese Unverschämtheiten." Er zog mit der freien Hand eine Zeitschrift aus der Innentasche seines Jacketts und warf sie ihr hin. Die *Chronophysics News* vom Oktober, mit dem Schrödinger-Titelbild. „Es ist die Vergangenheit, die mich interessiert, die Zukunft liegt in den Händen des lebendigen Gottes. Michaela Orsini, das sind Sie, nicht wahr?"

„Ja, das bin ich."

„Ich sollte vielleicht besser nicht fragen", bemerkte Caspar vorsichtig. „Aber liegt dann etwa die Vergangenheit in den Händen des toten Gottes?" Die Mündung stand vor seiner Nasenspitze. „Okay, das war eine dumme Frage, Sie haben mich überzeugt."

„Ich glaube, hier liegt ein Mißverständnis vor", warf Michaela ein und sah die Waffe wieder auf sich gerichtet. „Warten Sie, lassen Sie mich erklären. Es ist unmöglich, die Vergangenheit zu verändern, schlagen Sie sich das aus dem Kopf. Wir *beobachten* sie nur. Der 26D-Raum enthält wie ein Hologramm ein Abbild dessen, was wir als vierdimensionale Vergangenheit wahrnehmen. Jedes Bruchstück eines zersplitterten Hologramms speichert das gesamte Bild, deshalb genügt es, einen Teilbereich des Raums zu untersuchen. Wenn Sie auf einem Foto die ‚Viererbande' oder Alexander Dubček wegretuschieren, ändert das vielleicht die Geschichtsbücher, aber nicht die Wirklichkeit. Deshalb können wir auch nicht in die Zukunft sehen, da der Film sozusagen erst noch belichtet werden muß." Das hatte mit der physikalische Realität soviel zu tun wie eine mit Vakuum gefüllte Glühbirne, aber es mußte genügen. Insbesondere, da sie in den Lauf einer Waffe starrte.

„Das ist es, was ich will. Ich will die Vergangenheit sehen."

„Ist das nicht schön?" fragte Caspar. „Endlich einer, den eure Arbeit kümmert. Wie ich höre, sind die Historiker nicht sehr interessiert an dem Verfahren, sie betreiben lieber Quellenstudium als sich von Fakten verwirren zu lassen. Allerdings hätte Herr Schlicksupp höflicherweise bis zum Tag der offenen Tür warten können, nicht?"

„Halten Sie endlich den Mund! Sie sind hier für die Übersetzung, sonst nichts."

„Was wollen Sie eigentlich?" fragte Michaela. „Sie kommen hier herein, bedrohen mich mit einer Waffe – wie sind Sie überhaupt an der Wache vorbeigekommen ohne Sicherheitsausweis?"

„Ich will, daß Sie tun, was ich Ihnen sage, das will ich. Nicht alle Menschen sind mit dem Teufel im Bund, der Wachmann ist einer von uns."

„Also um das Ganze etwas abzukürzen", sagte Caspar mit ungeduldiger Stimme, „Herr Schlicksupp hier möchte uns Ungläubigen endlich beweisen, daß Gott, wie es aus der Heiligen Schrift eindeutig hervorgeht, die Welt vor sechs Jahrtausenden erschaffen hat. Du sollst mit deinem Zeitbetrachter ein Guckloch aufmachen, damit wir das hautnah miterleben, auf Video aufzeichnen und der staunenden Öffentlichkeit präsentieren können, die dann sofort in Massen dem rechten Glauben zuströmen und ihr sündhaftes Treiben beenden wird, denn gegen so ein Video vom ersten Schöpfungstag ist das Grabtuch von Turin schließlich ein Klacks, insbesondere, wenn wir bedenken, daß das Gewebe aus dem 14. Jahrhundert stammt. Wie dem auch sei, hier komme ich ins Spiel. Ich studiere Linguistik, mit Nebenfach Informatik, und arbeite zur Zeit an einem Unterstützungssystem für Bibel-Urschrift-Exegese. – Ein Glück, daß ich heute früh den Latz gewechselt habe, auf dem, den ich gestern trug, stand: *Creationists haven't evolved for more than 6000 years* – oder war es *Apes evolved from Creationists?*" Er zog einen Speicherzylinder, einen gläsernen, in allen Regenbogenfarben schimmernden zigarrengroßen Stab, aus der Umhängetasche. „Auf diesem Stick befindet sich ein Übersetzungsprogramm. Da Gott sich bei der Erschaffung der Welt, um dem Nichts mitzuteilen, daß Licht zu werden habe, des ..." Er räusperte sich. „Da Gott damals also Hebräisch gesprochen hat ... nicht? Nun ja."

„So ist es", stimmte Schlicksupp zu. „Also fangen Sie an."

„Augenblick. Das ist ein Scherz, oder? Sie wollen doch nicht –"

Ein Schuß löste sich, fuhr in das Bild, das Einsteins Frau Mileva Marić zeigte, wie sie seitenweise Gleichungen niederschrieb. Glas splitterte, der Kunststoff des Bildträgers wand sich unter der Hitze des Strahls wie ein abgetrennter Eidechsenschwanz.

„Mit anderen Worten", sagte Caspar, „deine Scherz-Hypothese solltest du vorläufig zurückstellen."

„Schon gut, ich habe verstanden. Schön, hören Sie, da gibt

es ein Problem. Bisher kommen wir nicht weiter als eineinhalb Jahrtausende zurück. Die Zeit davor ist durch Rechenungenauigkeiten völlig verrauscht."

„Ha!" Schlicksupp fuchtelte mit der Waffe in Richtung der Zeitschrift. „Ich habe alles darüber gelesen, mir können Sie nichts vormachen."

„Das ist ein – ein theoretischer Artikel. Bei der praktischen Umsetzung gibt es noch Schwierigkeiten. Solche Veröffentlichungen können oft mißverständlich formuliert sein." Besonders, wenn der Geldhahn austrocknet und neue Mittel locker gemacht werden müssen, aber das sagte sie nicht.

„Lügen Sie nicht! Ich weiß, daß erst kürzlich am MIT die Ermordung Julius Cäsars beobachtet wurde."

„In Ohio, ja, dort sind sie weiter als wir. Hören Sie, warum gehen Sie nicht nach Massachusetts und versuchen dort Ihr Glück?"

Der Lautsprecher sang: *Yesterday all my troubles seemed so far away* ... Michaela schaltete ihn aus.

„Wie wahr", stellte Caspar fest.

„Was hat das zu bedeuten?" Schlicksupps Hand umklammerte verkrampft den Griff der Waffe.

„Nichts weiter. Eine zufällig aus einer Reihe ausgewählte Melodie, die das erfolgreiche Ende einer Aufgabe anzeigt. Das heißt ... ich habe unser Verfahren modifiziert, das Programm ist jetzt compiliert – fertiggestellt. Ich hatte gehofft, bis zum Bau der Cheopspyramide im 26. Jahrhundert – ohne die Unterstützung Außerirdischer – vorzustoßen, oder gar bis zu den ersten Höhlenmalereien zwölftausendfünfhundert vor ... wie dem auch sei, vielleicht können wir tatsächlich den von Ihnen gewünschten Zeitpunkt einstellen."

Caspar wirkte erschrocken. „Ist das dein Ernst?"

„Aber ja. Gib schon her!" Sie zeigte auf den Stick, und er gab ihn ihr. „Ich weiß natürlich nicht, ob es funktionieren wird, das Chronopsie-Programm ist noch nicht getestet, aber wir können es versuchen." Sie führte den Stick ein. Ein obszönes Stöhnen drang aus dem Lautsprecher. Bisher hatte sie das nicht weiter gestört, aber jetzt, mit der Waffe eines Fundamentalisten im Nacken, lief es ihr eiskalt über den Rücken – ein Schweißtropfen rann kitzelnd über ihre Haut und ließ sie frösteln.

„Was soll...?" fuhr Schlicksupp sie an.

„Ich stelle es ab." Sie tippte ein wenig auf dem Bild der Schreibmaschinentastatur, dann drückte sie das Lautsprechersymbol.

Caspar atmete scharf ein.

Michaela stand auf und ging zur Tür.

„Hiergeblieben! Wo wollen Sie hin?"

„Ins Hardware-Labor, ich muß ein paar Justierungen vornehmen. Sie können hier warten, es dauert nicht lang."

„Für wie dumm halten Sie mich eigentlich?"

Caspar legte den Zeigefinger an die Lippen. „Sag's nicht!"

Schlicksupp trat zur Tür und spähte mit erhobener Waffe hinaus. „Die Luft ist rein", flüsterte er. „Beeilung!"

„Nicht doch, wir zögern es hinaus, damit wir es etwas länger genießen können."

„Genug!" Schlicksupp hielt Caspar wieder die Waffe vor die Nase. „Ich habe genug von Ihren Bemerkungen. Noch ein Ton ... den Übersetzer habe ich, ich brauche Sie nicht mehr." Die Mündung berührte Caspars gläsernen Ohrring und machte dabei ein unangenehmes Geräusch.

„Gutes Argument. Heißt das, ich kann gehen? – Schon in Ordnung, ich bleibe natürlich, aus Interesse versteht sich, dies ist schließlich ein historisch bedeutsamer Moment, und zukünftige Generationen werden ihn in ihrem Heimchronoskop beobachten."

Automatisch widersprach Michaela: „Wir bezeichnen es nicht als Chronoskop – ein Chronoskop ist ein Gerät zur Aufzeichnung kleiner Zeitspannen – sondern als Paläoskop."

„Oh, Chronopsie sagt ihr nur, um das ganze etwas verständlicher zu gestalten?"

Sie ging voran, gefolgt von Caspar, und, die Waffe im Anschlag, Schlicksupp. Sie öffnete eine Tür, auf der stand:

„Hardware-Labor – Geräte in diesem Raum nicht reinigen". Dahinter roch es muffig, wie Lianen wucherte ein laokoonsches Kabelgewirr, Gebläse summten. Michaela schob ein paar der künstlichen Schlingpflanzen beiseite, um die Tür vollständig öffnen zu können. Der Blick wurde frei auf eine Besenkammer, angefüllt mit sich in Stahlregalen auftürmenden, verstaubten Apparaturen, deren Gehäuse größtenteils geöffnet war, erhellt nur von unregelmäßig blinkenden Lichtern und wie giftig schimmernden Monitoren, über die nervös Linien zuckten. Michaela drehte an ein paar Knöpfen, legte einige Schalter um, vertauschte hier und da einen Kabelanschluß, dann begab sich die Prozession zurück in ihr Büro.

„Nun", fragte Michaela, nachdem sie wieder am Pult Platz genommen hatte. „Wann also hat Gott die Welt erschaffen?"

Schlicksupp saß auf dem zweiten Stuhl, den er vor die Tür geschoben hatte. „Vor 6046 Jahren."

Michaela tippte etwas in eine auf der Pultfläche eingeblendete Zehnerblocktastatur. „Und das Datum?"

Entgeistert starrte Schlicksupp sie an. „Welches Datum?"

„An welchem Tag, um welche Uhrzeit hat er angefangen?"

„Es wäre doch unsinnig", ergänzte Caspar, „wenn wir erst wochenlang darauf warten müßten, bis er Himmel und Erde erschafft, oder aber zu spät kämen, und ihn nur noch ein paar Apfelbäumchen pflanzen sähen, nicht?"

„Wir beginnen mit dem 1. Januar", sagte Schlicksupp energisch. „Notfalls suchen wir so lange weiter, bis wir etwas finden."

„1. Januar, 0:00 Uhr", bestätigte Michaela mit leichtem Kopfschütteln. Auf dem Pult erschien eine Sanduhr; der Sand rieselte scheinbar von unten nach oben, ohne jedoch an einer Stelle mehr oder weniger zu werden.

Caspar verkniff es sich, darauf hinzuweisen, daß der Januar erst seit relativ kurzer Zeit der Jahresbeginn war.

Schlicksupps Blick wanderte unsicher zwischen der Sanduhr und Michaela hin und her. „Und?" fragte er schließlich.

„Warum ist nichts zu sehen?"

Sie sah ihn erstaunt an. „Das ist etwas anderes, als auf einem Taschenrechner zwei Zahlen zu addieren. Die Berechnungen sind äußerst komplex; die Kosinustransformation fällt kaum ins Gewicht, aber die Entropiekodierung ist teuer – zeitaufwendig –, und wenn wir auch statt der Wavelets nur Fouriertransformationen verwenden, so benötigt –"

„Versuchen Sie nicht, mich mit Ihrem Fachchinesisch hinters Licht zu führen. Ihr seid doch alle gleich. Also, wie lange?"

„Ich sagte bereits, daß das Programm nicht getestet ist. Für die Taufe Chlodwigs brauchten wir etwa vierzig Minuten pro ... wenn es gut läuft, vier oder fünf Stunden."

„Ist das ein Trick?"

„Aber nein. Ich dachte, Sie hätten die Zeitkalküle in meinem Artikel gelesen?"

Er antwortete nicht. Stattdessen betrachtete er die Fotos an den Wänden. Sein Blick blieb an einer Schwangeren hängen. „Die Päpstin Johanna, 1001"', las er gepreßt, riß die Waffe hoch und feuerte rasch mehrere Schüsse auf das Bild ab. „Glauben Sie, ich wüßte nicht, was Sie vorhaben? Ich weiß sehr wohl, daß die Antichristen in Ohio das Geburtsdatum unseres Erlösers festzustellen vorgaben und dabei angeblich nichts und niemanden fanden."

„Was eine große Überraschung war, wo doch auch außerhalb der Bibeln von diesem Jesus berichtet wurde, in einem einzigen Werk zwar nur, aber daß diese Passagen in Josephus' Texten Jahrzehnte nach seinem Tod gefälscht – Verzeihung, ergänzt – worden seien – warum auch sollten Christen so etwas tun? –, ist natürlich eine atheistische Verschwörung. Ich weiß es, der Geist von Elvis hat es mir selbst verraten."

„Ha!" machte Schlicksupp. „Sie können sagen, was Sie wollen, ich höre es gar nicht."

„Das dachte ich mir." Er saß, an die Wand gelehnt, auf dem Tisch und wackelte mit den nackten, haarigen Zehen. „Also warten wir jetzt." Er griff in die Tasche.

„Was soll das?" herrschte Schlicksupp ihn an.

„Ich trage immer ein paar Handgranaten bei mir, eine davon wollte ich jetzt benutzen." Er brachte eine Banane zum Vorschein und fragte Michaela: „Teilen?" Sie nickte, er brach die Banane in der Mitte durch, warf ihr die Hälfte zu und drückte dann gegen das spitze Ende seiner Hälfte, so daß das Fruchtfleisch sich aus der Bruchfläche schob. „Weshalb sehen Sie mich so böse an, Herr Schlicksupp? Weil Sie nichts abbekommen? Oder weil es nicht die Methode ist, die sich gehört, eine Banane zu essen? Vermutlich stören Sie auch Michaelas Hosen, ihre kurzgeschnittenen Haare und meine langen?"

„Allerdings. Wie jemand so herumlaufen kann ... das wird sich bald ändern."

„Ja, mir wurde früher schon auch wegen meiner Haare eine gewisse Ähnlichkeit mit Jesus nachgesagt."

Schlicksupps Hand, die die Waffe hielt, zuckte.

Im Gesprächston fuhr Caspar fort: „Ich habe kürzlich eine Gallup-Umfrage gelesen, nach der 1976 – legt mich nicht darauf fest, ich habe ein fürchterliches Zahlengedächtnis – 17% aller Amerikaner mit College-Abschluß, 42% der High-School- und 60% der Grade-School-Abgänger sagten, die Bibel sei das tatsächliche Wort Gottes und Wort für Wort wahr." Sein Mundwinkel zuckte. „Insgesamt 38%. In den folgenden Jahren gab es einen leichten Einbruch, aber im letzten halben Jahrhundert hat sich die Zahl fast verdoppelt. Können so viele Millionen Menschen sich irren? Sicher nicht. 13% waren dem Wahn verfallen, die Bibel sei ein altes Buch mit Fabeln, Legenden usw., diese Zahl ist konstant geblieben, während der Rest sie für das inspirierte Wort Gottes, aber nicht unbedingt wörtlich zu nehmen, hielt. Nun ja."

Schlicksupp sprang auf, Caspar schrak zusammen, aber der Gottesfürchtige beachtete ihn nicht, sondern fuhr Michaela, drohend die Waffe schwingend, an: „Was ist das? Dieser Gestank? Eine Falle? Giftgas?"

„Ich atme die Luft hier auch, oder nicht?" antwortete sie.

„Nein, das ist Voß-Brunnert. Professor Voß-Brunnert, er fährt ein Auto mit Verbrennungsmotor, das er mit dem alten Fritierfett aus der Mensa betreibt. Und mit Vorliebe parkt er so, daß der Auspuff genau in die Luftansaugöffnung der Klimaanlage bläst, das ist alles."

„Verstehe. Keine Tricks! – Wie lange dauert es noch?"

„Ich schätze, vier bis fünf Stunden, das sagte ich doch."

Ein echtes Gespräch kam nicht in Gang, und Caspar verlor die Lust, Alleinunterhalter und dabei mit seinem Leben zu spielen. Nur einmal, als Schlicksupp sich die erste Zigarette ansteckte, bat Michaela ihn, nicht zu rauchen, da dies den Geräten schadete, doch er ignorierte ihre Bitte, und so war nun nach stundenlangem Warten der Auspuffgestank durch Tabakrauch fast vollständig ersetzt.

Ein Geräusch von der Decke ließ Schlicksupp auffahren. „Was war das?"

Michaela antwortete: „Irgendwelcher Abfall, der durch die Luftumwälzanlage gewirbelt wird. Die Rohre verlaufen im Zwischengeschoß, so etwas kommt öfters vor. – Ich kann vielleicht einmal nachsehen, wie weit die Berechnungen gediehen sind." Ihre Finger huschten über die Tastatur. „Oh, sehr gut, es ist gleich soweit. Caspar, kannst du das Übersetzungsmodul starten?"

Caspar stieg vom Tisch und trat zum Pult. „Bist du sicher, daß du weißt, was du tust?"

„Ja."

Schulterzuckend gab er eine kurze Sequenz ein, Michaela ergänzte seine Eingabe. Auf der Wandtafel des Pults erschien ein Bild. Finsternis. Orangefarbenes Glühen wie Risse in erkaltender Lava deuteten eine feste Oberfläche an.

Darüber schwebte Er. So als hätte Er Michelangelo für die „Erschaffung Adams" in der Sixtinischen Kapelle Modell gestanden: weißes Haar, länger als das Caspars, im Nichts wehender Bart, dünnes, fast transparentes Gewand, barfuß.

Die Kugel unter Ihm war von Wasser bedeckt, und Er spiegelte sich in den sich kräuselnden Wellen.

Schlicksupp versank fast in dem Bild, Speichel troff aus seinem offenen Mund auf das Pult.

Und Gott sprach: „Es werde Licht!" Und es ward – die Tür aufgerissen, eine Deckenplatte fiel herunter, zwei Einsatzbeamte hielten Schlicksupp am Boden fest, zwei weitere richteten ihre Waffe auf ihn.

„Zielt nicht auf mich, Jungs, ja?" stieß Caspar gepreßt hervor. Zu Michaela sagte er: „Ich dachte, mich trifft der Schlag, als du die Wiederholungsanweisung für die Telefonverbindung eingegeben hast. Und dann diese Filmsequenz übers Netz zu holen und abzuspielen, ohne daß er etwas bemerkt – wirklich *cool*."

Michaelas Zähne schlugen aufeinander. Sie versuchte, ihren Kiefer ruhig zu halten. Bisher hatte sie Zähneklappern nur für eine übertriebene Redewendung gehalten. Nun zitterte ihr ganzer Leib. „Bist du wahnsinnig, so mit diesem Irren zu reden?"

„Reine Gewohnheit, weißt du? Erst kürzlich hat mir ein Christ vorgeschlagen, ich sollte meine Finger mit einer Kettensäge abtrennen, kochen und verzehren und dies, wenn ich gerade dabei sei, auch mit anderen kleinen Anhängseln meines Körpers tun." Die Polizisten führten Schlicksupp ab. „Dabei hatte ich nichts weiter gefragt, als: wenn Millionen Christen, wie es hieß, für den Papst beteten, warum muß er dann in ein Krankenhaus, um seinen Dickdarmkrebs behandeln zu lassen? Heißt das, daß Gebete nicht wirken? Kein Spaß, so etwas kann sich doch kein vernünftiger Mensch ausdenken. Es ist wirklich passiert. – Komm, beruhige dich, es ist vorbei. Glaub nicht, daß ich keine Scheißangst gehabt hätte." Sie fielen sich in die Arme und hielten sich fest. „Ich muß sagen, allzu begeistert bin ich von solchen Polizeieinsätzen nicht. Ich hatte eine Schwester, sie war vierzehn, fuhr ohne Helm Fahrrad. Ein Bulle hielt sie an, sie wollte die Strafe nicht bezahlen und fuhr ihm davon. Er schoß. Es war ein Warnschuß, natürlich. Der Warnschuß traf sie in den Hinterkopf." Sie lösten sich voneinander. „Weißt du, wenn dies ein Hollywood-Film wäre, müßten wir uns jetzt küssen", sagte er grinsend.

„Ist nun mal kein Film." Sie lächelte, dann zwinkerte sie. „Aber ich kann ja meinen Freund fragen, was er davon hält. Dann kommt er sicher selbst vorbei, statt uns die Polizei zu schicken. Wahrscheinlich ist er ohnehin schon unterwegs."

„Nun ja, solange Leute wie Schlicksupp ihre Hirngespinste für Realität halten, gibt es wohl im wirklichen Leben kein *Happy-End*."

„Eigentlich könnten sie einem leid tun."

„Könnten sie. Wenn sie nur nicht so verdammt gefährlich wären. Und so viele. – Sieh mal, dein Programm ist beendet. Hättest du die Tonausgabe nicht abgestellt, hätten wir es bemerkt."

„Tatsächlich! Es funktioniert!" Der Sand in der Sanduhr hatte aufgehört, aufwärts zu rieseln. Ein Auge in der Verzierung, bisher geschlossen, hatte sich geöffnet. Michaela tippte es an.

Auf der Wandtafel erschien ein Bild. Ein einzelnes Bild, und die Berechnung des nächsten würde ebensoviele Stunden in Anspruch nehmen. Es zeigte einen postglazialen, winterlich verschneiten Eichenmischwald, dessen menschenleeres Gehölz in trübes Mondlicht getaucht war. Am klaren Nachthimmel funkelten Sterne.

Dezember 1993

Das Mal

Das Wasser lief aus der Wanne. Langsam, kaum sichtbar, sank der Wasserspiegel, setzte Millimeter um Millimeter seiner Haut der kühlen Luft aus. Benommen richtete Leo sich auf. Ein plötzlicher Hustenreiz, seine Lunge schien zu explodieren, er hustete einen Schwall Flüssigkeit, hustete, hustete immer weiter, saugte knarrend Luft ein, kämpfte gegen seinen Brustkorb, spie mehr Wasser aus, minutenlang quälte er sich, und zum erstenmal schien ihm das Sich-die-Seele-aus-dem-Leib-Husten nicht mehr so abwegig. Langsam dämmerte ihm, daß er das Wasser, die Flüssigkeit *geatmet* haben mußte.

Er sah sich um, der Raum war düster, nur ein Notlicht brannte, überall blinkten Lämpchen, leuchteten Ziffern. Gewirr von Schläuchen, Kabeln, Apparaturen. Ein Staubsaugerfriedhof.

Mühsam kletterte er aus der Wanne, rutschte barfuß auf dem kalten, glatten Boden aus, fing sich. Sein Körper war – war das sein Körper? Er stand, unsicher, aber er stand; doch nicht auf seinen eigenen Beinen. Dieser Körper war jung, keine zwanzig, bald ein halbes Jahrhundert jünger als er, und doch blickte er an sich hinunter, betrachtete seinen muskulösen nackten Leib, hob die rechte Hand, sah, fühlte, daß es seine war, als sie durch die Luft fuhr. Wieder hustete er, nur schwach mit erschöpfter Brustmuskulatur diesmal. Der Arm hatte falsch reagiert, als ob er eine schwere Last aufzunehmen versuchte, die sich als leichtgewichtige Attrappe entpuppte.

Gegenüber leuchtete unter der Decke ein grünes Rechteck, darauf ein weißes rennendes Strichmännchen. Das einzig vertraute in dieser Umgebung. Leo lachte und wurde mit einem Hustenanfall bestraft.

Das also war die Zukunft.

Er leckte sich über die Lippen, fuhr mit der Zunge über die

Zähne. Echte Zähne, die aus dem Kieferknochen wuchsen, keine tauben Implantate. Unter dem Fluchtwegpiktogramm ein hoher Zylinder, halb in die Wand eingelassen, nach vorn offen. Der Ausgang.

Etwas summte hinter ihm. Er drehte sich um, zu rasch, krümmte sich hustend. An der Wand ein Gesicht, das Gesicht eines Mannes. Die Augen straften die harten Züge Lügen. Weiche, traurige Augen. Ein Lächeln.

„Sei gegrüßt", sagte das Gesicht; Leo nickte unwillkürlich. „Ich weiß, das alles muß fremd und seltsam auf dich wirken, vielleicht beängstigend."

„Wie lange ..." Leo stockte. Es fiel ihm schwer, zu sprechen, die Zunge wirkte betäubt. „Wie lange –?"

„Es tut mir leid, daß ich dir nicht selbst beistehen kann. Doch es herrscht Krieg. Dies ist nicht die Welt, die du vorzufinden erwartetest, als du den Entschluß faßtest, ein zweites Leben zu führen, ehe du dem Schöpfer gegenübertrittst."

„Nein, ganz bestimmt nicht." Er schüttelte den Kopf. „Krieg?"

„Oh, unser Wissen ermöglichte es uns, wie du hofftest, als du deinen Kopf konservieren ließest, einen Körper für dich zu klonen, eine anenzephale Hülle aufzuziehen – zehn Jahre lang beschleunigtes Wachstum – in der nun dein Gehirn steckt, all deine Erfahrung." Er schwieg einen Augenblick, dann fuhr er fort: „Wir brauchen dich. Wir brauchen jeden, jeden einzelnen. Der Krieg hat uns ausgelaugt, wir sind schwach. Nur wenige sind noch geblieben, die für das Gute, das Wahre, das Schöne kämpfen. Bist auch du bereit dazu?"

„Ja, aber ja! Das ist es doch, weshalb wir uns ... weshalb ich mich, als ich meinen Tod vor Augen sah, zu diesem Schritt entschloß: ein zweites Leben auf Erden zu verbringen, mein Werk fortzusetzen."

„Ich bin sicher, du bist es. Nicht umsonst haben wir dich ausgewählt unter den Schläfern, dich und wenige andere: Weil wir hoffen, daß du bereit bist, dem Gebot der Nächstenliebe zu gehorchen, dein eigenes Leben im Kampf für den Glauben hinzugeben, wenn es nötig sein sollte; dein eigenes, kostbares, hart errungenes und teuer erkauftes zweites Leben zu opfern im Namen des Herrn. Das bist du doch? Versteh, viele Daten sind in den Wirren des Kriegs verloren gegangen ..."

„Du weißt wohl nicht, wer ich bin; ich habe die Kirche wieder zu dem gemacht, was sie heute ist, zu einer guten, einer starken Kirche. Oder zu dem, was sie war, als ich ... Es gibt sie doch noch?"

Das Gesicht schwieg nachdenklich. Schließlich sagte es: „Das Böse hat im Ringen um die Macht die Oberhand gewonnen. Doch am Ende wird das Gute siegen. ‚Glaubet nicht, ich sei gekommen, Frieden auf die Erde zu bringen', spricht Jesus. ‚Ich bin nicht gekommen, Frieden zu bringen, sondern das Schwert.'"

„Evangelium des Matthäus, Kapitel 10, Vers –"

„Dein Schwert findest du neben dem Ausgang, und auch Kleidung."

„Aber –"

„Denk daran: sprich nie mit den Dienern des Bösen, denn Satan führt ihre Zunge. Leicht wirst du sie erkennen: Sie alle tragen das Mal."

„Was soll das heißen?"

Das Gesicht machte dem Bild einer häßlichen, wutverzerrten Fratze Platz. Ein Zeichen auf der Stirn, drei schwarze Winkel: <><.

Das Gesicht kehrte zurück. „Der Herr sei mit dir." Es verschwand.

„Warte!" rief Leo. „Du kann mich doch nicht –"

Wieder erschien das Gesicht. „Sei gegrüßt. Ich weiß, das alles muß fremd und seltsam auf dich wirken, vielleicht beängstigend."

„Was?"

„Es tut mir leid, daß ich dir nicht selbst beistehen kann. Doch es herrscht Krieg. Dies ist nicht die Welt, die du vorzufinden erwartetest ..."

„Eine Aufzeichnung", murmelte Leo. „Nichts als eine Aufzeichnung, tote Worte." Ein zweites und ein drittes Mal hörte er sich an, was das Gesicht zu sagen hatte, bis die Worte schließlich an ihm abglitten wie Eiswürfel vom Boden eines leeren Glases, dann wandte er sich zum Ausgang. Daneben lehnte ein futuristisch wirkendes Gerät, das er nur mit Mühe als Gewehr erkannte. An einem Haken hing ein grüngefleckter Overall, dessen Beine in Stiefel ausliefen, und eine wassergefüllte Kunststoffflasche. Rasch zog er sich an und griff nach dem Gewehr. An seinem Gürtel hing in einer Scheide ein Messer. Er sah sich um. Das sollte alles sein? Nichts, nichts außer der Wanne und den Apparaturen befand sich sonst im Raum.

„Der Herr sei mit dir", wiederholte das Gesicht, und Leo trat in den Zylinder. Die Zylinderwand drehte sich um ihn, die Öffnung wanderte rasch von seinem Rücken nach rechts und nach vorn, gleichzeitig hob sich der Boden ihm entgegen. Gleißendes Licht. Er kniff die Lider zusammen, seine Augen tränten. Er stolperte einen Schritt vorwärts. Hinter sich erkannte er, als er sich umwandte, undeutlich, wie der Zylinder in der Erde versank, nur eine kreisrunde Metallplatte blieb. Er stand vor einer kahlen Felswand. Als seine Sicht klarer wurde, sah er sich um.

Sand, Felsen: orange, der Himmel: blau. Knallbunt wie in einem alten Video. Eine tote Landschaft, nichts als zerklüftete Schluchten, Felswände, die über ihm aufragten, in der Mittagssonne keine Schatten warfen.

Leo marschierte los.

Erst gegen Abend, als die Sonne bereits den Horizont berührte, fand er Spuren menschlicher Zivilisation: Ruinen, grobe Betonklötze, zerfallen und halb im Sand begraben, so daß die Gestalt der Gebäude, die sie gebildet hatten, nicht mehr zu erkennen war. Mit der Dämmerung war starker Wind aufgekommen, die Hitze schwand. Trotz des kühlenden Overalls war Leos Wasser verbraucht, er war durstig und müde. Sein neuer Körper war perfekt, wenn auch ungewohnt, nicht das Wrack, in dem er, wie es ihm schien, noch vor Stunden gesteckt hatte, gezeichnet von Arthritis, Herzbypass, Divertikulose, schließlich Darmkrebs: zuletzt war er nur noch von einem Operationssaal in den nächsten gefahren worden, die Hälfte seiner Organe war künstlich gewesen, zumindest waren es nicht seine eigenen. Dennoch hatte der Marsch auch diese Muskelmaschine erschöpft. Nachdem er eine Weile durch die Ruinen gestakt war, ließ er sich schließlich matt im Windschatten der schiefen Überreste einer Wand nieder.

Nur ein paar Schritte entfernt befand sich ein Pumpbrunnen. Leo sah ihn sofort, Metall, einzementiert und mit roter, abblätternder Rostschutzfarbe gestrichen, doch es dauerte lange, bis er begriff, was es war. Er stürzte darauf zu, bewegte hastig den Schwengel auf und ab, doch nichts geschah, immer wilder, immer verzweifelter pumpte er, bis eine dünne, braune Brühe aus der Öffnung rann und im Abflußgitter verschwand. Ein, zwei Dutzend Mal hob und senkte er den Schwengel, der Strahl wurde kräftiger und klarer. Leo trank und füllte seine Flasche.

Der Wind war noch stärker geworden. Sand knirschte zwischen seinen Zähnen, er kroch mühsam zurück in den Windschatten, erschöpft sank er in den Schlaf.

Als er erwachte, stand die Sonne bereits hoch am Himmel. Kein Lufthauch rührte sich. Die Nacht war kalt gewesen, der Overall hatte ihn geschützt, doch Hände und Gesicht waren taub.

Sein Magen schmerzte, und plötzlich begriff er, daß er hungrig war. Wo sollte er etwas Eßbares finden? Auf seinem Marsch war er lediglich an trockenem Gras und kümmerlichen Büschen vorübergekommen, nicht einmal Beeren oder Obstbäume hatte es gegeben. Irgendwo mußte er doch Menschen finden. Menschen, die auf seiner Seite waren. Menschen, die nicht das Mal trugen.

Das Mal. Drei Winkel. Er zeichnete es mit dem Finger in den Sand. Früher hatte er es schon einmal gesehen, doch er konnte sich nicht daran erinnern, wo und was es gewesen war. Runen? Ein Zeichen der Neofaschisten? Rasch wischte er es aus.

Aus den Augenwinkeln bemerkte er eine Bewegung. Ein Hase! Ohne nachzudenken nahm er das Gewehr, zielte und drückte ab. Ein Kreischen zerfetzte die Stille, ein Lichtblitz wie von einem gigantischen Fotokopiergerät. Sein Herz schlug heftig vor Schreck. Warum hatte er nicht geübt, die Waffe nicht einmal probeweise abgefeuert? Die Luft roch eigentümlich nach Fichtennadeln. Der Hase war nicht getroffen, lief Haken schlagend weiter. Leo zielte erneut. Immer wieder lagen Trümmer in der Schußlinie. Das Gewehr kreischte ein zweites Mal, der Hase überschlug sich mehrfach und blieb liegen. Schwer atmend holte Leo seine Beute und legte sie neben die Wasserpumpe. Da bemerkte er, daß an den Flanken des Tiers je zwei zusätzliche Pfoten baumelten: ein achtbeiniger Hase. So etwas konnte er unmöglich essen. Andererseits ... da der Hase gelebt hatte, konnte die Mißbildung nicht allzu gravierend sein, und er war wirklich sehr hungrig. Er starrte das Fellbündel an.

Plötzlich warf das Tier sich herum, machte unbeholfen einen hoppelnden Schritt vorwärts. Leo griff nach dem Gewehr und schoß aus nächster Nähe auf den taumelnden Hasen. Wieder ein Kreischen, ein Lichtblitz, der Fichtennadelgeruch.

Erstaunt schüttelte er den Kopf und untersuchte die Beute genauer. Keine Verletzung war zu entdecken, und er hatte auch keinen Rückstoß bemerkt, wie eine ballistische Waffe ihn verursacht hätte. Das Gewehr betäubte sein Zielobjekt nur.

Entschlossen packte er den Hasen bei den Ohren, zog das Messer aus der Scheide, schnitt ihm den Kopf ab und brach den warmen Körper auf.

Aber er hatte kein Feuer. Einen Augenblick zögerte er. Dann gewann sein Magen. „Ach was", sagte er leise. „Tatarbeefsteak oder Austern habe ich schließlich auch roh gegessen." Energisch löste er mit dem Messer einen Bissen von der Muskulatur eines der entwickelten Hinterläufe. Unter dem Hahn der Pumpe spülte er das Blut ab, sprach Dank –

Ein Gewehr kreischte. Er sprang auf – versuchte es, doch sein rechtes Bein war gefühllos, gehorchte ihm nicht mehr. Er warf sich zwischen die Betonbrocken in Deckung und spähte in die Richtung, aus der der Schuß gekommen war. Ein weiteres Kreischen, doch der Gegner war unvorsichtig gewesen, nun wußte Leo, wo er sich versteckt hielt. Er kroch ein paar Meter zur Seite und legte an. Sein Bein schien zu brennen, vor Schmerz konnte er kaum klar denken.

Als er eine Bewegung bemerkte, drückte er ab. Zwei Schüsse fielen gleichzeitig, sein eigener genau zwischen dem Blitz und dem Kreischen des gegnerischen Gewehrs. Hatte er getroffen? Er warf einen kleinen Stein, so daß er ein paar Schritte entfernt geräuschvoll aufschlug. Nichts geschah. Als die Schmerzen im Bein nachließen, näherte er sich der Stelle, an der er seinen Gegner entdeckt hatte, immer in Deckung bleibend. Die Schmerzen in seinem Bein ließen nach und er gewann die Kontrolle darüber langsam zurück.

Da lag er, ohne Bewußtsein, das Gewehr neben sich, auf der Stirn das Mal, das tiefschwarze Mal. Sein Brustkorb hob und senkte sich. Neben ihm saß etwas wie eine Spinne, ein silbrigglänzender, wachteleigroßer Leib auf vier langen Zahnstocherbeinchen. Als Leo näherkam, drehte es sich um und starrte ihn aus einem schwarzen, runden Zyklopenauge an. Leo schoß darauf, doch der Schuß zeigte keine Wirkung, die Spinne machte sich langsam rückwärts davon und blieb in Sichtweite sitzen.

Sein Gegner rührte sich, Leo betäubte ihn erneut. Doch er wußte, so konnte er nicht ewig weitermachen. Das Mal auf der Stirn schrie ihm entgegen. Er kniete neben dem Körper nieder, setzte die Klinge an der Kehle an. Er zögerte. Dann hob er das Messer, schloß die Augen und stieß es dem Gezeichneten ins Herz.

Grob gezimmerte Kreuze am Kopfende von vier Steinhügeln zeigten an, wo er die Gezeichneten bestattet hatte, tausend Schritte entfernt von seinem Lager, einem dürftig errichteten Windschutz an der Mauer bei der Pumpe. Es war ihm sogar gelungen, ein Feuer zu entfachen mit einem Bogenfeuerzeug aus

Zweigen, einem Ast und einer Sehne. Anfangs war jeden Tag einer gekommen, nie hatte er sie suchen müssen. Vielleicht hatte der Lärm seines Gewehrs sie angelockt. Doch mittlerweile fing er die Hasen mit Schlingen vor ihren Bauen. Seit drei Tagen war er keinem Menschen mehr begegnet.

Einmal hatte er mit einem Stein eine der silbrigen Spinnen erschlagen, die überall zwischen den Trümmern umherkrochen, und die Überbleibsel untersucht. Es war kein Tier, sondern eine Maschine, ein winziges Gerät, doch welchem Zweck es diente, war ihm nicht klar geworden.

Langsam drehte er den Spieß über dem Feuer. Das vom Hasen tropfende Fett zischte.

Viele der Tiere, Hasen, Ratten, Schlangen waren mißgebildet. Erst gestern hatte er eine zweiköpfige Schlange getötet. In einer seiner ersten Schlingen war eine Häsin mit doppeltem Hinterleib verendet, doch der linke war trächtig gewesen und hatte noch während der Agonie geworfen, Totgeburten allesamt, Monster mit überzähligen Pfoten oder Köpfen, fehlenden Augen, eines sogar ohne Gehirn.

Irgendwo mußte es doch Menschen wie ihn geben, Menschen, die auf der Seite des Guten standen. Schläfer wie er, und die, die die Schläfer erweckten. Nach dem Essen würde er sich aufmachen, um sie zu finden.

Ein Gewehr kreischte, weit entfernt, doch es war eindeutig ein Schuß gewesen. Er löschte das Feuer, griff nach seiner eigenen Waffe und lief los.

Die Frau lag auf dem Bauch, die Beine unnatürlich angewinkelt als sei sie gestürzt. Ihr Overall war schmutzig und voller dunkler Flecke. Sie röchelte. Neben ihr lag ein Gewehr. Ihre rechte Hand umklammerte eine Ratte. Als Leo näher trat, erwachte das Tier wieder zum Leben, kämpfte sich frei und kroch wie betrunken davon.

Leo drehte die Frau auf den Rücken. Ihre Haut war übersät mit Geschwüren, offenen, eiternden Wunden. Das Mal auf ihrer Stirn war verunstaltet durch Schorf, doch die eineinhalb

Rauten waren deutlich zu erkennen.

Leo fuhr zurück. Sie schlug die Augen auf, sah ihn an, versuchte, sich aufzurichten. Leo zog das Messer, stach zu. Die Klinge glitt an einer Rippe ab.

Die Frau starrte auf ihre Brust, lachte keuchend. „Wer bist du?" fragte sie. Leo verstand sie kaum, nicht, weil sie Polnisch sprach, eine Sprache, die Leo lange nicht mehr gehört hatte, sondern weil das Sprechen ihr schwer fiel. „Wer bist du?" wiederholte sie schwach. „Ich kenne dich! Du bist –" Sie atmete heftig. „Ihr seid ... der Bischof von Rom. Leo der –" Sie brach ab, deutete mit zitternden Fingern auf sein Gesicht. „Aber weshalb –" Sie verstummte, dann sank sie in sich zusammen.

Leo starrte sie an. Dann sprang er auf, goß das Wasser aus seiner Flasche in eine flache Felskuhle. Noch ehe es zur Ruhe gekommen war, sah er darin sein Spiegelbild. Endlich fiel ihm ein, woher er das Zeichen kannte. Die Metallspinne, die ihn beobachtete, kam langsam näher.

Der Schirm zeigte Leo, der sich in einer Pfütze betrachtete. Immer und immer wieder stieß er ein einziges Wort aus: ‚ΙΧΘΥΣ!'

„Siehst du dir schon wieder diese Übertragungen von unten an?" sagte Yusef ärgerlich zu seinem Sohn.

„Aber, Vater, es ist so aufregend! Es ist wirklich!"

„Sie sollten die Kinder nicht diese verseuchte, gottlose Welt sehen lassen. Alles voller Krankheit, Siechtum, Strahlung."

„Was bedeutet ‚Ichthys', Vater?"

„Frag den Mulla. Komm, es ist bald Zeit."

Und wie auf Kommando erschien der Muezzin auf dem Bildschirm, auf allen Bildschirmen im Habitat, der neuen Welt der Menschheit. Yusef warf einen Blick durchs Fenster auf die Erde, die den halben Himmel vor ihnen füllte, und dann einen zweiten auf den Gebetskompaß, der auf die Bogensekunde genau die Richtung angab, in der Mekka gerade lag.

April 1995

Kunstlicht

Das Wasser lief aus der Wanne. Langsam, kaum sichtbar, sank der Wasserspiegel, setzte Millimeter um Millimeter seiner Haut der kühlen Luft aus. Benommen richtete Tilman sich auf. Ein plötzlicher Hustenreiz, seine Lunge schien zu explodieren, er hustete einen Schwall Flüssigkeit, hustete, hustete immer weiter, saugte knarrend Luft ein, kämpfte gegen seinen Brustkorb, spie mehr Wasser aus, minutenlang quälte er sich, und zum erstenmal schien ihm das Sich-die-Seele-aus-dem-Leib-Husten nicht mehr so abwegig. Langsam dämmerte ihm, daß er das Wasser, die Flüssigkeit *geatmet* haben mußte.

Etwas brach aus den Fluten, ein Hai, der Kopf allein zu groß für die Wanne, blies ihm stinkenden Odem entgegen – aus dem Rachen, fragte er sich, ein Kiemenatmer? – bleckte seine Zahnreihen, schnappte nach ihm, und tauchte weg.

Der Wirbel, den er hinterlassen hatte, wuchs, kreiste um den Abfluß, zog Tilman mit sich, riß ihn in sich hinein wie ein Malstrom. Er prustete, strampelte, schlug um sich, dann schüttelte er heftig den Kopf, um dieses Hirngespinst loszuwerden. Wassertropfen flogen durch die Luft. Nur der Geruch nach toten Fischen blieb, von den Algen, die er als Badezusatz verwendet hatte. Mit solchen Gratisproben konnten sie ihn nicht dazu verleiten, ihr Produkt zu kaufen.

Das letzte Wasser verschwand gurgelnd im Abfluß, und Tilman bemerkte, was ihn aus seiner Vison gerissen hatte: das Telefon läutete. „Bin gleich da", sagte er, stieg aus der Wanne, zog den Bademantel über, griff nach einem Handtuch und ging zum Rechner. Er tippte das Telefon-Icon an und begann sich die Haare mit dem Handtuch trockenzureiben.

Auf dem Monitor erschien das Gesicht eines Unbekannten. Dunkle, kurze Haare, glattrasiert, steifer Kragen und Krawatte. „Guten Tag, Herr Weiß, haben Sie einen Augenblick Zeit?"

„Wenn es Sie nicht stört, daß ich weiteresse."
„Wie? Aber nein. Lohmeyer mein Name. Haben Sie sich schon einmal Gedanken gemacht, wie Ihr Leben in einigen Jahren aussehen wird, oder gar, wenn Sie, damit müssen wir alle einmal rechnen, nicht mehr am Leben sind?"
„Staubsauger oder Seele?"
„Verzeihung?"
„Wollen Sie mir ein Haushaltsgerät verkaufen, das auch noch meine Enkel verwenden können, oder das ewige Leben?"
„Oh, nein, da verstehen Sie mich falsch. Schauen Sie, im Augenblick müssen je hundert Arbeitnehmer 71 Rentner mitversorgen. Wenn Sie einmal in diesem Alter sind, werden es sogar –"
„Schon gut, schon gut, also Lebensversicherung. Tut mir leid, aber meine Religion lehrt, daß ich bereits tot bin und dies die Hölle ist. Also kein Bedarf. Vielen Dank für Ihren Anruf, im Fall einer Wiederholung werde ich Sie der Initiative zum Schutz vor unerwünschter Telefonwerbung melden. Verzeihen Sie, wenn ich etwas unwirsch erscheine, aber ich bin gerade..." Das Gesicht verschwand vom Schirm. „... ertrunken." Er holte tief Luft. „Ertrunken", wiederholte er. Was war nur passiert? Gestern war er so erschöpft von seiner Reise zurückgekommen, daß er ins Bett gefallen war und wie ein Toter geschlafen hatte, und heute morgen... Er ließ das Handtuch sinken und fuhr mit den Fingern durchs Haar. Auch wenn es kaum länger als einen Zentimeter war, roch es noch immer nach Fischleichen.

Die Algen wurden nur deshalb ausschließlich als Badezusatz verkauft, weil sie aufgrund des hohen Jodgehalts nicht als Nahrungsmittel zugelassen waren – als ob nicht ohnehin die meisten Menschen an Jodmangel litten. Wie jemand so etwas essen konnte? Andererseits gab es Leute, die sogar tote Fische aßen. Er schüttelte den Kopf.

Telefonwerber konnte er abblitzen lassen, aber wenn er daran dachte, daß er seit Tagen keine Post mehr gelesen hatte...
Er holte ein Sojajoghurt aus dem Kühlschrank, kam zurück

und tippte in einem Anfall von Masochismus das Mailbox-Icon an. Sein Briefkasten war leerer, als er erwartet hatte. Zwei Kompendien von Mailing-Listen, die er abonniert hatte, eine Nachricht von Vasily, ansonsten nur zwei Dutzend unbekannte Namen: höchstens ein oder zwei der üblichen Morddrohungen mit gefälschtem Absender, schätzte er; die Chance auf ein paar aufmunternde Worte gleich Null. Er streifte den Bademantel ab und öffnete den ersten Brief.

> Herr Weiß!
>
> Das ist eine Unverschämtheit! So würde der Herr nie mit der Frau, die ihn geboren hat, sprechen! Dieses Machwerk gehört auf den Scheiterhaufen, und Sie obendrein!
>
> Gerald Edler

Ob sich der Aufwand überhaupt lohnte? Es gab so viele, zu viele Leute, die sein letztes Buch ebenso ernst nahmen wie das tatsächlich ernstgemeinte Vorbild, „Die gute Nachricht – die Bibel in heutigem Deutsch", die unter dem Deckmantel der Verständlichkeit kritische Stellen schönte. Natürlich hielten sich viele Kritiker an der vermeintlich obszönen Sprache auf; als ob nicht Wörter einem Bedeutungswandel unterworfen seien: selbst der erhobene Mittelfinger, heute allgemein übliche Gapher für Programmabbruch bei gestengesteuerten Benutzerschnittstellen, war früher keineswegs gesellschaftsfähig gewesen.

Tilman ließ Eliza eine automatische Antwort generieren und überflog sie:

> Sehr geehrter Herr Edler,
>
> vielen Dank für Ihren Brief vom 1. August d. J. Ich freue mich, daß Sie mein Buch „Die echt geile Message – die Bibel in heutigem Deutsch" gelesen haben. Ich hoffe, Sie haben trotz der von Ihnen vorgebrachten Kritikpunkte Gefallen daran gefunden.

Daß Sie allerdings an meiner Übersetzung des zweiten Kapitels des Johannesevangeliums Anstoß nehmen, kann ich nicht verstehen. Schließlich ist „(2:3) Und als der Alk ausging, sagt Jesus' Elterin: Der Alk ist alle. (2:4) Jesus antwortet: Fick dich ins Knie, Alte. Ich turn' mich später an." eine sinngetreue Übertragung dessen, was Sie auch in jeder anderen, beispielsweise der beliebten Elberfelder Bibel nachlesen können: „(2:3) Und als es an Wein mangelte, spricht die Mutter Jesu zu ihm: Sie haben keinen Wein. (2:4) Jesus spricht zu ihr: Was habe ich mit dir zu schaffen, Frau? Meine Stunde ist noch nicht gekommen." in eine moderne Sprache, wie sie einem modernen Christentum angemessen ist.

Sollte die für Ihren Geschmack vielleicht etwas derbe Sprache Sie irritiert haben, darf ich Sie darauf hinweisen, daß bereits in der King James-Bibel von 1611, die wegen ihrer wundervollen Shakespearschen Sprache gerühmt wird, wenn von Männern die Rede ist, gern das Bild verwendet wird, daß sie – ich zitiere – „an die Wand pissen".

Mit Ihrem Wunsch, Bücher zu verbrennen, stehen Sie in einer langen Tradition. Dennoch möchte ich Sie bitten, zu überdenken, ob es nicht an der Zeit ist, mit manchen Traditionen zu brechen.

Auch das von Ihren Mitchristen gern praktizierte Verfahren, Kritiker mund- oder sonstwie totzumachen, das Sie aufgreifen wollen, hat sich nicht bewährt: Daß die Erde keine Scheibe ist, konnten Sie nicht verbergen.

Zum Abschluß möchte ich Sie, wenn Sie gestatten, noch auf mein demnächst erscheinendes neues Buch zum Buch der Bücher, „Gezeich-

net: Gott – nach Diktat verreist", hinweisen, das meinen Klassiker „Die dümmste Geschichte der Welt" fortsetzt. Ich hoffe, Ihnen damit ein ebensolches Vergnügen zu bereiten wie mit meinen anderen Werken.
Mit freundlichen Grüßen
Tilman B. Weiß

Der Eliza-Automat hatte die wesentlichen Punkte richtig erkannt und die geeigneten Textstücke ausgewählt, wie bei den meisten derartigen Briefen, die sich kaum voneinander unterschieden. Den letzten Absatz ließ Tilman stehen, obwohl die Tatsache, daß Edler sich ausschließlich auf die Hochzeit zu Kana bezog, ein mehr als deutlicher Hinweis war, daß er nicht das Buch, sondern nur die gerade im Rheinischen Merkur erschienene Besprechung gelesen hatte, schickte die Antwort ab und öffnete den nächsten Brief. Der Name des Absenders, Andreas Vogt, sagte Tilman nichts. Es war eine Viewmail, ein wächsernes Gesicht, bewehrt mit breitrandiger Brille, verzerrt, weil zu dicht vor der Aufnahmekamera, füllte den Schirm: „Weiß, dir geht's hier wohl zu gut, mit so einem bescheuerten Kommentar in meiner Mailbox aufzutauchen!" Worauf mochte sich das beziehen? Tilman verspürte keine Lust, sein Archiv zu durchforsten. „In diesem Zusammenhang stelle ich nur fest, daß deine Antwort eine unverschämte Beleidigung ist, die ich an dieser Stelle nicht stehen lassen kann. Diese Antwort hat überhaupt nichts mit dem Inhalt meines ursprünglichen Briefes zu tun! Und mit deiner betonharten Sensibilität knallst du hier weit über dein Ziel hinaus." Offenbar kein fleißiger Bibelleser, dieser Mann, sonst wäre er durch all die bluttriefenden Geschichten sicher weniger zartbesaitet gewesen. „Vielleicht solltest du öfter mal die Briefe lesen, die du beantwortest. Vielleicht geht dir gelegentlich mal die Erkenntnis auf, daß ein einfaches Einteilen in Christen und Rest nicht ausreicht, um über den Inhalt des Briefes zu entscheiden!" Als ob nicht andere Religionen ebenso unsinnig wären wie seine. „Entweder du entschuldigst dich, oder ich werde mir geeignete Maßnahmen überlegen, wie ich anderweitig deine Beleidigungen abstellen kann." Knüppel und Maulkorb. Sie würden es nie lernen. „Und komm mir hier bloß nicht wieder mit ein paar doofen Kommentaren, mir ist dies ziemlich ernst! Wenn du weiterhin –"

Geruch nach frischgegossenem Beton hüllte Tilman ein, die Außenmauer barst, eine Abrißbirne quälte sich in Zeitlupe durch die Staubwolke, erfaßte Tilman und riß ihn vom Stuhl, das kalte Metall preßte sich gegen seinen Leib, klatschte ihn gegen die Wand. Er sauste hindurch und ließ ein menschenförmiges Loch zurück. Ein Stück Putz fiel zu Boden.

Dann saß er auf dem Sessel vor dem Rechner. Wieder läutete das Telefon, doch er ignorierte es. Schweiß rann von seiner Kopfhaut über die Stirn, lief brennend in die Augen. Mit dem Handrücken wischte er ihn ab. Seine Bartstoppeln begannen zu jucken. Nach ein paar Minuten stand er auf, zog sich an und verließ die Wohnung.

Draußen war es drückend heiß, schon der erste Atemzug schien die Schleimhäute zu Pergament auszutrocknen, das gleißende Sonnenlicht brannte auf jeder freien Hautfläche. Nur die Wipfel der Bäume wiegten sich leicht im Wind, auf der Straße rührte sich kein Lüftchen. Tilman sog tief die Luft durch den Atemfilter. Nach wenigen Augenblicken war seine Haut klebrig, seine Kleidung feucht. Jeder Schritt wurde zur Qual.

Was war nur mit ihm los? Wo kamen diese Halluzinationen her? Das erste Mal ließ sich vielleicht noch durch Übermüdung, den Jetlag, die anstrengende Reise erklären, er war in der Wanne halb eingenickt ... aber beim zweiten Mal war er hellwach gewesen.

Im Park würde er sich auf eine schattige Bank setzen, Stockenten, Wasserhühner und Tauben beobachten, um sich zu beruhigen, vielleicht einen Haubentaucher oder ein paar Schwäne. Das trockene Brot, das er aufgehoben hatte, um sie zu füttern, lag noch immer im Küchenschrank, aber umkehren wollte er nicht.

Vor dem Bahnübergang hielt er an. Die Schranken waren geschlossen.

Ob es mit dem Telefon zusammenhing? Gab es da nicht einen Film, in dem Agenten durch Tiefensuggestion programmiert wurden, jahrelang ein ganz normales Leben führten, um schließlich durch einen Telefonanruf aktiviert zu werden? Unsinn, niemand würde unter Hypnose etwas tun, wenn er nicht auch sonst bereit dazu war.

Die Luft flimmerte in der Hitze. Der Zug raste heran und vorbei, die Brise kühlte Tilmans schweißfeuchte Haut.

Außerdem war er sicher, daß das Telefon erst nach seinem zweiten Anfall geläutet hatte, nicht davor.

Die Schranke hob sich, er ging weiter. Auf dem Damm rutschte er aus, sein Fuß blieb zwischen Schiene und Beton stecken. Wenn nur kein Zug – da hörte er schon das Rauschen, fühlte die Schienen vibrieren. Die Lokomotive näherte sich, beugte sich vor und stieß Dampfwolken aus den Nüstern wie ein angreifender Stier. Es stank nach Esbit. Tilman zerrte an seinem Bein, sein eingeklemmter Knöchel pochte. Schon sah er die wütenden, blutunterlaufenen Augen der Lok, da bog sie, in Spuckweite vor ihm, auf ein anderes Gleis ab. Er stand da und starrte ins Leere. Dann erfaßte ihn ein Zug von hinten, der Triebwagen schleuderte ihn zu Boden, doch sein Gummiknöchel ließ ihn aufspringen wie ein Stehaufmännchen, als die Puffer zum ersten Waggon ihm Raum gaben. Auch der Waggon warf ihn nieder, der zweite, der dritte, sie bearbeiteten ihn wie Rocky einen Punchingball.

Der Spuk war vorüber, die Schranke hob sich, Tilman stand noch immer davor. Kein Telefon, diesmal. Das Klingeln der Bahnschranken? Er schloß die Augen und preßte die Hände gegen die Schläfen. Dann wandte er sich um. Die Enten waren auch im Park, wenn niemand sie beobachtete.

Als er wieder die Wohnung betrat, läutete das Telefon. Nichts Ungewöhnliches geschah. Tilman nahm das Gespräch an. Das Gesicht einer Frau erschien auf dem Schirm. Ihre Haut wirkte fahl, doch das mochte an dem schwarzen Stirntuch liegen, das ihre roten, widerspenstigen Haare zähmen sollte.

„Hallo, Ebba", grüßte Tilman.

„Wo hast du nur gesteckt?"

„Verreist. Ararat-Museum, Recherchen für das Sintflut-Kapitel. All das Holz, das sie gefunden haben, und das von der echten Arche stammen soll, reicht für ein Dutzend Schiffe der bei Moses angegebenen Größe. Für je ein Paar aller Käfer reicht es nicht. Fehlt nur noch, daß sie zwei echte Schädel präsentieren, einen von Noah und einen von Noah als Kind, oder ein Fossil des Ölzweigs, der –" Erst jetzt bemerkte er den Ausdruck in Ebbas Gesicht. „Was ist passiert?"

„Vasily ... er ist ... Vasily ist tot."

„Was? Wie ...?"

„Vor einer Woche. Ich hätte dich gebraucht! Aber du warst nicht zu erreichen."

„Du weißt, daß die Türkei keine eigenen Telefone erlaubt. Ich konnte nicht einmal meine Post lesen. Als ich heute früh den Anrufbeantworter abgehört habe, habe ich gesehen, daß du zwischen der Werbung ein paarmal angerufen, aber gleich wieder aufgelegt hast. – War es ein Unfall?"

Ebba preßte die Faust auf den Mund. Dann sagte sie: „Er hat sich in den Tod gestürzt."

„Selbstmord? Vasily? Das glaube ich nicht!"

„Er ist von einem Bungie-Kran gesprungen. Ohne Seil."

„Gesprungen? Oder ..."

„Gesprungen. Es gibt ein halbes Dutzend Zeugen und ein Amateurvideo. Er ist nicht ausgerutscht, und auch nicht gestoßen worden, das steht fest."

„Das kann nicht sein."

Sie sah beiseite. „Ich habe mir das Video immer und immer wieder angesehen. Es ist so."

Tilman rieb sich die Schläfen. „Warum mußt du dich so quälen?"

„Kommst du?"

„Ja. Ja, natürlich. Ich bin gleich bei dir."

Ihr Gesicht verschwand. Tilman nahm den Fahrradhelm von der Ablage, dann überlegte er es sich anders. Er verließ die Wohnung und klingelte bei den Nachbarn. Die Tür ging auf, er trat ein. Annika, Lauras Tochter, führte ihn ins Wohnzimmer. Hinter sich her schleppte sie ein riesiges Plüschtier, größer als sie selbst, das zur Hälfte aus einem buschigen Greifschwanz zu bestehen schien: ein rosa Binturong. Tilman überlegte, ob es ein Bärenmarder oder ein Marderbär war. Die zwei Frauen und das Mädchen saßen gerade beim Mittagessen. Die ganze Wohnung roch nach gebratenem Räuchertofu.

„Ich brauche das Auto."

Franziska hob die Augenbrauen. Sie war etwas jünger als Tilman, vielleicht Mitte dreißig. „Na, wenn du so höflich darum bittest." Sie schob eine Gabel Salat in den Mund.

„Es ist dringend. Ich erklär's euch später."

„Wie du meinst." Laura war etwa in seinem Alter, Ende dreißig; seit einem halben Jahrzehnt lebten die beiden zusammen, seit zwei Jahren waren sie verheiratet. Sie stand auf und gab ihm die Karte. „Aber es wird gerade aufgeladen, weit wirst du nicht kommen."

„Schon gut, danke." Er lief in die Garage, trennte den Wagen vom Netz und stieg ein. Eine Mauer, dachte er, als er die Kabinenhaube zuschlug, ich brauche unbedingt eine Mauer. Er sah, daß die Akkus halb geladen waren, das würde genügen. Eine Mauer, gegen die ich fahren kann. Unregelmäßige, rote Ziegel, in den Fugen grauer Mörtel.

Die Straße war fast leer, nur gelegentlich überholte er einen Abgaser, einen Radfahrer, ein oder zwei andere Elektromobile und Inlineskater.

Wo könnte nur eine Mauer sein?

Tilmans Hemd war unterhalb des rechten Schlüsselbeins völlig durchnäßt. Nun hatte Ebba sich wieder etwas gefangen, sie saßen auf dem Sofa und tranken Earl Grey. Obwohl Tilman nach dem heißen Tag lieber etwas Kaltes getrunken hätte, hatte Ebba sich nicht davon abbringen lassen, Tee zuzubereiten.

Vielleicht, um durch das Klammern an Rituale etwas Halt zu finden.

Plötzlich bemerkte Tilman, daß das Teelicht unter dem Stövchen keine Kerze war, sondern eine Bombe, eine glänzendschwarze Cartoon-Anarchisten-Bombe, wie eine Christbaumkugel, an deren Lunte eine funkensprühende Flamme züngelte. Es roch nach verbranntem Schießpulver. In der glänzenden Oberfläche spiegelte sich ein nicht vorhandenes Fenster in Form von vier weißen Rechtecken. Er griff danach, sah sich suchend um, das Gefühl in seinen Fingerspitzen wechselte von fettig-schmierigem Wachs zu kaltem Metall; dann öffnete er den Mund, soweit er konnte – seine Kinnlade hing fast vor dem Bauchnabel – schob die Bombe hinein und schluckte sie. Mit einem ‚*Krawummpfff!*' blähte die Explosion seinen Leib zu einem menschlichen Medizinball, der wieder kollabierte wie eine Gumminova, dann stoben Rauchwölkchen aus seinen Ohren.

Tilman räusperte sich. „Ich bin immer noch nicht überzeugt", sagte er und nahm einen Schluck Tee, „daß es wirklich Selbstmord war."

„Hör auf! Muß ich dir das Video vorführen? Außerdem..."

„Das meine ich nicht. Du kennst bestimmt ‚Gaslicht', diesen Film aus den Vierzigern –"

„Danach gibt es inzwischen sogar ein Verb im Englischen, *to gaslight* ... Aber das hätte ich doch bemerken –"

„Das ist nicht alles. Ich hatte in den letzten Stunden einige eigenartige, nun, Visionen, Erscheinungen, ich weiß auch nicht. Jedesmal verknüpft mit der Vorstellung von meinem Tod. Schrecklich, und doch zugleich albern. So wie das Sechzehn-Tonnen-Gewicht, das im *Flying Circus* gelegentlich auf Leute fällt, und du siehst genau, es ist aus Pappmaché, innen hohl und unten offen. Folter mit weichen Kissen und bequemen Sesseln."

„Du meinst also, jemand hat versucht, ihn und dich in den Tod zu treiben? Aber wer? Und warum?"

„Vor allem: wie? Wenn wir das herausfinden, kennen wir

vermutlich auch den Täter und damit sicherlich das Motiv."

„Warum sollte jemand ihn töten wollen? Oder dich? Hast du denn irgendwelche Feinde?"

„Feinde? Aber nein, alle lieben mich. Die Morddrohungen, wenn wieder mal eines meiner Bücher erschienen ist, sind nur kleine Sticheleien freundlicher Christenmenschen."

„Warum bist du nur so zynisch?"

„Das habe ich mich auch schon oft gefragt. Nicht als einziger übrigens. Ich denke, wenn ich mich nicht über Bethlehem und Hiroshima lustig machen, Golgatha und – wo starb Winnetou? – komische Seiten abgewinnen könnte: ich hätte längst den Verstand verloren. Und Leute ohne Verstand gibt es nun wirklich genug."

„Aber diese übertriebene Polemik..."

„Übertrieben? Es reicht nicht, ihnen in die Suppe zu spucken, wenn es Gulaschsuppe ist: sie bemerken es nicht einmal, und das ist kein Wunder. Sie brav zu Kürbissuppe einzuladen macht sie auch nicht zu Vegetariern. Du mußt die Überreste einer überfahrenen Katze von der Straße aufsammeln und sie hineinwerfen, vielleicht begreifen sie es, wenn sie den Schädel aus dem Topf ziehen."

„Damit erreichst du doch nichts. Du stößt sie nur ab."

„Viele, sicher. Hoffnungslose Fälle, Unverbesserliche, hirnverbrannte ... ach, was soll's? Aber was ist mit denen, die auf dem Zaun sitzen? Denen kann ich vielleicht einen Schubs in die richtige Richtung geben. Erst kürzlich erhielt ich einen Brief von jemandem, der mir schrieb, er verdanke es auch mir, daß er den Absprung aus der Kirche geschafft habe. Jemand, dem ich nie persönlich begegnet bin. Kannst du dir vorstellen, was mir so etwas bedeutet? Dafür nehme ich gern all die Haßbriefe in Kauf. Wenn sie jetzt allerdings ihre Drohungen wahr machen..."

„Aber was ist mit Vasily? Im Vergleich zu dir ist er doch nur ein Wandschrankatheist. Warum wollten sie seinen Tod?"

„Da bin ich überfragt. Vielleicht sind wir auf einer völlig falschen Fährte? Denk nach, Ebba, ist dir nichts aufgefal-

len? Irgendetwas, das uns einen Hinweis geben könnte? Etwas Merkwürdiges, Außergewöhnliches?"
„Ich weiß nicht ... ja! Er hat mir einen Brief geschickt. Gestern. Ich meine, die Mail wurde gestern *abgeschickt*, verstehst du! Ein Brief von Vasily, nach seinem ..."
„Das sagst du erst jetzt? Wie konntest du das nur vergessen?" Tilman stellte die Teetasse auf den Couchtisch und setzte sich an den Rechner. „Wie ist sein Paßwort?"
Die Nachtluft hatte sich merklich abgekühlt; Gewitterblitze zuckten über den schwarzblauen Himmel.
„Kakadu: *cockatoo*, hinten mit Doppelnull. Ach, und auch statt des ersten ‚o'."
„Sehr originelle Idee, darauf würde kein Hacker kommen", bemerkte Tilman und tippte: ‚*c0ckat00*', dann gab er ein paar weitere Kommandos ein und sagte schließlich: „Nichts Besonderes, er hatte im Hintergrund einen Dämon laufen, der den Brief verschickt hat, sobald er sich drei Tage lang nicht eingeloggt hatte."
„Oh. Vielleicht kannst du mir auch sagen, was er schreibt? Der Text ist kodiert, ich wollte dich die ganze Zeit schon danach fragen."
„Du meinst, der Brief könnte einen Hinweis enthalten? Einen Hinweis auf den ... Mörder?"
Sie nickte und ließ den Brief auf dem Bildschirm anzeigen:

```
begin 644 ebba.msg
M$V[RFRWQ3"IG9E)&]V_IKKHHE7@FFL+4@F? 9G,ZE9R8R%6$$?JFH  ,2?_NEE40G
M!37:;V=M@@+6 +[O)" (#>VWS***][ ]RJJ >BJJ,  VV]PVS&:2P8V=++ZH#<[D;> ( D
M,,O.TGMx3EE2E2fUGv<*&&!Y DY' OMy96&A588F8@S5K$S$(OT$*D[<)~15)15WJ5IHC!
M+3X4!IZ>%4v>O*)=;C[_IDO)Y&;;R?GO7= O.YQIA;%lSROe(,-`B0F3[9ZA~EWO
M*L-O[,MB4?4<=WR)U8'DF+\F<']]-LYLL]B:**^S.BROR$E$S$KKkG04\00<.;Xv%U1#F
M.]J@H]P+T+?6HL EVI01P5V [5XAX6>V,W+A-D-9.J4 :2' [CC1J;6L8KRB?(KQ65[
MELF_S(IV@U)#R^84R++]Z],+\Z" ALI ̂ S&3^PGIVS8+6=V*CC;RHKH B?TCA#/_2$T'I[3
MZ9G988Nxk#N+W-7X:2ZRyY8FO=F6YDZ(QXOTX !YN0 ANO$9] Y$[ $+##!?;@.*!!!?&G&@#++!
MY <v71+RHP? FXQRx14Vo1V/xOb(x\#<CJyL<3S^C53BB)OB!^YN1Q&-Q2,L',:SP&Ae
MGKKKK;B8AS\XX.L%HBD-L7$.KK^Y$2 S   _7,N+C42(G3,L3[&7$S^-,T[]="64L&/ZW?!M
M15 #3LT6 6M/JPGDY+U+O++IKR_B+D*-_JED_V_E_\*BM$_$T$T]..N*gN.0;Q|NvI#$FL (
" 'D,#
end
```

„Ach, *uuencode*", sagte Tilman. „Eine uralte Methode, binäre Daten als Text zu übertragen. Aber was, wenn kein Text, ist es? Für ein Bild scheint es mir zu kurz." Er wandelte den Brief um, und auf dem Schirm erschienen eine Handvoll

204

Zeilen, die aus allen möglichen sprachspezifischen Sonderzeichen zu bestehen schienen. „Ich verstehe, er hat *crypt* verwendet, um den Text geheimzuhalten. Das Verfahren basiert auf Enigma – dieser Weltkriegsverschlüsselungsmaschine – und ist eigentlich kinderleicht zu knacken, aber es würde schneller gehen, wenn wir das Schlüsselwort hätten."

„Er hat immer englische Vogelnamen verwendet, wobei er ‚o' durch Null ersetzte. Zum Beispiel *sparrow* fürs Tele-Banking."

Tilman nickte. Er versuchte es mit ‚*cuck00*', doch der Schirm füllte sich nur mit weiteren akzentgespickten Vokalen. Ebenso bei ‚*r0bin*', ‚*g00se*', ‚*swall0w*', ‚*pige0n*', ‚*parr0t*', ‚*peac0ck*' und ‚*t0ucan*'. Erst als er ‚*0strich*' als Schlüsselwort verwendete, erschien der Klartext:

> Liebe Ebba,
>
> die Katzen, sie verstecken sich hinter dem Vorhang. Her und hin wollen wir überlegen, um Kante und Ecke denken. Ebba, ich weiß es nicht, ich glaube sie suchen Mäuse. Ich weiß es nicht. Sie miauen alle. Sie ignorieren mich. Fühl den Stich im Herzen. Alles andere werde so schnell wieder los wie möglich. Ich weiß genau, sie stehen auf Listen, alphabetisch. Ich werde sie wie zuvor dort eintragen. Wenn nicht, vergiß das was ich bin. Das Kriegsbeil begraben wir beizeiten.
>
> Dein Vasily

„Macht nicht viel Sinn, wie?" meinte Ebba, als sie den Text überflogen hatte.

„Nein. Warte! Mir hat Vasily auch einen Brief geschickt, das fällt mir jetzt erst wieder ein. Ich bin nur noch nicht dazu gekommen, ihn zu lesen." Er übertrug den Brief von seinem Rechner, entkryptifizierte ihn, und sie lasen:

> Hallo, Tilman,

drei Wochen sind vergangen, seit mir meine Uhr – sie war für mich unersetzlich – abhandenkam. Die letzten Untersuchungen bringen es hervor. Weiß der Teufel, wer die Diebe sind. Ach, ich kann darüber nicht mehr sagen. Sie haben die Kette im Keller unten gelassen. Natürlich, das ist letztendlich der Sinn. Wenn und Aber vergiß. Ich werde nichts sagen über die Diebe. Ich werde zu ihnen gehen und kommen. Wann immer ihr kleine Steinchen lest aus Hülsenfrüchten, ich bin dabei.

Gruß, Vasily

„Wieder nichts." Ebba war in sich zusammengesunken.

Tilman stand auf und begann zu laufen, schnell, immer schneller, auf die Wand zu, die sich mit jedem Schritt weiter von ihm zu entfernen schien, während der Raum zu einem langen Korridor mit unzähligen verschlossenen Türen links und rechts wurde, seine Beine wirbelten wie kreisende Räder, dann klatschte er auf die Tapete der Wand am Korridorende, zerplatzte zu einem Brei aus Kartoffelsalat und Himbeermarmelade wie Sam Lowrys Mutter und rann als dickflüssige Soße zu Boden.

„Was ist los mit dir?" fragte Ebba.

„Was sagst du?" Tilman warf einen Blick aus dem Fenster und bemerkte, daß die Wolken aufgebrochen waren, von Blitz und Donner begleitet befreite sich prasselnder Regen. Die Sonne war noch nicht zu sehen, aber ihre Strahlen erhellten schon den Horizont. „Entschuldige, ich hatte gerade wieder eine Vision."

Sie schwieg. Dann sagte sie: „Er war ... verwirrt."

Tilman sah wieder auf den Monitor und kniff die Augen zusammen. „Sei dir da nicht so sicher. Lies abwechselnd jedes dritte Wort in den beiden Briefen."

Sie sah ihn fragend an, dann las sie: „Sie sind hinter mir her. Sie wollen ..." Zuerst hatte sie erregt immer schneller gelesen, doch bald war der anfängliche Enthusiasmus gewichen.

„Tut mir leid", sagte Tilman. „Das bringt uns auch nicht weiter."

„Weißt du, ich glaube, das war nicht sein erster Versuch. Er saß in der Wanne, den Fön in der Hand. Ich meine, so leichtsinnig –"

Tilman sprang auf und lief ins Bad. Ebba folgte ihm. Er hielt ein Probepäckchen mit Algen in der Hand, die aussahen wie pechschwarze Holzwolle. Es war fast leer. „Hast du das benutzt?"

„Nein. Das Zeug riecht wie eine Fischhalle, widerlich. Ist damit etwas nicht in Ordnung?"

„Hat Vasily es verwendet?"

„Ein-, zweimal. Er sagte, es würde seine Haut weicher machen."

Sie gingen zurück ins Wohnzimmer, Tilman legte das Päckchen auf den Tisch.

„Wie sollen denn Algen Vasily in den Tod getrieben haben? Und bei dir Marienerscheinungen verursacht?"

„Marienerscheinungen? So schlimm war's Baal sei Dank noch nicht, aber das ist gar keine dumme Idee. Gerade im Mittelalter wurden viele religiöse Erscheinungen durch Halluzinogene im Getreide verursacht: das Dauermycelgeflecht des Mutterkornpilzes, besonders in Roggen, dessen Alkaloide sich chemisch von Lysergsäure ableiten."

„Lysergsäure? Wie in Lysergsäurediäthylamid?"

Tilman nickte. „Die psychotrope Wirkung abgekochter Nachtschattengewächse – beispielseise Bilsenkraut in Hexensalben – könnte Ursache für Mythen über Hexenritte gewesen sein. Habe ich das nicht in meinem zweiten Buch erwähnt? Soweit ich mich erinnere, haben schon vor dreitausend Jahren südamerikanische Indios psilocybinhaltige Rauschpilze religiös verwendet, Meskalin stammt aus einer mexikanischen Kakteenart ... was, wenn diese Algen eine ähnliche Wirkung haben?"

„Das kann ich mir nicht vorstellen. Schließlich stehen in Naturkostläden seit Jahrzehnten Algenkochbücher neben den Badezusätzen."

„Das Getreide an sich war ja auch ungefährlich. Vielleicht sind diese Algen Varianten? Krankhaft verändert? Von Pilzen befallen? Hm, laut Packung sind es gewöhnliche Arame-Algen. Es könnte doch sein, daß sie einen Stoff enthalten, möglicherweise sogar einen absichtlich zugesetzten Stoff, der Depressionen verursachen kann."

„Aber das reicht nicht, um jemanden zum Selbstmord zu veranlassen."

„Vermutlich nicht. Aber wenn eine Droge absichtlich hinzugefügt wurde, dann vielleicht nur, um einen Befehl zu verstärken, wie in der Hypnotherapie, könnte ich mir vorstellen."

„Du meinst, hier auf der Verpackung steht kleingedruckt ein Selbstmordbefehl?"

„Nein, die ist harmlos, ich habe alles, was darauf steht, gelesen, die deutsche und die französische Badeanleitung, die englischen, spanischen, italienischen und holländischen Kochrezepte. Aber ..." Rasch gab er dem Rechner Befehle ein, las Daten auf seinem eigenen. „Ah, die Sicherungskopie meiner Mail ist noch da. Kurz nach dem Probepäckchen kam diese Werbesendung an." Tiefgrüne Palmen tauchten auf, durch knochenweißen Sand vom Blau der See getrennt. Tilman tippte weiter. „Na, bitte, der Absender ist fingiert, es ist unmöglich, das Bestellformular am Ende ausgefüllt zurückzuschicken."

„Ich frage mich, was passiert, wenn jemand diese Algen wirklich ißt."

„Vielleicht wird der Effekt verstärkt. Vielleicht geschieht auch gar nichts, weil die Droge über die Atemwege oder die Haut aufgenommen wird."

Ebba deutete mit dem Kopf auf das Meeresstilleben. „Reichlich langweilige Werbung, es tut sich ja nichts."

„Ich habe Einzelbildwiedergabe eingestellt. Vermutlich ... in den Siebzigern gab es Versuche mit subliminaler Wahrnehmung, Werbung in Kinofilmen, zu kurz eingeblendet, um bewußt gesehen zu werden, aber der Befehl ‚Iß Popcorn! Trink

Cola!' sollte den Umsatz steigern."

„Jetzt wo du's sagst ... Ich erinnere mich, daß, als ich elf oder zwölf war, meine damalige Lieblings-Rockgruppe, Judas Priest, angeklagt wurde, weil sich zwei Leute aufgrund der angeblich in ihrem Song versteckten Anweisung ‚Tu es!' umgebracht haben sollten."

„Humbug. Das hat nie funktioniert, selbst Vicary gab nach ein paar Jahren zu, daß seine angebliche Popcorn-Cola-Studie frei erfunden war, aber die urbanen Legenden – Bingo!"

Auf dem Bildschirm war statt der im klaren Wasser treibenden Algen ein zur Henkersschlinge gedrehter Strick zu sehen, quer darüber in riesiger Schrift das Kommando: ‚Stirb!'

Ebba starrte das Bild mit offenem Mund an. „Unglaublich", flüsterte sie. „Wer könnte nur so dumm sein, eine solche Spur zu hinterlassen, breit wie ein Dinosauriertrampelpfad?"

„Wenn sie davon ausgehen, daß es funktioniert – dann sieht es wie Selbstmord aus, und kein Quincy wird es näher untersuchen."

„Aber warum hat es bei dir nicht funktioniert?"

Tilman hob die Schulter. „Die Schlafprobleme durch den Jetlag könnten sich auswirken, schließlich wird Schlafentzug bei depressiven Störungen therapeutisch eingesetzt." Er rief eine Enzyklopädie ab und gab den Suchbegriff ‚Suggestion' ein.

„‚... hängt vor allem von der Charakterstruktur des zu Hypnotisierenden ab", las Ebba, „besonders von der Suggestibilität; diese ist erhöht bei willensschwachen, unselbständigen und –'"

„‚... und leichtgläubigen Menschen'", fiel Tilman ihr ins Wort. „Na, genau so würde ich mich auch beschreiben. Oh, siehst du, hier unten: ‚Drogeneinwirkung'. Hinzu kommt, daß die Software in meinem Gehirn – wie nannten sie das? Charakterstruktur? – nun mal etwas anders als üblich zu arbeiten scheint, und in diesem Fall den tödlichen Befehl in makabre, aber ansonsten harmlose Visionen verwandelt."

„Dann war es also kein Selbstmord? Ich bin froh ... ich

meine ..."

„Schon gut. Ich verstehe."

Sie schwiegen ein paar Augenblicke, dann sagte Ebba: „Schön, das Wie kennen wir jetzt. Wenn wir das herausfinden, kennen wir vermutlich auch den Täter und damit sicherlich das Motiv, hast du gesagt."

„Ich hasse es, wenn ich solchen Unsinn erzähle und dann auch noch zitiert werde. Da kann ich nur spekulieren."

„Tu das."

Tilman schnaubte unwillig. „Die Polizei wird alle scheinbaren Selbstmorde untersuchen müssen, feststellen, ob das Opfer diese Algen verwendet hat. Vielleicht besteht zwischen den Opfern eine Gemeinsamkeit? Vielleicht sind sie alle Kunde beim gleichen Naturkostversand, so daß ihnen Warenproben mit Algen nicht ungewöhnlich erscheinen. Wer ißt schon Algen? Das könnte doch vielleicht ... ich erinnere mich noch, wie die Metzger, als die EU entstand, hier für ein Reinheitsgebot für Wurst auf die Barrikaden gingen – sie wollten kein Sojamehl zulassen. Stell dir vor, zermahlenes Gewebe, Knorpel, Magenschleimhäute, Blutpulver, Konservierungs- und Farbstoffe, in einen Tierdarm gefüllt, wollten sie vor Verunreinigung durch Sojabohnen schützen."

„Das ist ein Scherz!"

„Ich scherze nie. Na schön, sonst immer, aber das ist wahr. Das wäre ja nicht der erste Mord zum Wohl der Fleischwirtschaft, die Hormonmafia hat schon mehr als einen Kritiker beseitigt. Ich könnte mir vorstellen, daß sie als Pendent zu all den Fleisch- und Milchskandalen, angefangen bei Rinderwahn und Ehec, die Konkurrenz in Verruf bringen wollen. Wer weiß?"

„Was nun?"

„Wir könnten die Polizei einschalten. Aber falls das BKA oder der Geheimdienst dahinter steckt – oder gar die CMA ... ich wüßte gern mehr, damit wir die Sache publik machen können, dann gelingt es ihnen hoffentlich nicht, alles zu vertuschen. Kennst du einen Pharmakologen?"

„Betrand. Er hilft uns sicher."

„Gut. Ruf ihn an."
„Jetzt? Um diese Zeit?"
„Klar."
Sie nickte und tippte das Telefon-Icon an.

Als sie die Wohnung verließen, brachte Ebbas Nachbarin gerade eine Zeitung vor die Tür und legte sie auf den Stapel im Treppenhaus. Sie war schon über sechzig und las Zeitungen noch auf Papier. Freundlich lächelnd nickte sie und wünschte einen guten Morgen. „Ist das nicht ein Skandal mit diesem ‚bio'?" fragte sie. „Sie sind ja auch so eine, Frau Lönnberg!" Sie hob das oberste Exemplar vom Stapel und wedelte damit in Richtung Ebba.

Tilman riß ihr die Zeitung aus der Hand. Sie blinzelte ihn verdutzt an. ‚Wirsing-Irrsinn!' las er. Ebba sah ihm über die Schulter. ‚Todesfälle durch Öko-Algen?' „Ja", sagte er gedehnt. „Es ist wirklich ein Skandal."

Draußen war es schon wieder warm, trotz des Gewitters und obwohl die Sonne noch nicht über den Dächern stand und ihr Licht sich erst zwischen den Häusern entlangstahl.

„Wenn es eine gezielte Aktion gegen bestimmte Personen war", sagte Tilman undeutlich hinter seinem Filter, „dann überwachen sie mich möglicherweise, dann wissen sie inzwischen auch, daß es bei mir – und dir? – nicht funktioniert hat, vielleicht sogar, daß wir ihnen auf der Spur sind – wir müssen aufpassen, womöglich greifen sie zu konventionellen Methoden, einem Heckenschützen, einer Paketbombe, getarnt als Warenprobe." Er blieb vor dem Elektromobil stehen.

„Franziska und Laura sind sicher schon sauer, weil du ihren Wagen noch nicht zurückgebracht hast."

„Ich werde sie anrufen, während wir ins Labor fahren. Oh, und ich kann sie auch gleich vor den Algen warnen, vielleicht haben sie ebenfalls welche bekommen."

Sie stiegen ins Auto. Die Morgensonne glitzerte in den Wassertropfen auf der Windschutzscheibe, auf der kleine chitinlose Fliegen wie Sommersprossen zu kleben schienen: hunderte von Birkensamen. Die Luft war stickig vom Kunststoff, der am Tag zuvor stundenlang in der Sonne gebraten hatte. Tilman steckte die Karte ins Schloß. Im gleichen Augenblick, als er den Motor startete, wurde die Haftbombe am Unterboden gezündet. In einem Feuerball, wie von einer verspritzten Sonnenprotuberanz, barst der Wagen, Tilman und Ebba verbannten zu Asche, nur die geschwärzten Skelette blieben. Erst Sekunden später schlug die hochgeschleuderte Kabinenhaube scheppernd auf der Straße auf, ein Reifen, der davonrollte, begann zu kreisen, torkelte und blieb schließlich nach mehreren Pirouetten liegen.

„Was ist los?" fragte Ebba.

„Nichts", antwortete Tilman mit belegter Stimme. „Ich hoffe nur, daß die Wirkung bald nachläßt."

August 1995

Sachschaden

Eine Menschenmenge versperrt den Weg, es ist unmöglich, daran vorbeizukommen.
Sie starren mit gehobenem Kopf auf das brennende Gebäude wie auf ein Feuerwerk. Der Ostflügel brennt lichterloh, Flammen schlagen aus dem Dach, und jetzt hat das Feuer bereits auf die andere Hälfte übergegriffen.
Die Menge murmelt, flüstert fast andächtig, einigen Satzfetzen ist zu entnehmen, daß sich kein Mensch mehr im Gebäude befindet. Es sei ein Brandanschlag christlicher Fundamentalisten, heißt es. Die Gesichter, in der Dunkelheit nur vom zuckenden Licht der Flammen erhellt, spiegeln zugleich die Unruhe, die deutlich zu spüren ist.
Was ist es, das da brennt? Der Name des Instituts steht auf einem Messingschild neben der Eingangstür, doch die Schrift ist efeuüberwuchert und nicht zu entziffern. Der dreistöckige Bau ist alt, die Fassade fast vollständig mit dunkelgrün glänzendem Efeu bewachsen, an einigen kahlen Stellen ist der Sandstein der Mauern verwittert und bröckelt ab. Dort, wo das Feuer ihn erreichen kann, verglimmt der Efeu rasch zu bläulichem Rauch. In jedem Fall muß es ein wissenschaftliches Institut sein; die Menge, aus dem brennenden Haus geflüchtet, besteht fast ausschließlich aus Männern. Sie raunen etwas von unersetzlichen Werten. Einer sieht verblüfft auf ein kugelschreiberförmiges Meßgerät, als bemerke er erst jetzt, daß er es in der Hand hält, und steckt es in die Hemdtasche.
Dann ein Aufstöhnen: Im obersten Stockwerk werden zwei bleiche Hände sichtbar, die gegen eine Glasscheibe schlagen, der lichtlose Raum hinter dem Fenster verbirgt den, zu dem sie gehören. Dennoch rufen mehrere Stimmen fast gleichzeitig: „R." Merkwürdig, das Fenster ist als einziges vergittert, die Gitter scheinen nicht dazuzugehören, wirken neu und un-

passend an diesem alten Bauwerk. Die Hände ziehen sich zurück, ein grauer Kasten wird gegen die Scheibe geworfen, sie zerbricht. Glassplitter fliegen durch das Fenstergitter, sie fallen, zerstreuen sich in der Luft wie ein Insektenschwarm. Sie scheinen erschreckend lang zu fallen, obwohl es nicht länger als eineinhalb Sekunden dauert, bis sie den Boden erreichen und klirrend auf den Steinplatten aufschlagen.

Finger klammern sich an Eisenstäbe, aus den Knöcheln scheint jedes Blut gewichen. Widerschein der Flammen färbt die Decke des Raums, in dem der Gefangene sich befindet, gelb und rot wie einen Kitschpostkartensonnenuntergang. Das Feuer hat nun auch diesen Raum erreicht. Immer wieder bersten durch die Hitze weitere Fenster, noch vor allem im Ostflügel.

Das Gitter rührt sich nicht, die Silhouette des Mannes verschwindet. Als er wieder auftaucht, hält er eine meterlange Metallschiene in den Händen. Er setzt sie wie eine Brechstange zwischen Gitter und Mauer. Sand rieselt, die beiden unteren Verankerungen geben nach. Der Mann setzt die Stange anders an, das Gitter löst sich, fällt, überschlägt sich mehrmals und landet dann scheppernd auf dem Boden. Die Menge klatscht Beifall.

R. steigt aus dem Fenster auf das breite Sims. Sein wächsernes Gesicht wirkt starr wie das einer Schaufensterpuppe. Er sieht sich mit roboterhaften Bewegungen um, wendet den Kopf zuerst nach links, dann nach rechts, als ob er eine Straße überqueren wollte oder entscheiden müßte, in welche Richtung er gehen solle.

Er hat keine Chance, ein anderes Sims zu erreichen. Das Prasseln des Feuers wird ab und zu unterbrochen von einem lauten Knall wie in einem Kaminfeuer. In der Ferne heulen Martinshörner.

Erst jetzt wirft er einen Blick nach unten. „Nicht weitergehen!" ruft ihm jemand zu. „Stehenbleiben!" Wird er sich in Panik, aus Angst vor dem Feuer, zu Tode stürzen? Doch sein Gesicht, obwohl schweißüberströmt, wirkt teilnahmslos, ganz

offenbar steht er unter Schock.
Er läßt die Schiene, die er noch immer in der Hand hält, fallen. Seine Lippen bewegen sich, während er zählt: „Einundzwanzig, zweiund–", dann schlägt die Schiene auf und prallt mehrmals ab. Kann jemand in dieser gefährlichen Situation wirklich so gelassen, so kaltblütig bleiben? Nein, vor Entsetzen geweitete Augen, gehetzte Blicke zeigen seine Angst.
Das brennende Haus erhitzt wie ein Lagerfeuer die Gesichter der Zuschauer, ihre Rücken bleiben kalt. Doch wie muß R. sich fühlen, dem Feuer so nah? Rauch treibt auf die Zuschauer zu, einige husten. Fetzen verkohlten Papiers steigen, von der heißen Luft getrieben, wie Falter in den Nachthimmel. R. verliert beinahe das Gleichgewicht, seine Finger krallen sich in den Fensterrahmen, er schiebt sich vorsichtig, Schritt für Schritt nach rechts, wo das Sims etwas über die Fensteröffnung hinausragt, um der Hitze, die aus dem brennenden Zimmer dringt, auszuweichen. Er klammert sich an den Efeu, die Wurzeln reißen, R. droht zu stürzen, preßt sich an die Mauer, findet unsicheren Halt an der Angel eines längst nicht mehr vorhandenen Fensterladens.
Knisternde Flammen züngeln hinter ihm. Jetzt scheint er selbst Feuer gefangen zu haben – sein Rücken brennt! Er macht steif einen Schritt vorwärts wie ein Hans Guck-in-die-Luft, fällt, zappelt nicht, wie Stuntmen es gerne tun, um sich von brennenden Strohpuppen zu unterscheiden, er stürzt einfach wie eine kippende Statue, dann streckt er die Arme vor wie bei einem Kopfsprung, die Menge schreit, seine Fingerspitzen berühren den Boden, seine Unterarme knicken ein, die Ellbogen rutschen zur Seite, der Kopf und schließlich der ganze Körper prallen auf wie ein Dummy, das mit einer Geschwindigkeit von fünfzig Stundenkilometern gegen eine Mauer fährt.
Die Feuerwehr ist endlich da, hält dicht neben der Menschenmenge, die nur zögernd zur Seite weicht. Die Feuerwehrleute verlassen mit gemessenen Bewegungen ihr Einsatzfahrzeug, es ist ihnen anzusehen, daß jeder von ihnen glaubt, zu

wissen, was zu tun ist.

Einer entdeckt R., tritt auf ihn zu, wälzt ihn unvorsichtig auf den Rücken, um die Flammen zu ersticken und springt entsetzt auf. R. zuckt, beißender Rauch wie von schmorendem Kunststoff steigt von ihm auf, der Kopf hat sich nicht mit dem Körper bewegt, ist liegengeblieben, daneben die losgelöste Perücke. Der Hals hängt nur noch an einigen Spiralkabeln am Rumpf, aus gerissenen hydraulischen Schläuchen tropft ölige Flüssigkeit, nanoelektronische Bauteile rieseln aus einem Riß in der kahlen Schädeldecke.

Oktober 1991

WWW

Lange Reihen gläserner Kästen wie Särge in einer Familiengruft – das Gewölbe war riesig, die Decke verlor sich im Dunkel der Scheinwerfer. Wenn Carmen nach oben blickte, schienen die Wände, die aufgestapelten Särge, auf sie niederzustürzen. Ihr wurde schwindlig, sie wankte, hielt sich an Khalid fest.

„Was hast du?" fragte er. Die Nasenstöpsel der Maske verliehen seiner Stimme einen verschnupften Klang.

Sie schüttelte den Kopf. „Es ist ungeheuerlich. Es sind so viele ... so viele."

Khalid warf einen Blick in jede Richtung entlang des Kreuzgangs. Eines von unzähligen Kreuzgängen zwischen all den Stapeln. Hunderte, Tausende. „Es müssen hundert Millionen sein", sagte er. „Allein in diesem Gewölbe."

„Und vielleicht Tausende von Gewölben auf dem ganzen Planeten – Abermilliarden, Billionen Individuen." Obwohl sie flüsterte, fast ehrfürchtig, hallte ihre Stimme schmutzig und kalt wie in einem Dom. Da sie nie eine Kirche betreten hatte, wirkte der Hall um so irrealer in den gespenstischen Gängen, durch deren Dunkelheit die geisterhaften Lichtfinger ihrer Scheinwerfer tasteten. Nur hin und wieder nahmen sie aus den Augenwinkeln eine unscheinbare Bewegung wahr.

„Individuen?" Khalid schüttelte den Kopf. In jedem der Behältnisse schwamm, wie eine übergroße fahlgraue Walnuß an Drähten und Leitungen, ein Gehirn. „Begreifst du nicht? Sie sind vernetzt."

„Wie die Kreuze von Verdun." Dido wischte mit einer Handbewegung die Stereoprojektionen vor ihren Augen beiseite, so daß nur noch der leuchtende Gobelin, der mitten im Raum stand, die Aufnahmen, die Khalid in den unterirdischen

Gewölben gemacht hatte, wiedergab: Bilder grotesker Marionetten. Doch sie ließ ihren Blick durch das Fenster über die weichen, traumhaft verschwommenen Staubdünen der Planetenoberfläche wandern. Blitze zerplatzten am düsteren Himmel, der mit schwarzen Wolken verhangen war. Sie hatten die provisorische Behausung an einer Küste errichtet. Das Meer bedeckte einen großen Teil der Erdoberfläche. Die schleimige Brühe schwappte hier träge über, leckte ohne Begeisterung am flachen Ufer. Verbissen brüteten die Grünalgen darin vor sich hin, um mit unbelehrbarem Starrsinn von Phytoplankton die Atmosphäre mit Sauerstoff anzureichern und planlos den Weg für einen neue Evolution zu ebnen.

„Was meinst du?" Khalid nippte an einer Tasse mit verdünntem Obstdicksaft, dann reichte er sie Carmen, die ihm einen dankbaren Blick zuwarf und in großen Schlucken von der heißen Flüssigkeit trank, gierig, als hätte ihre stundenlange Expedition sie Tage von jeglicher Nahrung abgeschnitten.

„Es hatte einen Krieg gegeben, einen, wie es hieß, schrecklichen Krieg, schrecklich selbst für ihre Verhältnisse." Dido trat zum Fenster, das Bodengranulat knirschte, ihre Beinstützen surrten leise, und auch ihre Armstütze, als sie die Fingerspitzen der rechten Hand an die Scheibe legte. Sie schauderte, als die Kälte über ihre Haut und durch ihr Glieder kroch, schloß die Lider in ihrem wächsernen Gesicht. Für einen Augenblick sah sie die Erde vor sich, wie sie gewesen war, als sie sie verlassen hatte. Das blaue Meer, das unter einem strahlenden Himmel kraftvoll an gelbe Strände brandete, das gefrorene Feuerwerk der Lichter einer nächtlichen Stadt, feuchtdampfende geheimnisvolle Wälder mit Bäumen, die in den Himmel wuchsen und Pilzen, größer als sie selbst – doch dann wurde ihr schmerzlich klar, daß dies nicht wirklich Erinnerungen waren, Erinnerungen des Kindes, das die Erde gesehen hatte, sondern Wunschbilder: die neue Welt, ihre zukünftige Heimat, wie die Märchen ihrer Eltern sie ausgemalt hatten, und sie öffnete die Augen wieder dem kläglichen Lebensrest draußen vor der Tür. „Sie gruben Löcher in die Erde, damals, und füllten sie mit Toten. Und über jedem Leichnam errichteten sie ein Kreuz, ein Symbol des Todes. Ein Kreuz neben jedem Kreuz, und daneben wieder eins, und wieder, eine Reihe, zwei, drei, Reihe um Reihe, und jedes verdammte Kreuz über einem Menschen." Sie wandte sich der Projektion zu, die im Raum stand. „Sie haben wieder Gräber gefüllt, diesmal mit lebenden Toten. Nein, es sieht anders aus, ganz anders, die Kreuze schimmerten bleich im flutenden Sonnenlicht auf mechanisch geschorenem Gras einer Monokulturwiese – äußerlich gab es nur strukturelle Ähnlichkeit, doch es fühlt sich an wie ein Déjà vu, wie ein geistiger Klon." Sie begann auf und ab zu tigern wie ein gefangenes Tier, trat jedesmal durch das Bild, ohne darauf zu achten. Ihre Stützen summten leise.

„Warum setzt du dich nicht?" fragte Khalid. „Du solltest dich nicht so anstrengen."

„Und du solltest wissen, daß das Laufen für mich keine Anstrengung ist, schließlich gehe ich nicht selbst. Schon lange nicht mehr." Sie kam auf ihn zu und nahm sein Kinn in die Hand. Da er saß, mußte er zu ihr aufsehen, obwohl sie nicht sehr groß war. „Ich bin vielleicht alt, aber noch nicht tot, ja? Nicht so tot wie dieser verrottete Planet." Sie ging wieder zum Fenster.

Khalid suchte Carmens Blick, doch diese starrte in ihre Tasse.

Mit fahrigen Bewegungen kam Zinab herein. „Neuigkeiten", rief sie fröhlich, sah sich um, trat einen Schritt zurück, hob abwehrend die Hände. „Falls es jemanden interessiert", fügte sie ernüchtert hinzu. „Probleme?"

„Was hetzt du schon wieder durch die Gegend?" fragte Khalid und verzog den Mund zu einem schiefen Lächeln. „Kannst du dich nicht projizieren wie jeder normale Mensch?"

Zinab zeigte ihm die Zunge. „Ich sehe nicht, daß diese eure Konferenz räumlich allzu verteilt ist", sagte sie und wies auf die Projektion, die die Gewölbe zeigte, aber keine Gesprächspartner. „Bin gleich wieder weg, ich wollte euch nur mitteilen, daß inzwischen alle Gruppen außer der in Persien unterirdische Anlagen gefunden haben, nachdem sie wußten, wonach sie suchen mußten. Wie es aussieht, besteht die Vernetzung weltweit ..." Sie wandte sich zum Gehen. „... bis auf eine isolierte Gehirngruppe im permokarbonen Faltungsbereich –"

„Fichtelgebirge."

„Exakt." Und schon war sie durch die Tür.

Khalid sah ihr nach. „Das reinste Elektron", sagte er.

„Als ich den Fuß von der Erde nahm", begann Dido zögernd, „gab es noch Bäume und Vögel, nicht viele, und umso mehr Menschen. Die Menschen brachten sich gegenseitig um, sicher, die Wälder wurden abgeholzt und starben durch die Schadstoffe aus Mastbetrieben und Industrieanlagen, die Vögel krepierten an Ölpest und Insektiziden, die Welt war siech, aber immerhin lebte sie. Und jetzt ist sie tot, das einzige, was hier noch vegetiert, sind ein paar Megatonnen Chlorophyceae."

Khalid wies auf die Projektion. „Und das."

„Und das, was immer es ist." Dido klang bitter. „Wenn du es Leben nennen willst."

„Was sonst? Es ist doch ziemlich eindeutig, was geschehen ist, oder?" Khalid seufzte. „Webstühle, Dampfmaschinen und Handhabungsautomaten nahmen den Menschen die Arbeit ab, sie mußten nicht mehr im Dreck wühlen, um Häuser zu bauen, Gemüse pflücken, um satt zu werden; bereits wenige Jahrzehnte, nachdem der erste Computer ballistische Kalkulationen für Scharen von Rechenmägden übernommen hatte, komponierten seine Nachfolger, steuerten Fahrzeuge, lobotomierten, schrieben Trivialliteratur, noch vor dem, was als Jahrtausendwende gefeiert wurde. Niemand mußte mehr arbeiten, um leben zu können, sondern nur, um sich die Zeit zu vertreiben, die Frei-Zeit zu gestalten, was blieb, war Kreativität, menschenunterstützter Entwurf –"

Carmen warf ihre Tasse an die efeubewachsene Wand. Zwei kleine Heinzel wieselten herbei: ein schildkrötenähnlicher Quader fraß das feuchte Granulat und schied frisches aus; eine Art vierbeiniger, schwanzloser Gecko leckte Pflanzen und Wand sauber.

„Hört auf!" schrie Carmen. „Alle beide!" Sie meinte keineswegs die Heinzel, doch sie sprang auf die Beine und versetzte dem Reiniger auf dem Boden, der die Überreste der zersprungenen der Tasse zusammenklaubte, einen Tritt, so daß die Scherben erneut durch die Luft spritzten. Das Gerät zappelte kurz mit den Beinen wie ein auf dem Rücken liegender Käfer, rappelte sich dann auf und machte sich ungerührt wieder an die Arbeit. Carmen stieß ihren Zeigefinger gegen Khalids Brustbein. „Begreifst du nicht, daß es hier nicht um eusoziale Wespen oder Nacktmulle oder Siphonophoren geht? Und du, Dido, wenn die Erde so großartig war, warum habt ihr sie dann verlassen?"

Dido sah sie an. „Ich war vier. Ich wollte nicht weg. Ich habe von meinen Eltern ein Hündchen dafür bekommen. Und für sie war es wohl eine Notwendigkeit. Es war nicht großartig. Aber es war besser als – das hier." Sie verließ den Raum.

Carmen weinte. Khalid stand auf und nahm sie in die Arme. Kalt, kitzelnd liefen ihre Tränen über seinen Hals, seine Schulter. „Die Emigranten hatten viele Gründe", sagte er. „Manche flohen. Vor Unterdrückung durch Politik oder Religion, vor Armut und Hoffnungslosigkeit, vor einer maroden Welt, vielleicht auch vor sich selbst. Manche wollten einfach einen neuen Anfang machen, Pioniergeist, du verstehst. Und manche dachten, es sei keine schlechte Idee, von der Menschheit eine Sicherungskopie anzulegen, weit weg, in einem anderen Sonnensystem. Wie es jetzt aussieht, hatten sie –" Plötzlich stieß er Carmen barsch von sich. Verständnislos sah sie ihn an, dann folgten ihre Augen seinem Blick nach draußen.

Eine Gestalt wankte aufs Meer zu. Große, braune Schneeflocken wirbelten um sie herum. Sie erreichte das Wasser, tappte hinein. „Dido?" flüsterte Carmen. „Was tut sie? Wir müssen –" Aber Khalid war nicht mehr da. Er lief Dido hinterher, erreichte sie im knietiefen Wasser. Die tanzenden Schneeflocken lösten sich auf, sobald sie die Oberfläche berührten.

Dido trug keine Maske, atmete die irdische Luft – hatte sie geatmet, jetzt hatten ihre Lungen aufgegeben, nur die halbautomatischen Beinstützen trugen sie noch, brachten ihren leblosen Körper voran, balancierten den schlaffen Rumpf. Khalid griff nach ihr, nahm sie auf die Arme wie eine Strohpuppe, und trug sie zurück ins Gebäude.

Schläuche und Kabel hingen an Didos Körper und verbanden sie mit den Geräten ringsum, so daß sie ein wenig an die Gehirne in den Aquarien erinnerte. Wie ein Halo lag ihr blaues Haar um ihren Kopf. Ihre künstlich pigmentierten Lider und Lippen wirkten bemalt.

Sie betrachteten die Projektion über dem Krankenbett an einer der Wände, die in diesem Raum kahl und unbewachsen waren. Die neue Lunge funktionierte ohne Probleme, aber es war nicht klar, ob der Sauerstoffmangel das Gehirn geschädigt hatte. Dido war noch nicht bei Bewußtsein.

„Als ich ein Kind war", sagte Carmen, „hat sie mir schon einmal von ihrem Hündchen erzählt. Sie muß sehr an ihm gehangen haben."

Khalid sagte nichts, sondern wandte sich ab und verließ leise das Zimmer. Carmen folgte ihm.

„Kennst du die Geschichte von dem Zoo, bei dem die Besucher Münzen einwerfen müssen, damit die Tiere sich bewegen?" fragte Khalid im Gehen.

„In Dutzenden von Varianten. Wie kommst du darauf?"

Khalid pflückte eine große Erdbeere von der Korridorwand. „Ich frage mich, warum die Autoren das so viel schrecklicher fanden als das Einkerkern lebender Tiere." Er kostete die Frucht und schob Carmen den Rest in den Mund.

„Warum –", fragte sie undeutlich, zerdrückte die Erdbeere mit der Zunge und schluckte. „Warum hat sie das getan? Ich begreife es nicht."

Sie ließen sich in einer Sitzgruppe nieder, während das Licht im Korridor hinter ihnen Schritt für Schritt erlosch, die Dun-

kelheit auf sie zu kam. Nur die Sitzgruppe blieb erleuchtet.
 Khalid fuhr sich langsam mit der Hand durchs Haar, ehe er antwortete. „Wir sind beide auf der Hullabaloo geboren. Aber für Dido war es ein Rückflug, eine Heimkehr. Stell dir vor, wir würden nicht hierbleiben, sondern wieder zurückfliegen und fänden Rolling Stone so vor." Er pflückte eine gelbe Passionsfrucht und wartete, bis ein krabbenähnlicher Heinzel aus der Wand gekrochen kam, sie der Länge nach halbiert und ihm einen Löffel gereicht hatte. Der Heinzel hielt Carmen einen zweiten Löffel hin und sah sie fragend an, doch Carmen schüttelte den Kopf, und er verschwand.

 „Dabei kennen wir Stone überhaupt nicht aus eigenem Erleben, aber Dido hat schon einmal auf diesem Planeten gestanden, auch wenn es hundertzwanzig Jahre in ihrer Vergangenheit liegt." Khalid schob einen Löffel der sauren, von gallertigem, dunkelrosa Fruchtfleisch umgebenen Samen in den Mund und verzog das Gesicht. „Aber wie lange wird sie noch leben?" Er aß weiter. „Ein Jahrzehnt? Zwei? Du hast gesehen, wie zerbrechlich sie aussah vorhin. Was denkst du, wie lange werden wir brauchen, um die alte Welt wieder bewohnbar zu machen?" Er kratzte die erste Hälfte der Frucht leer und trank die letzten Tropfen Saft, die vom flüssigkeitsundurchlässigen Inneren der Schale perlten. „Ich bin Mitte dreißig, du – acht oder zehn Jahre jünger? Wir werden es sicher noch erleben, aber Dido?" Er gab die Schale einem Heinzel, der an einen Pelikankopf erinnerte und bereits darauf gewartet hatte, und machte sich an die zweite Hälfte. „Natürlich, das rechtfertigt keinen Suizid, aber ..."

 „Ich frage mich, wie es auf Rolling Stone jetzt aussieht. Schließlich ist dort ebensoviel Zeit verstrichen, seit wir abgeflogen sind, wie auf der Erde während des Hinflugs. Wenn wir zurückflögen ... Was meintest du, als du sagtest, es sei offensichtlich, was geschehen ist? Für mich ist es das nicht. Im Gegenteil, es war ein Schock."

 „Du hast doch wie wir alle jede nur erdenkliche Geschichte gelesen, die sich mit Heimkehrern befasste, deren Welt sich verändert hat, durch die Dilatation so extrem verändert, daß sie sie nicht wiedererkennen."

Carmen lehte sich zurück, berührte fast die Wand; die Blätter an ihrem Hinterkopf raschelten. „Phantastereien. Ich war nicht auf die Wirklichkeit gefaßt. Nicht auf das. Ganz bestimmt nicht."

„Vielleicht", sagte Khalid zögernd, „solltest du dich mehr an der Realität orientieren."

„Was willst du damit sagen?"

„Weißt du, manchmal habe ich den Eindruck, daß du in einer Scheinwelt lebst, daß du die Realität, mit der du nicht fertig wirst, verdrängst."

„Das ist doch Unsinn!"

„Siehst du, schon wieder." Er lachte, und Carmen lächelte halbherzig zurück. „Ganz ernsthaft, das kann durchaus gefährlich werden. Es ist ... atavistisch. Warum färbst du dir nicht gleich Gesicht und Haare wie Dido?"

Carmen preßte Lider und Lippen zusammen und schüttelte den Kopf.

Khalid gab die zweite leere Schalenhälfte dem Heinzel und holte tief Luft. „Du vergißt, dir die Ohren zuzuhalten."

Sie riß die Augen auf und stach mit Blicken nach ihm.

Der Heinzel fixierte erwartungsvoll den Löffel, den Khalid zwischen den Fingern zappeln ließ. Er warf ihn dem Heinzel zu, dieser schnappte ihn und verschwand eilig in der Wand. Khalid seufzte und verschränkte die Arme vor der Brust. „Wie es genau zu diesem ... diesem Metagehirn gekommen ist, kann ich natürlich auch nur vermuten. Eine der Wurzeln ist sicherlich die Kommunikationsgemeinschaft durch Einführung von Semaphoren in Frankreich, die die Verbreitung aufklärerischer Gedanken erst möglich machten."

„Semaphoren? Was redest du da? Zu Beginn der Aufklärung gab es nicht einmal dampfgetriebene Rechenmaschinen."

„Du hast recht. Ich rede von echten, wirklichen Flaggensignalen. Information war damals eine Rarität, ein Luxusgut der Herrschenden, die über Reiter und Boten verfügten; für den Rest gab es keine Kommunikation, weil es keine Kommunikationsmittel gab. Die Welt außerhalb von Paris war tot: schlechte Straßen, Überfälle auf Postreiter – es dauerte Wochen, bis Informationen im ganzen Land verbreitet waren, und das Handshaking dauerte ebensolang. Das änderte sich erst durch die optischen Telegraphen, die mit zweiundzwanzig Stationen die Versuchsstrecke zwischen Paris und Lille von zweihundert Kilometer auf wenige Minuten schrumpfen ließen."

Carmen schnaubte. „Ich kann mir denken, weshalb das gut ankam: der Krieg spielt, wenn nicht Vater, so doch wenigstens Geburtshelfer. Das Heer kann gleichzeitig auf unterschiedlichen Schauplätzen operieren und weiß trotzdem, was jeder seiner Truppenteile tut. Habe ich recht?"

„Natürlich. Napoleon erkannte den Nutzen der Vernetzung als allgegenwärtiges Machtinstrument und baute systematisch Verbindungen, die sternförmig von Paris aus ganz Frankeich bis Amsterdam, Mainz und Triest durchzogen. Telegraphische Mitteilungen wurden als Plakate veröffentlicht, alle konnten an Entscheidungen teilnehmen –"

„Und die Überschwemmungskatastrophe in Venedig wird zum globalen Ereignis."

„Genau. Korrespondenz mit Freunden oder Gelehrten kam in Mode, während das Postwesen ausgebaut wurde. Nerven- und Blutbahnen: Metaphern, die damals schon gebraucht wurden."

„Ich möchte einen Tee. Worauf willst du hinaus?" Carmen schien nicht wirklich interessiert, ihre Gedanken kreisten noch um die Gewölbe und vor allem Dido.

„Telegraphen und Mediatheken verschmolzen zu weltumspannenden Netzen. Instantkommunikation und -information. Es mag sein, daß die vernetzte Menschheit irgendwann, während ein abgenabelter Teil unterwegs durchs All war, begann, die Infrarotverbindung ihrer in unzureichenden Körpern gefangenen Gehirne mit dem Netz als störende Hilfsmittel, behindernde Prothesen zu empfinden."

Ein Heinzel, der wie ein halsloser Straußenvogel aussah,

stellte eine Tasse Kräutertee vor Carmen auf den Tisch. Sie nahm sie und nippte daran. Es war eine ihrer Lieblingsmischungen, Zitronellgras, Zitronen-Verbena, Pfefferminz- und Melissenblätter.

„Wer wollte umständlich zu einem Bahnhof laufen, stundenlang im Orient-Express oder tagelang auf der Titanic fahren, wenn er im World Wide Web irgendwo in Italien in allen Lichtbildern Alinaris blättern und gleich darauf im Bettmenn-Archiv stöbern oder die Kahn-Dokumente in Paris durchforsten kann?" Beiseite sagte er: „Illustrieren!" Zwischen ihnen erschienen rasch aufeinanderfolgend Projektionen grobkörniger Schwarzweißfotographien: die neunjährige Kim Phuc, die nackt vor Napalmbombenregen flieht; Einstein, der dem Fotographen die Zunge zeigt; die siebenjährige Vera Kriegel, Nummer A-26946, ohne ihre Zwillingsschwester Olga in einer Schar anderer Kinder in gestreifter KZ-Kleidung; General Loan, „Henker von Saigon", der einen gefesselten Vietcong mit einem Kopfschuß tötet; der fast akrobatische Siegerkuß des Seemanns George Mendosa und der wie eine Krankenschwester gekleideten Zahnarzthelferin Greta Friedman acht Tage nach Hiroshima auf dem Times Square; Joseph Goebbels, der dem Hitlerjungen Wilhelm Hübner das Eiserne Kreuz verleiht; Benno Ohnesorg, während des Schahbesuchs von der Polizeikugel getroffen ... „Mit den Augen des Netzes Gaugins Tahitische Frauen im Metropolitan bewundern", fuhr Khalid fort, worauf die Brauntöne der beiden bildfüllenden Figuren das Grau ersetzten, „und es einen Augenblick später mit *Aha oe feii?* oder *Nave nave moe* in der Eremitage Leningrad vergleichen?" Der Rechner hatte bemerkt, daß der zentrale Akt aus ‚Was, du bist eifersüchtig?' im Hintergrund der ‚köstlichen Quelle' auftauchte, und machte durch eine Trickblende darauf aufmerksam. „Genug gesehen." Die Projektion löste sich auf. „Wenn gleich neben dem Bett, oder vielmehr deinem Schläfenlappen, die Kongreßbibliothek steht?"

„Den Ayers Rock im Yosemite Park besteigen, am Grund des Marianengrabens mit Tiefseeanglerfischen um die Wette tauchen und geostationär in einem Satelliten über peruanischen Fjorden schweben, ich verstehe."

Pflichtschuldig lächelte er, doch er wurde gleich wieder ernst. „Wußtest du, daß es Pläne gab, die Passagiere der Hubbub in einer Kyberrealität zu transportieren?"

Hart setzte sie die Tasse auf den Tisch, so daß ein wenig Tee überschwappte. Ein Heinzel, der etwas von einem Oktopus hatte, huschte herbei und wischte Glasplatte und Tassenboden sauber. „Ist das wahr?"

„Sie sollten nicht wissen, daß sie sich in einem Generationsschiff befanden. Zeugung und Geburt sollte in vitro stattfinden. Die Bordgeborenen wären bei der Ankunft auf Rolling Stone zum ersten Mal mit der Wirklichkeit konfrontiert worden. Wahrscheinlich hätten sie dem Planeten irgendeinen pathetischen Namen geben sollen, Esperanza oder Terra Nova vielleicht."

Licht kam den Korridor entlang, Zinab und Nagisa näherten sich ihnen, blieben stehen und grüßten sie. „Habt ihr es schon gehört?" fragte Zinab aufgeregt. „Die Gruppe Nigeria hat sich vorhin gemeldet. Genadi sagt, Shari und er hätten etwas Großartiges entdeckt."

„Was gibt's denn?" fragte Khalid. Er war nicht sicher, ob er Carmen wirklich beruhigt hatte, und es geriet schroffer als beabsichtigt.

Zinab bemerkte es in ihrer Begeisterung nicht. „Sie haben die Versorgungsanlagen untersucht, die sie entdeckt hatten. Es war klar, daß es Möglichkeiten geben mußte, in die Wartungsstationen einzugreifen. Was, wenn die Versorgung mit Sauerstoff und Nährstoffen ausfällt? Die Brutzentren, in denen embryonale Gehirne isoliert werden? Sie haben eine Schnittstelle gefunden. Es ist phantastisch. Wir können mit der Erdmenschheit kommunizieren ... aber das Beste kommt noch: –"

„Nicht alle Gehirne sind menschlich", fiel Nagisa ihr ins Wort. Sie strafte ihn mit einem wütenden Blick und einem angedeuteten Tiefschlag.

Carmen nickte, aber es schien sie nicht zu berühren.

Khalid hob die Brauen. „Was heißt das? Etwa Extraterrestrier?"

Zinab zog eine Schnute. „Sei nicht albern. Nein, aber andere Primaten; und Walartige. Ist das nicht wunderbar?"

„Fantastisch", antwortete Khalid eine Spur zu sachlich, fast kühl, und bat sie mit einer kaum merklichen Kopfbewegung, weiterzugehen. „Ich sehe mir Genadis Nachricht gleich nachher an."

Nagisa hob fragend die Brauen. „Was ist denn los?"

„Ein anderes Mal, ja?"

Zinab ging achselzuckend weiter, zog Nagisa mit sich, und sie führten das Licht den Korridor entlang.

„Außer ein paar tausend Passagieren", sagte Khalid in das Schweigen hinein, „waren alle anderen Menschen und auch alle anderen Tiere nur als tiefgefrorene Embryonen und Keimzellen an Bord der Hubbub." Khalid deutete nach oben, obwohl es unwahrscheinlich war, daß die Hullabaloo auf ihrem Orbit gerade über ihnen stand. „Genau wie bei uns."

Carmen sah ihn fragend an.

„Didos Hündchen", sagte er. „Es war künstlich."

Dezember 1995

Maulkörbe

Es war ein Bärtag, als Franco zum ersten Mal eine Frau ohne Leine und Maulkorb sah.

Sie schoben und zerrten ihn, während er sich nur noch müde wehrte. Dann nahmen sie ihm die Augenbinde und den Knebel ab. Das plötzliche Licht schmerzte in seinen Augen. Im Raum befanden sich außer ihm drei Männer und die Frau. Franco gefror. Er war bereits mehrmals unangeleinten Frauen begegnet, aber niemals hatte eine es gewagt, in seiner Gegenwart den Maulkorb abzulegen wie ein Maurenweib.

Endlich löste er sich aus seiner Erstarrung und wandte sich den Männern zu. „Was wollt Ihr von mir?" schrie er. „Weshalb habt Ihr mich entführt?"

Der Raum war fensterlos, erhellt von Deckenlampen, vollgepfercht mit allerlei technischen Geräten, Rechnern, Bildschirmen. Die Wände, ja sogar Boden und Decke waren mit einem feinmaschigen Gitternetz bedeckt. Franco hatte das Gefühl gehabt, das Gebäude ebenerdig zu betreten und dann in einem Aufzug abwärts zu fahren, in ein unterirdisches Stockwerk. Er hatte schon von solchen Geheimräumen unter Gebäuden gehört, sie wurden Keller oder Katakomben genannt. Doch er hatte nie geglaubt daß es sie hier gab, in Rom, der Hauptstadt der Provinz Großkalabrien. Dann geschah das Unglaubliche.

Sie sprach.

Die Frau sprach, ohne dazu aufgefordert zu sein.

Franco brauchte Sekunden, bis es ihm gelang, zu begreifen, was sie sagte, so sehr war er von dieser Ungeheuerlichkeit schockiert.

„Verzeiht, Don Felipe, diese etwas ungewohnte und ich muß gestehen, grobe Behandlung. Doch wir benötigen Eure Dienste."

„Was hat das zu bedeuten?" Er sah die Frau nicht an.
Unbeirrt führte sie ihr gotteslästerliches Tun fort: „Ihr seid ein bedeutender Historiker, Don Felipe Franco. Doch wir wollen auch in anbetracht dieser Umstände die Höflichkeit nicht außer acht lassen und uns zunächst vorstellen. Dies sind Alfonso García Hernández, Enrico Leoni und Mateo Dupont. Mein Name ist Teresa Montañéz."
Teresa Montañéz! Nun wurde ihm einiges klar. Die legendäre Führerin der *Rojos*, der Roten, wie sie sich selbst ironisch nannten, existierte wirklich, war nicht nur ein Mythos. In seiner Vorstellung war sie alt, grauhaarig, doch in Wirklichkeit konnte sie nicht älter als vierzig sein. Sie wagte es tatsächlich, Männerkleidung anzulegen; was die vier trugen wirkte fast wie eine Uniform: rote Hemden, knielange, graukarierte Faltenröcke, schwere Schuhe. Teresa zeigte, als wäre sie ein Mann, ihre nahezu bloßen, nur von Wickelgamaschen bedeckten Unterschenkel.

„Ihr widerlichen *winkte*! Laßt Euch von einem Weibsbild kommandieren", stieß Franco mit vor Ekel verzerrtem Gesicht hervor.

„Ich glaube nicht, daß das Geschlecht der Personen, zu denen wir eine körperliche Beziehung unterhalten, hier etwas zur Sache tut", erwiderte Enrico süffisant.

„Was also wollt Ihr von mir?" fragte Franco Alfonso García Hernández – der Name kam ihm bekannt vor.

Teresa fuhr ihn an: „Ihr werdet Euch daran gewöhnen müssen, mit mir zu sprechen, Don Felipe. Zumindest, wenn Ihr eine Antwort erhalten wollt."

Er zögerte. Dann überwand er sich: „Weshalb habt Ihr mich entführt, *Esposa* ... *Hija* ..."

„Ich bin weder lediglich jemandes Tochter, noch jemandes Ehefrau. Nennt mich Doña Teresa."

„Doña? Nun, was tue ich hier ... Doña Teresa Montañéz?"

„Seht ihr, das war doch nicht so schwer, oder? Unser Problem ist das folgende – ich will weit ausholen, da Ihr unsere Ziele selbstredend nur aus den verzerrten offiziellen Darstellungen kennen dürftet: als die ersten Teton-Dakota von der Schildkröteninsel kamen und das damals noch unzivilisierte Europa entdeckten, brachten sie uns viele Dinge mit, die wir nicht kannten: Tabak, Peyote, vor allem aber den Glauben an den Erfüller, der sie die Eine Wahrheit gelehrt hatte. Sie kolonisierten diesen Kontinent, und ihre Waffen und ihre Krieger waren den unseren so weit überlegen, daß bald nahezu die gesamte Bevölkerung konvertiert war; die damals aufstrebenden Religionen, Baha'i, Christen, Heraner, Lamaisten, Lakonisten usw. sind heute nur unbedeutende Minderheitensekten, die kaum jemand kennt."

„Und wenn schon", unterbrach Franco. „Glauben wir nicht alle an den selben Gott? Was spielt das für eine Rolle?"

„Nun, für diejenigen, die hingemetzelt wurden, weil sie Donar, Baal oder Hermes verehrten, eine große. Doch das ist nicht Gegenstand unseres Interesses."

„Sicher, es gab gewisse Mißgriffe, Fehldeutungen der Lehre des Erfüllers, doch heute ist das etwas ganz anderes."

„Den Mord an Abermillionen Menschen, die am Marterpfahl einen grausamen Tod erlitten, als Mißgriff zu beschönigen, scheint mir nicht angebracht. Doch wie gesagt, wollen wir im Augenblick lediglich die Gegenwart betrachten." Sie setzte sich auf einen der Drehstühle, die anderen folgten ihrem Beispiel, nur Franco blieb stehen. „Der Reichtum, den die Oglala zusammenrafften durch Raub, Mord, Plünderung und Ausbeutung bis auf den heutigen Tag, übersteigt jede Vorstellung. Ihre Macht ist unübertroffen. Schon kleinen Kindern wird die angebliche Wahrheit in den Lehrkreisen solange vorgeplappert, bis sie sie glauben, ohne auch nur eine Chance, selbständig nachzudenken. Der größte Teil des europäischen Landes ist fest in der Hand der Schamanenschaft. In Osthispanien tobt ein Religionskrieg zwischen orthodoxen und sophistischen Oglala und Heranern, die Provinzhauptstadt Athen steht unter Belagerung, und das nun seit sechzehn Monaten."

„*Wakan Tanka!* Es ist ein Bürgerkrieg!" Franco konnte

nicht länger an sich halten. „Er wird aus ethnischen Gründen geführt, nicht aus religiösen."

„Tatsächlich? Welcher ethnischen Gruppen gehören denn etwa die Heraner an? Und wie unterscheiden sich die beiden Oglala-Sekten, außer durch Details ihres Aberglaubens?"

„Den im Innersten empfundenen Glauben tiefreligiöser Menschen als Aberglauben zu verunglimpfen, noch dazu, wenn sie bereit sind, dafür zu sterben, ist –"

„Bereit sind, dafür zu morden, meint Ihr. Beantwortet meine Frage!"

Franco schwieg.

„Das gleiche trifft auf die mittelalterlichen Menschenjagden der Oglala zu: hätten sie sie nur wegen der bleichen Haut der europäischen Ureinwohner veranstaltet, wozu wurden dann selbst die Kinder zwangsinitiiert, bevor sie sie abschlachteten?"

„Aber Teton tun doch auch Gutes, denkt nur an die Medizinhäuser."

„Die sie nur zu einem winzigen Bruchteil bezahlen – was kaum jemand weiß. Stellt Euch vor, eine Schichtbrötchenkette, deren Namen ich hier nicht nennen will, würde Medizinhäuser bekommen, vom Staat bezahlt, müßte nur alljährlich zum Erntedank ein Schnetzelfleischessen ausrichten für die Kranken, könnte aber dafür all diejenigen Mediziner und Pfleger, die Vegetarier sind, entlassen und alle Häuser nach ihren Fleischgerichten benennen – würden sie sich das etwa entgehen lassen? Wohl kaum. Die Medizinhäuser sind reine Augenwischerei, denn genau so verhält es sich mit der Beteiligung der Oglala", widersprach Teresa. „Sie bezahlen fast nichts, bekommen dafür aber ungeheure Rechte und Propaganda. Aber das ist nicht alles. Die Teton haben so viel Leid gebracht, das sind weder Maiskuchen oder Kartoffeln noch buntbemalte Tonvasen wert. Frauen sind dazu verdammt, einen Maulkorb zu tragen", fuhr sie fort, „ganz wie es die Lehre befiehlt. Kein Wunder bei Leuten, in deren Sprache Männer und Frauen unterschiedliche Wörter für die gleichen Dinge benutzen."

„Natürlich, was ist denn dagegen einzuwenden? Maulkorb- und Anleinpflicht dienen doch lediglich dem Schutz der Frau, um zu verhindern, daß sie durch unbedachte Äußerungen oder Handlungen ihr Gesicht verliert."

Sie schrie auf und machte eine energische Volldrehung auf dem Stuhl.

„Laß gut sein, Teresa", sagte Mateo. „Mit Vernunft kommst du nicht weiter, sein Glaube gestattet es ihm nicht, vom ausgetretenen Gedankenpfad, auf dem kein Gras mehr wächst, abzuweichen."

Teresa kniff die Lippen zusammen. „Du hast recht." Sie schwang auf dem Stuhl leicht hin und her. „Also, Don Felipe, dies ist, was wir tun werden: Don Alfonso hier hat eine Methode entwickelt, die Vergangenheit zu verändern."

„Kräftebindungen zwischen Quantenpaaren", murmelte Alfonso und zupfte an seinem Stirnband. Nun erkannte Franco ihn, obwohl er weit über achtzig sein mußte und sich äußerlich sehr verändert hatte, seit sein Bild vor wohl fast zwei Jahrzehnten durch die Medien gegangen war, als ihm der Sonnenpreis für seine herausragenden Leistungen auf dem Gebiet der Physik verliehen wurde – und nun war er abgestiegen zu einem Handlanger der *Rojos*, wirkte schwach, gebrechlich und müde. „Wenn Z-Teilchen in Dreiergruppen fluktuieren, können dabei –"

„Schon gut, Don Alfonso", wehrte Teresa ab. „Das ist gegenwärtig unbedeutend. Was wir tun werden, Don Franco, ist, die Vergangenheit an einem entscheidenden Punkt ändern – und damit auch die Gegenwart. Das Erscheinen des Erfüllers hat, wie ein Insekt, das über ein Steinchen kriecht und damit eine Lawine auslöst, die Geschichte der letzten zweieinhalb Jahrtausende geprägt. Wir werden es verhindern, und Ihr, Don Franco, werdet für uns einen geeigneten Zeitpunkt ermitteln, zu dem wir die Gehirnströme des Erfüllers auf Quantenebene – ist das richtig, Don Alfonso? – manipulieren werden, so wie ein Bagger einen Kieshaufen durcheinanderbringt."

Franco schnappte nach Luft. „Das werde ich nicht tun",

schrie er. „Ihr seid geisteskrank!"

„Dies war keine Bitte. Ihr werdet es tun."

„Niemals werde ich Euch dabei helfen, den Erfüller zu vernichten. Niemals, selbst wenn Ihr mich tötet."

„Dann hört zu. Am nächsten Hirschtag, am siebzehnten des Feuermonds im Jahre 2353 der Erfüllung, das haben Don Alfonsos Formeln ergeben, ist ein geeigneter Zeitpunkt für den Übergang. Wir werden es tun, ob mit Eurer Hilfe oder der eines anderen Historikers. Genaugenommen vieler anderer, die wir bereits befragt haben: wir mußten sichergehen, daß Ihr uns nicht belügt.

Wir werden Euch nicht töten. Wir werden Euch freilassen und die Vergangenheit ändern. Die Welt, wie wir sie kennen, wird aufhören, zu existieren; und Ihr ebenso, denn irgendeiner Eurer Vorfahren wird davon betroffen sein."

„Niemals existiert haben", verbesserte Alfonso.

„Niemals existiert haben, ganz recht. Dies ist ein Schutzraum, geschaffen, unsere physikalische Gestalt zu erhalten. In Rom gibt es Dutzende davon, in jeder größeren Stadt des Reichs weitere."

„Die Wahrscheinlichkeit, daß ein Schutz möglich ist, ist gering", warf Alfonso ein. „Vielleicht werden nur ein paar von uns den Übergang überstehen, vielleicht keiner."

„Das ist richtig", stimmte Teresa zu. „Aber immerhin besteht eine gewisse Chance, die das Risiko lohnt. Entscheidet selbst, Don Felipe Franco, denn es gibt kein Zurück: wir werden die Vergangenheit korrigieren."

Franco setzte sich endlich. Sein Blick ging ins Leere, er leckte sich über die Lippen. „Wie groß ist die Chance?" fragte er schließlich.

„Das wissen wir nicht", antwortete Alfonso. „Theoretisch – eins zu zwanzig, eins zu zehn vielleicht. Praktisch läßt sich das nicht sagen, da wir den Übergang selbstverständlich nur einmal durchführen können. Wenn es mißlingt – wenn etwa meine Existenz beendet wird und es in der neuen Welt mein Verfahren zur Manipulation nicht gibt ..."

„Ich bin kein Wissenschaftler", sagte Franco, „aber soviel weiß selbst ich, daß ein wissenschaftliches Experiment wiederholbar sein muß, mit nachweisbaren Resultaten."

„Dies ist kein wissenschaftliches Experiment", preßte Teresa langsam, mit zusammengekniffenen Augen und aufgeblähten Nasenflügeln hervor. „Es ist Notwehr."

Franco sang das traditionelle Lakota-Sonnentanzlied, wie er es an jedem Hirschtagmorgen tat, doch diesmal mit besonderer Inbrunst:

> „*Ate, Wakan Tanka unsimala ye yo.*
> *Oyate, oyate zani cin pelo.*
> *Heya hoye wa yelo he.*"

Vater, Großer Geist, hab Mitleid mit mir. Das Volk, Dein Volk braucht Heilung. So schicke ich Dir auf diese Art meine Stimme. –

Alfonso wischte eine Pemmikanschale mit Maisfladen aus, während er einen Bildschirm beobachtete. „Noch eine Minute", stellte er nüchtern fest. Er schien gelassen, als wäre es eine alltägliche Erfahrung, die Welt zu verändern.

„Ich begreife nicht, wie Ihr so ruhig sein könnt, Don Alfonso, essen zu einer solchen Zeit", lallte Enrico. Seine Zunge war schwer von Peyote. Er hielt Teresas Hand. „Jeden Augenblick können wir in die ewigen Weidegründe eingehen oder uns in Luft auflösen."

Alfonso schüttelte den Kopf. „In weniger als das. Aber wir werden nichts mehr davon spüren, wenn es soweit ist. So, als wären wir tot."

„Dann – *rien ne va plus*", sagte Mateo in nordhispanischem Dialekt. Nervös ließ er einen Stift, den er zwischen Daumen und Zeigefinger hielt, hin- und herschwingen. „Ich bin nach wie vor der Ansicht, daß wir, statt die Vergangenheit zu manipulieren, um die Gegenwart zu verbessern, an der Gegenwart für eine bessere Zukunft arbeiten sollten. Dies alles kommt mir vor wie die Handlungen eines *heyoka*, der immer wieder

Dinge rückwärts tut oder sagt, um die Leute zu verwirren."
„Ihr seid alle wahnsinnig. Gott wird es nicht zulassen", zischte Franco. „Euer Frevel wird mißlingen."
„Zehn Sekunden." Alfonso stellte die Schale ab. Auf dem Schirm schmolz eine bildfüllende Zehn zu einer Neun. Acht. Sieben.
Teresa schloß die Augen und quetschte Enricos Finger.
„Gleich ist es soweit." Alfonso umklammerte die Armlehnen seines Stuhls. „Drei. Zwei. Eins."
„*Mitakuye oyasin!* Wir sind verwandt!" Den letzten Teil seiner Worte hatte Franco in die Dunkelheit gekreischt. Sein Atem ging stoßweise, sein Herz raste. Er sprang auf, biß sich in die Knöchel der zur Faust geballten Hand.
„Was ist geschehen?" fragte er. „Ein Stromausfall? So antwortet doch! Wieso ist es so kalt?"
Er machte einen Schritt, stolperte, fiel zu Boden, fühlte Schmutz an den Händen. Er rappelte sich wieder auf, ging weiter, bis er an eine Wand stieß, tastete sich daran entlang bis zur Tür. Er fand den Lichtschalter.
Eine trübe, nackte Glühbirne hing von der Decke.
Der Raum war verdreckt, angefüllt mit Gerümpel, Kisten, alten Möbelstücken. Es gab nur ein winziges, vernageltes Kellerfenster. In einer Ecke türmten sich Kohlen.
Sie waren verschwunden. Alle. Die *Rojas*. Die Maschinen. Nur der Stuhl, auf dem Franco gesessen hatte, seine Kleidung und er selbst waren übrig geblieben.
An der Wand hing eine halblebensgroße Plastik, eine abscheuliche Folterszene, die einen nackten, abgezehrten Mann mit leidendem Gesichtsausdruck zeigte, der mit Händen und Füßen an gekreuzte Balken genagelt war. Ein Kranz aus Stacheldraht marterte seinen Kopf. Wer dachte sich nur etwas so Abstoßendes aus?
Franco warf sich gegen die Tür, einmal, zweimal, dreimal, bis das Schloß nachgab und sie aufsprang. Er stürmte im Halbdunkel eine Treppe hinauf, hinaus durch eine unverschlossene Tür ins Freie.

Die Straße war voller Menschen. Die Frauen gingen ohne Leine und Maulkorb, ja die meisten waren fast nackt. Die Männer trugen merkwürdige, gegabelte Beinkleider – bis auf einen in einem weißen Gewand und schwarzem Rock und zwei Jungen neben ihm, die, gefolgt von einem Pulk Schwarzgekleideter, vor einer dunklen Holzkiste hermarschierten.

Gegenüber war ein riesiges, prunkvolles Gebäude, weiß, von steinernen Skulpturen umringt und mit einem spitzen Turm. Sollte das etwa ein Gebetshaus sein? Oder eine heidnische *masgid*?

Etwas zerrte an seinem Faltenrock. Ein kleines Kind, in Kleidern, die kaum mehr als Lumpen waren, streckte ihm bettelnd die Hand entgegen.

Franco lief davon, um die Ecke, stieß mit einer Frau zusammen, der ersten Frau, die er hier sah, die anständig gekleidet war. „*Kusura bakmayınız!*" stammelte sie mit niedergeschlagenen Augen, dem einzigen, was von ihrem Gesicht zu sehen war; der Rest war hinter Schleier und Tschador verborgen.

Oktober 1993

Die Welt auf dem Dachboden

Im trüben Licht einer nackten Glühbirne betrachtete Gott all die Dinge, die sich im Lauf der Jahre und Jahrzehnte auf dem Dachboden angesammelt hatten. Immerhin lebte die Familie seit mehreren Generationen in diesem Haus. Nun sollte der Dachboden zu einem Partyraum umgebaut werden, und sie mußten sich der Gegenstände entledigen, an denen, wie Gott wehmütig dachte, Erinnerungen klebten wie Spinnweben; Spinnweben klebten auch daran wie, nun, wie Spinnweben. Muffig riechende Schränke, klobige, aufgetürmte Kisten und Koffer, ein wurmstichiger Tisch, auf dem eine Porzellanschale mit staubigen Wachsäpfeln stand, auf dem Boden Bilder, mit dem Gesicht zur Wand. In einer Ecke lagen, halb unter achtlos darübergebreiteten schweren Vorhängen verborgen, die Überreste seiner Kindheit: buntbemalte Holzklötzchen, der schon sprichwörtliche einäugige Teddybär, *Masters of the Universe*-Figuren, Janet, die geschlechtslose und dennoch schwangere Barbie-Puppe mit aufklappbarem Bauch, das zerbrechlich wirkende Schaukelpferd mit schäbigem Sattel und am Hals durchgewetztem Filzfell, die Spielzeugmagnetbahn, die Dampfmaschine mit rußigem Feuerloch, das ferngelenkte Modellraumschiff. Vorsichtig schlug er die Vorhänge zurück. Da lag sie: die Welt. Seit Jahren hatte er nicht mehr an sie gedacht, obwohl sie ihm einmal so viel bedeutet hatte.

Als Maximilian Gott die Welt erschaffen hatte, war er dreizehn Jahre alt. Es war an einem heißen Sommertag, und es hatte Ozonalarm gegeben, der ihn ans Haus fesselte. Gelangweilt beobachtete er das emsige, aber immer gleiche Treiben in seiner Ameisenfarm: Brutpflege, Pilzzucht, Bauarbeiten, Läusemelken. Maximilian stieß einen Pfiff aus, und seine mechanische Fledermaus löste sich von der Gardinenstange, kreiste zweimal im Zimmer und kehrte dann an ihren angestammten Platz zurück. Er kramte zwei alte Saurier hervor – eine Entenschnabelechse, deren Kopf an Donald Duck erinnerte, und ein griesgrämig blickendes Iguanodon –, setzte sie auf die Tischplatte und ließ sie eine Weile miteinander kämpfen. Dann legte er sich bäuchlings aufs Bett und blätterte in einem Comic-Heft. In der Bastelrubrik, die er bisher übersehen hatte, fand er eine Bauanleitung und schuf die Welt.

So entstand aus einer Laune heraus ein Steckenpferd, das ihn über Jahre hinweg fesseln sollte. Es begann mit einem ganz einfachen Modell. Auf eine simple, quadratische Fläche setzte er ein Dutzend fingergroße Menschlein. Er beobachtete, wie sie herumliefen, an die Kante traten – einige vorsichtig, fast ängstlich, andere forsch, geradezu wagemutig – und hinuntersahen. Eines setzte sich an den Rand und ließ die Beine baumeln. Maximilian zerkrümelte ein paar Kartoffelchips und bestreute sie damit. Bald fanden sie heraus, daß sie sie essen konnten. Als er einen seiner Spielzeugsaurier, einen harmlosen, wenn auch riesigen Pflanzenfresser mitten unter sie auf die Platte setzte, hatten sie ihn binnen Minuten funktionsunfähig gemacht. Einmal schubste eines seiner Menschlein ein anderes über den Rand der Platte, aber Maximilian konnte es gerade noch auffangen.

Im Lauf der nächsten Wochen und Monate entwickelte er die Welt weiter. Zunächst schrumpfte er die Menschlein, so daß sie mehr Platz zur Verfügung hatten, wenn er ihnen so auch nur noch über einen Monitor zusehen konnte, und gab ihnen die Fähigkeit, sich selbst zu reproduzieren. Nachts stülpte er eine schwarzlackierte Käseglocke, in die er mit Nadeln ein paar Luftlöcher gebohrt hatte, über die Welt, so daß er diejenigen, die über den Rand gefallen waren, leicht wieder einfangen konnte. Tagsüber trieb er sie oft, wenn sie dem Rand zu nah kamen, mit dem Blitzlicht seines Fotoapparats zurück. Bald automatisierte er die Blitze mit Hilfe einer Lichtschranke. Er unterteilte die plane Fläche und schuf so fraktale Gebirge; er goß Wasser darüber, und in den Vertiefungen sammelte es sich zu

Seen und Meeren, so daß die Menschlein den Rand nicht mehr erreichen konnten. Immer komplexer, immer ausgefeilter wurde seine Welt. In den darauffolgenden Sommerferien arbeitete er, und so verdiente er genug Geld, um sich einen einfachen japanischen Sim zu leisten, in den er die Welt einbettete. Er ersetzte die Tischlampe, mit der er sie gewöhnlich beleuchtet hatte, durch einen Taschenfusionsreaktor. Mit Hilfe geradezu lächerlich einfacher Formeln, die bereits im zwanzigsten Jahrhundert der Biomathematiker Aristid Lindenmayer zu entwickeln begonnen hatte, Grammatiken, die Kirschblüten ebenso beschrieben, wie Seerosen, die, durch einfaches Ändern einiger Parameter eine Trauerweide in eine Wildkarotte oder eine Blautanne verwandeln konnten, verzierte er die Welt mit den unterschiedlichsten Pflanzen. Ebenso ließ er es bald von Tieren wimmeln. Manchmal hielt er die Simulation an, um Details genauer zu betrachten, doch meist beschleunigte er sie, so daß seine Menschlein sich in Tagen um Monate oder Jahre weiterentwickelten. Inzwischen hatten sie, dank der primitiven künstlichen Intelligenz, mit der sie ausgestattet waren, Schiffe entwickelt, so daß wieder einige von ihnen über den Rand fielen. Also bog Maximilian das Quadrat zum Zylinder und diesen zur Kugel und fixierte die Oberfläche durch eine nach innen gerichtete Kraft. Der Sim war mit einem Raumverzerrer ausgestattet, so daß die Menschlein, auch wenn sie lernen sollten, die Kugel zu verlassen, um beispielsweise den Trabanten, den Maximilian ihnen inzwischen gegeben hatte, zu untersuchen, ihm nicht entkommen konnten.

Je länger er an der Welt arbeitete, desto stärker beschäftigte ihn eine Frage: Sind auch wir nur ein Spielzeug, leben wir in einer Simulation, die eines Tages von einem Schöpfer angestoßen wurde? Er wußte aus der Schule eine Menge über die Entstehung der Welt, er kannte die grundlegenden Begriffe und Gedanken, aber würden seine Menschlein das nicht auch irgendwann einmal zu wissen glauben?

Als er wieder einmal über den Monitor die Welt beobachtete, fragte er seine Freundin Ariana. Sie war genau einen Tag älter als er, aber ihre Eltern hatten auf Fragen nach der Erddrehung oder dem Prinzip von Flugzeugen nie geantwortet: ‚Du siehst doch, wie die Wolken sich bewegen' oder: ‚Es fliegt so schnell, bevor es hier abstürzen kann, ist es schon wieder woanders'. Sie hatten es ihr erklärt, kindgemäß, aber richtig, sofern sie es wußten; ja mehr noch: wenn sie etwas nicht wußten, sagten sie das auch und fanden es heraus, oder sie leiteten sie an, es herauszufinden. Daher hatte sie frühzeitig gelernt, selbständig zu denken.

Inzwischen war sie fünfzehn. Jetzt saß sie mit untergeschlagenen Beinen und geschlossenen Lidern auf Maximilians Bett und genoß die Musik, die aus den beiden Boxen drang. Sie öffnete die Augen, griff nach der Fernbedienung des Würfelspielers und verringerte die Lautstärke. „Was hast du gesagt?"

„Ich fragte, ob du glaubst, daß unsere Welt einen künstlichen Ursprung hat."

„Einen Gott?" fragte sie grinsend. „Nein."

Er wandte sich um und sah sie böse an. Sie wußte, daß er Anspielungen auf seinen Nachnamen nicht leiden konnte. Er wartete darauf, daß sie noch etwas sagen würde, aber sie tat es nicht. „Kannst du das etwas näher ausführen?" bat er ungeduldig.

„Sicher." Sie dachte einen Augenblick nach. „Rein logisch betrachtet, gibt es zwei Ausgangspunkte: Entweder hatte die Welt einen Anfang, oder sie hatte keinen – entweder trifft eine Aussage zu, oder ihre Negation trifft zu, es gibt keine dritte Möglichkeit."

„Ist das nicht Schwarzweißmalerei?"

„Nein, Mathematik. Ich habe bewußt von Aussagen gesprochen, nicht von Meinungsäußerungen wie ‚Rotkraut schmeckt gut'." Beim Gedanken an diese Kohlart verzog sie angewidert das Gesicht. „Also lassen sich spezielle Varianten, Singularitäten, asymptotische oder zyklische Zeit zwangsläufig durchaus in eines dieser Modelle einordnen." Sie hatte sich in der Schule vor allem für naturwissenschaftliche Fächer entschie-

den, was sich auch in ihrer Ausdrucksweise niederschlug.
„Was ist eine Singularität?" fragt Maximilian.
„Eine Ausnahmeerscheinung, die mit herkömmlichen physikalischen Gesetzmäßigkeiten nicht beschrieben werden kann."
„Zum Beispiel?"
„Keine Ahnung ... ein kollabiertes Schwarzes Loch ohne Volumen, aber mit unendlicher Dichte."
„Aha. Und was heißt asymptotisch?"
Ariana hob die Hand und ließ sie wie im Sturzflug auf die Tagesdecke niedergehen und daran entlang gleiten. „Es nähert sich immer mehr an, berührt sich aber nie." Sie stand auf, ging zu Maximilian und warf einen Blick auf den Monitor. Menschlein mit abstoßend bemalten Gesichtern hüpften um ein großes Feuer, dessen flackerndes Licht sie noch unheimlicher wirken ließ. Dann fuhr Ariana fort: „Ist die Welt – die wirkliche, nicht deine – ohne Anfang, aus welchem Grund auch immer, so ist die Frage nach einem Schöpfer zweifellos zu verneinen. Daher nehmen wir als Arbeitshypothese an, die Welt habe einen Anfang gehabt."
„Und wenn alles ..." Maximilian zögerte. „Ich weiß nicht. Wenn alles gleichzeitig existiert, und nur unsere Wahrnehmung eingeschränkt ist, so wie die Wesen in *Flatland*, diesem hypothetischen, zweidimensionalen Universum, keine dritte Dimension wahrnehmen?"
„‚Ich weiß nicht' trifft die Sache ziemlich genau", sagte Ariana zynisch. „Relativitätstheorie solltet selbst ihr im Basiskurs schon in einem der letzten Trimester gehabt haben, du müßtest also wissen, daß es so etwas wie Gleichzeitigkeit nicht geben kann." Vorsichtig fügte sie hinzu: „Obwohl mir die quantenphysikalischen Aspekte ziemlich schleierhaft sind ... Darüber muß ich bei Gelegenheit nachdenken. Wie dem auch sei, wenn einmal ein Universum existiert, mit irgendwelchen zufälligen, wie auch immer gearteten Eigenschaften, so können damit unterschiedliche Dinge geschehen, abhängig von der Art der Eigenschaften. Die Grundelemente –

in diesem Universum sind es einige wenige Quarkkombinationen –, könnten sich – husch! – in Sekundenbruchteilen wieder in Nichts (was immer das ist) auflösen."

„*Quark*", sagte Maximilian. Ariana hatte das Wort wie das Milchprodukt ausgesprochen, er dagegen hatte vor seinem geistigen Auge den Roman von James Joyce, aus dem es stammte, und ahmte ein Froschquaken nach.

„*Quarks*, meinetwegen. Alles mögliche kann damit passieren: Sie könnten sich ohne viel Aufsehen im Lauf von Jahrmilliarden in Lakritze verwandeln – na ja, du weißt schon, was ich meine – oder aber sie ordnen sich, wie hier, hierarchisch zu größeren Modulen an, wie Wassermoleküle beim Gefrieren – das Universum kühlt einfach ab. Nukleonen und Elektronen werden dabei zu Atomen, diese zu Molekülen, die wiederum zu Makromolekülen. Daran ist nichts Wunderbares." Sie nahm die beiden Gläser und die halbvolle Flasche Pflaumensaft von einem Tablett und stellte sie auf den Tisch. Maximilian sah sie mißbilligend an. Die Gläser würden Ränder auf der Platte hinterlassen. Ariana kümmerte sich nicht darum. „Sonnen bilden sich wie Öltröpfchen in einer schlecht verrührten Vinaigrette", sagte sie, „aber zitiere mich bitte nicht." Sie griff in ein Regal und nahm einen großen Leinenbeutel heraus. Sie schüttete Glasmurmeln aus dem Beutel auf das schiefliegende Tablett. „Siehst du diese Murmeln?" fragte sie und fuhr fort, ohne sein ironisches Nein zu beachten: „Aufgrund ihrer Eigenschaft – Kugeln sind nun einmal rund, sonst wären sie keine Kugeln, sondern Würfel, Ikosaeder oder was auch immer – und ein bißchen Schwerkraft ordnen sie sich sofort, ohne mein Zutun, und ohne daß jemand sie zu diesem Zweck rund gemacht hätte, so an, wie Atome in einem Kristallgitter, jede Murmel von sechs anderen im gleichen Abstand umgeben, nur an einer Stelle ein Bruch in der regelmäßigen Struktur. Von diesen Makromolekülen also haben nun einige die Eigenschaft, chemisch Kopien von sich selbst herstellen zu können, wiederum zufällig, denn viele andere haben sie nicht. Aber diese Xerox-Moleküle haben einen entscheidenden Vorteil: Die anderen sind nicht weniger chauvinistisch als sie, aber sie müssen geduldig warten, bis in der Ursuppe Atome sich zufällig zu ihresgleichen zusammenfinden. Sie dagegen können sich selbst vermehren. Der Rest ist Geschichte, Evolutionsgeschichte, genauer gesagt."

„Ja, das weiß ich alles, aber das Hauptproblem sind immer noch diese Grundelemente. Sind die *Quarks* vielleicht, so wie Tangramteile, mit der Absicht zugeschnitten worden, daraus komplizierte Figuren zu legen? Es ist doch schon merkwürdig, daß sie zueinanderpassen wie die Zapfen und die Hohlräume von Legosteinen."

„Du wählst deine Beispiele nicht gerade objektiv. Was ist mit den Murmeln, die niemand speziell für meine Demonstration hergestellt hat, mit Wolken, die sich zu Luftschlössern aufbauen oder einer Sandschicht auf einer Metallplatte, die sich, wenn diese mit einem Geigenbogen in Schwingung versetzt wird, wie von Geisterhand, aber doch durch einfache physikalische Vorgänge zu viel komplizierteren Mustern anordnen, als deine Tangramelemente. Sie sind definitiv von einer Absicht unabhängig, das heißt, die Notwendigkeit eines Schöpfers besteht nicht."

„Trotzdem ist die Existenz eines Schöpfers, wie die meine bezogen auf die Spielzeugwelt, denkbar. Vielleicht sind wir ebenso Geschöpfe in einer simulierten Umgebung."

„Richtig, aber dann läßt die Frage sich rekursiv stellen: Wer schuf den Schöpfer? Sind die Universen ineinander verschachtelt?"

„So wie *Matrjoschkas*?"

Ariana kniff mißtrauisch die Augen zusammen. „Das ist kein kosmologischer Begriff, oder?"

„Nein, es ist die Verkleinerungsform von *Mat*: also Mütterchen."

„Ach, die meinst diese russischen Schachtelpüppchen? Ja, in etwa. Der Modellgedanke eines Schöpfers löst das Problem also nicht, er transponiert es nur. Deine Menschlein verdanken ihre Existenz zwar direkt dir, indirekt aber müssen sie das

Produkt der Natur sein, ohne ein übernatürliches Wesen am Anfang."

„Theoretisch ist es aber möglich, daß wir in einer nichtnatürlichen Welt leben."

„In einem Spielzeug, einem Computer in irgendeinem Labor. Es könnte sein, daß wir in einem modrigen Keller verrotten, in einer Truhe, an der Spinnweben wie Zuckerwatte kleben, oder, wie meine Großtante zu sagen pflegt, es könnte sein, daß wir heute Morgen um acht Uhr von einem übernatürlichen Wesen erschaffen wurden, mitsamt unserer Erinnerung, Hintergrundstrahlung, dem Licht von Sternen, das seit Millionen Jahren unterwegs zu sein scheint, und radioaktiven Zerfallsprodukten, die eine Halbwertszeit vortäuschen und es den Archäologen erlauben, ein gefälschtes Alter der Fossilien nachzuweisen. Können deine Ameisen erkennen, daß sie in einem Formikarium eingesperrt sind? Trotzdem leben die meisten Ameisen im Wald, in echten Hügeln. Warum modellierst du die Rückseite des Mondes deiner Menschlein nicht zu einem Selbstporträt, das wird ihnen ganz schön zu denken geben, wenn sie ihn zum ersten Mal umkreisen. Mein Gott – ich meine, du liebe Zeit – vielleicht ist der Himmel kariert, und wir sehen es nur nicht, einfältig und unvollkommen, wie wir sind."

„Mußt du alles so ins Lächerliche ziehen?"

„Es ist lächerlich." Sie legte ihm die Hand auf die Schulter. „Vielleicht existiert nichts wirklich außer dir, und du bildest dir mich und den Rest der Welt nur ein." Sie tat, als betrachtete sie diesen Rest der Welt, nahm dann die Hand von seiner Schulter und wischte sie demonstrativ am Hosenbein ab. „Mein Gott!" rief sie und wiederholte in sarkastischem Tonfall: „Mein Gott, hast du eine perverse Phantasie, dir so etwas wie diese Welt auszudenken." Dann wurde sie wieder ernst und sagte: „Aber kannst du das wirklich glauben, Max?"

„Ich bin nicht sicher."

Enttäuscht schüttelte sie den Kopf. Sie ging zum Schreibtisch und berührte den Rechner, der in Form und Größe einem

Ringbuch glich. Der Bildschirm wurde weiß. Mit dem Finger wählte sie ein Zeichenprogramm, dann fuhr sie mit dem Fingernagel über den Schirm. Dunkelblaue Linien erschienen. Sie klopfte gegen die Scheibe, und die Linien veränderten sich ein wenig, wurden zu drei regelmäßigen, v-förmigen Zeichen. Es sah aus, wie die Spitzen eines gleichseitigen Dreiecks. Sie warf Maximilian den Computer zu. „Was ist das?" fragte sie.

„Ein Dreieck, das zum Teil von einem weißen, ausgefüllten Kreis oder einem entsprechenden, um neunzig Grad gedrehten Dreieck bedeckt wird", antwortete er spontan.

„Sechzig Grad, oder ein ungeradzahliges Vielfaches davon, wenn schon, aber egal. Was könnte es noch sein?"

„Ein Davidstern, dessen auf der Spitze stehendes Dreieck wiederum von einem etwas größeren weißen verdeckt ist. Überhaupt könnte alles mögliche darunter Verborgen sein. Beulen, Löcher, Verbindungen ..."

Ariana nickte. „Das erklärt einiges", seufzte sie.

„Wieso?"

Sie atmete hörbar aus. Dann sagte sie, indem sie jedes Wort einzeln betonte: „Weil auf dem Bildschirm einfach drei geknickte Linien zu sehen sind."

Gott wischte den Staub von der Welt. Der Reaktor lief noch, sie arbeitete. Er aktivierte den Monitor. Der Zeitablauf war beschleunigt. Seit sie hier auf dem Dachboden abgestellt worden war, mußten Jahrtausende lokaler Zeit vergangen sein. Wolkenfetzen versperrten den Blick auf den Planeten. Er schaltete einen Filter dazwischen, und die Wolken verschwanden. Jetzt waren feine Linien zu erkennen, die die Landmassen durchzogen; auf der Nachtseite funkelten Lichter. Fast mit einem Zehntel der Geschwindigkeit eines Sekundenzeigers wanderte die Dämmerungszone über die Oberfläche. Ein Gebirgszug auf einer der großen Landmassen formte deutlich die Worte: *Made in Japan.* Wie stolz war er früher auf seine Welt gewesen! Jetzt gab es in jedem Warenhaus Welten, die nicht mehr kosteten, als eine Armbanduhr, und gegen die seine wirkte wie ein Volksempfänger gegen einen Cyberspacesessel.

„Herr Gott?" rief fragend eine melodiöse Stimme. Ein Speditionsautomat kam stampfend die Treppe herauf. „Was soll mit dem Transportgut geschehen?"

Gott sah auf. „Alles Müll", antwortete er kurz angebunden. „Recyclen." Seine Hand zögerte nur einen Augenblick, dann schaltete er die Welt aus.

November 1991

Erdpech

Niklas kam zu sich mit einem äußerst merkwürdigen Gefühl. Was tat er hier? Wie war er hierhergekommen? Er verließ die Halle, ohne genau zu wissen, warum. Das Licht der Sommersonne blendete ihn. Als er sich umwandte, sah er den Eingang eines großen, würfelförmigen Gebäudes, dessen plumpes Äußeres raffiniert durch Glasfronten aufgebrochen war. *ZKM*, las er, *Zentrum für Kunst- und Medientechnologie*. Neben dem Eingang verkündeten Plakate: *MultiMediale 2005*. Er wußte, daß er die Medienkunstausstellung besucht hatte – doch seltsam, er konnte sich an kein einziges Exponat erinnern.

Irgendetwas war hier ganz und gar nicht in Ordnung. Es war mehr als nur ein unbestimmtes Gefühl: Wie ein Traumtänzer ging er über einen Kiesweg inmitten üppiger Pflanzen. Überall zwischen den Häusern wuchs dichtes Grün, keine Spur von Asphaltstraßen, und auch die Architektur war verändert, ihre zum Teil beinahe organisch wirkenden Strukturen und auch scharfkantige geometrische Körper verschmolzen harmonisch mit der Vegetation, so wie die einzelnen Medusen einer Staatsqualle sich ineinanderfügen.

An der Seite des Wegs stand eine schwarze Säule – ein öffentliches Terminal offenbar. Er trat darauf zu und rief ein Taxi. Hartnäckig bat das Terminal ihn, seinen Bestimmungsort anzugeben, um einen möglichst sparsamen Transport mehrerer Passagiere gewährleisten zu können, doch er wußte nicht, wohin er wollte. Nach einer Minute kam ein Taxi, ein ungewöhnliches Gefährt, wie es Niklas schien, das rad- und fahrerlos etwa eine Handbreit über den Pflanzen schwebte. Es war klein, bot nur Platz für eine Person. Die Solarzellen auf dem Dach mußten außerordentlich leistungsfähig sein, da sie ausreichten, es in der Luft zu halten, auch wenn ihrer Fläche nocheinmal die gleiche durch eine Art Biberschwanz am Heck hinzugefügt wurde.

„Guten Tag, mein Herr. Wohin möchten Sie?" fragte das Taxi, als Niklas einstieg, da das Terminal ihm kein Ziel angegeben hatte. Immerhin war es in der Lage, Niklas' Geschlecht zu erkennen, was auf ein ausgereiftes Programm schließen ließ, dessen Fahrkünsten er sich bedenkenlos anvertrauen konnte.

„Einfach geradeaus", sagte er, nachdem er eingestiegen war. Das Taxi schwankte leicht, wie ein schweres Ruderboot.

„Aber wenn Sie mir die Adresse nennen", insistierte das Taxi, als es losgefahren war, „kann ich den optimalen Weg berechnen."

Langsam wurde es lästig. „Geradeaus", wiederholte Niklas schärfer, als es die Höflichkeit zumindest einem Menschen gegenüber geboten hätte. Sofort fühlte er sich unwohl, obwohl es nur eine Maschine war, mit der er sprach, und daher fügte er hinzu: „Ich weiß noch nicht, wohin."

Wohin er auch sah, überall waren die Leerräume zwischen den Häusern voller Pflanzen. Er erkannte zahlreiche Schattengewächse, denen die Nähe der hohen Gebäude nicht schadete: Farne, Eisenhut, Moschusrosen, Funkien, Schneeballbüsche, Wildkirschen und Brombeeren. Selbst Bäume gab es, Ebereschen und silbrigglänzende Rotbuchen vor allem, von denen einige, wenn sie hier gewachsen waren, lange vor Niklas' Geburt gepflanzt worden sein mußten.

Viele Gebäude waren durch Brücken, gläserne Röhren mit rechteckigem Querschnitt, verbunden. Auf den Kieswegen liefen Fußgänger, aber auch Fahrradfahrer waren zu sehen; dank breiter Reifen hatten auch sie auf dem Kies keine Schwierigkeiten. Ein großer Teil der Fahrräder war öffentlich, wie es schien, wenn auch die meisten anderen individuell gestaltet waren.

Von Zeit zu Zeit wies Niklas dem Taxi willkürlich die Richtung, und mit einemmal wußte er wieder, wo er sich befand. Vor sich sah er auf dem Rondellplatz den Obelisken. Er hielt sein Fahrzeug an. Die Straße – falls dieser Begriff noch angebracht war – auf der er sich befand, bildete die mittlere Rippe des Fächers, der den Grundriß der Stadt prägte. Hier gab es nahezu ausschließlich niedrige Pflanzen, so daß er fast freien Blick aufs Schloß im Zentrum des Fächers hatte. Verschiedene Denkmäler irgendwelcher Markgrafen und Großherzöge standen hier, die Grabpyramide des Stadtgründers Carl Wilhelm auf dem Marktplatz, der jetzt eher als Lichtung bezeichnet werden mußte, eine Niklas unbekannte Stahlskulptur, die an eine Kreuzung zwischen einem Virus und einer Mondlandefähre erinnerte und schließlich die Markgräfliche Residenz selbst, deren blaßgelber Farbton inmitten der Pflanzen nicht mehr ganz so abscheulich wirkte. Er fuhr darauf zu, bog dann an der Kaiserstraße rechts ab. Kaiserstraße! Ein Biotop, das war es. Wo früher Straßenbahnen gefahren waren, wand sich jetzt ein kleiner Bach. Niklas öffnete das Seitenfenster. Die kühle Luft roch würzig, Vögel zwitscherten und pickten an scharlachroten Ebereschenfrüchten, Insekten schwirrten, kleine Nager wieselten durch das Laub. Eine Biene flog an ihm vorbei, ihr Summen war weitaus lauter als das des Taximotors. Enten schwammen im Bach, ein Frosch sprang klatschend vom Ufer ins Wasser, Eichhörnchen huschten Baumstämme hinauf, eine winzige Haselmaus sah ihn aus Knopfaugen an.

Niklas bemerkte, daß die Vegetation sich in vier Stufen gliedern ließ. Auch wenn alles wild und natürlich wirkte, war es doch genau durchdacht. Zuunterst gab es Laub- und Lebermoose, dann folgten großblättrige Krautpflanzen, als nächstes Kletterpflanzen und Büsche und schließlich das Blätterdach der Bäume, das im sommerlichen Licht dunkle Schatten warf. Viele Häuser waren efeubewachsen, Waldreben rankten an Baumstämmen, wanden sich zwischen den Bäumen.

Bisher waren Niklas nur wenige Taxis begegnet, die meisten waren für vier bis zwölf Personen bestimmt und gewöhnlich voll besetzt. Er wies sein Taxi an, schneller zu fahren. Draußen: sattes Grün – den Chlorophyll hortenden Schattenpflanzen zwischen den Bauwerken war ein intensiverer Farbton eigen als etwa sonnenliebenden Gewächsen, doch es gab zahlreiche andere Farbflecken: Funkien in vielen Tönen, Sterndolden mit rosa oder weißen Blütenköpfen, violette Nesselglockenblumen. Geschickt wich das Fahrzeug Menschen, Tieren und Bäumen ebenso aus wie zwei Meter hohen Silberkerzen, nur gelegentlich änderte es kaum merklich die Höhe.

Niklas fühlte sich wie ein Schlafwandler, der in einem bizarren, surrealistischen Land erwacht ist. Eine Sekunde lang wurde ihm blau vor Augen, dann sah er wieder die Stadt, doch völlig unbeweglich, wie ein Standbild – ein Lidschlag, dann schien die Halluzination vorüber. Nirgendwo gab es Verkehrsschilder, Werbeplakate, Neonreklame oder schreiende Aufschriften an den in Weiß und Braun gehaltenen Häusern. Maschinen, die wie tellergroße, spiegelnde Krabben aussahen, eilten zwischen den Pflanzen hin und her.

Am Berliner Platz mündete der Bach in einen kleinen See, auf dem Wasservögel schwammen, die sich in der leicht gekräuselten Oberfläche zitternd spiegelten, Enten hauptsächlich, aber Niklas entdeckte auch einige Schwäne. Die Tiere ließen sich durch das Taxi, das übers Wasser glitt, nicht im mindesten stören.

Wenige hundert Meter weiter sah Niklas etwas, das er wiedererkannte: ein Kino, das Atlantik, mit einem Filmtitel, wie er ihn erwartet hatte – *Gier*. Doch dann stutzte er, hieß das Taxi langsamer fahren. Er betrachtete die Plakate und bemerkte, daß es sich um einen fast hundert Jahre alten Stummfilm handelte, den er früher einmal auf Video gesehen hatte – mit doppelter Geschwindigkeit abgespielt, denn die Zwischentexte waren albern gesprochen, wobei natürlich der schreckliche deutsche Akzent der „Mommer" fehlte. Auch bei dieser Geschwindigkeit ging nichts außer der musikalischen Untermalung verloren, Handlung und Schrifttafeln liefen langsam genug ab, und er hatte sich gefragt, ob die Menschen der Jahrhundertwende wirklich so langsam wahrgenommen oder gedacht hatten.

Er fuhr weiter. Das Durlacher Tor, ursprünglich wirklich ein Stadttor, dann zur Straßenbahnhaltestelle degradiert, hatte sich in eine Blumenwiese verwandelt, hier und da aufgelockert durch einen Buchenhain – doch kurz dahinter, mitten auf der Durlacher Allee, begann ein weißer Nebel, wie eine Wand fast, doch ohne jeden Schatten, nur einige Zweige von Büschen und Bäumen ragten hinein.

„Anhalten!" rief Niklas, und das Fahrzeug stand still. „Was ist das?" fragte er.

Das Taxi antwortete: „Hier ist die Simulation zu Ende."

Wieder wurde alles blau, eine konturlose, einheitliche Fläche. Niklas spürte, wie jemand ihm den Helm abnahm, was ihn irritierte, da er sich bis zu diesem Augenblick nicht klar darüber gewesen war, daß er einen Helm trug. Er saß auch nicht in einem Taxi, sondern lag auf einer bequem gepolsterten Bahre. Fünf weitere gab es, auf denen ebenfalls Menschen ruhten, bewegungslos, den Kopf in verkabelten Helmen.

Niklas setzte sich auf, und ihm wurde bewußt, wo er sich befand. Etwas abseits erkannte er Ralf Bühler, in ein Gespräch vertieft – sie nickten sich kurz grüßend zu. Ralf war Maler, doch seit Jahren der Medienkunst verschrieben. 1991 hatte er *Weinbrenners Traum* verwirklicht, eine architektonische Phantasie über die Stadt Karlsruhe – wenn auch nur als Computeranimation.

Niklas verließ das ZKM, trat endgültig von der künstlichen Realität zurück in die Wirklichkeit, nur zwei schweißfeuchte Druckstellen an seinen Schläfen blieben. Dicht an dicht standen die Autos in der Straße, und er wartete auf dem Bürgersteig, bis die Fußgängerampel auf Grün umsprang. Dann zwängte er sich zwischen zwei Wagen durch, deren Stoßstangen sich fast berührten. Er spürte die warmen Auspuffgase an den Beinen.

Kernige Marlboro-Cowboys jagten in Hubschraubern Pferde um die Werbefläche einer öffentlichen Toilette. Putz bröckelte von schmutzigen Hausfassaden. Außer einem staubigen Löwenzahn, der aus einer Bordsteinritze drängte, waren die einzigen Pflanzen, die Niklas sah, der Indische Hanf auf einem Plakat der CMA, das für die deutschen Cannabisbauern warb. Benzindämpfe und Abgase füllten die Straßenschlucht,

Niklas atmete tief durch. Hier kannte er sich aus – endlich war er wieder zu Hause, in vertrauter Umgebung. Als er in sein Auto stieg, brach ihm in der treibhausheißen Luft darin der Schweiß aus. Er steckte die Magnetkarte ins Zündschloß, schaltete die Klimaanlage ein und wartete, bis das Lenkrad soweit abgekühlt war, daß er es anfassen konnte. Dann reihte er sich mit brüllendem Motor in den Stau ein.

November 1991

Chips und Spiele

Es war ein unfreundlicher Tag im Spätfrühling, und draußen klebten schwarze Schneeklumpen an den Straßenrändern, als Rudolf erwachte. Seine an die Wand gepreßte Hand war mit schweißdurchweichten Mörtelkrümeln verklebt. Kalter Wind floß durch ein Loch im Fenster, der Pappkartonfetzen, der es verstopft hatte, lag am Boden. Daneben spielte eine schwarzweiße Katze mit zerbröselten Kartoffelchips. Rudolf griff nach einer offenen Bierflasche, die neben seiner Schlafmatratze stand, und warf nach ihr; die Flasche prallte gegen den Stützpfeiler in der Zimmermitte, von dem Putz rieselte, und fiel zu Boden. Miauend floh die Katze durch die Fensteröffnung. Bier rann glucksend aus dem Flaschenhals und fügte den Flecken auf den Teppichbodenfließen einen weiteren hinzu.

„Scheiße", stöhnte Rudolf.

Er trat durch die quietschende Tür des Sozialamts auf die Straße. Fröstelnd schlug er den Kragen seiner Jacke hoch. Mit schweren Lidern sah er sich nach allen Seiten um, als suchte er einen Grund, hierhin oder dorthin zu gehen. Von rechts ertönte ein langgezogenes Tuten wie von einem Flußdampfer: einer der neuen S-Bahn-Züge – stoffbezogene Polstersitze, Panoramafenster. Die Haltestelle war keine zwanzig Meter entfernt. Rudolf rannte los und schaffte es gerade noch, durch die sich schließende Tür zu springen, ließ sich keuchend in einen Sessel fallen, wobei er selbst nicht recht wußte, ob ihm vor Anstrengung der Atem fehlte, oder ob er nur so tat, um erst einmal die Lage zu übersehen. Es war früher Nachmittag, und der Wagen war fast leer. Ganz hinten döste mit offenem Mund eine alte Frau, eine noch ältere braune Einkaufstasche fest an sich klammernd; vor Rudolf saß ein stark geschminktes, vielleicht zwölfjähriges Mädchen mit kirschgroßen, pinkfarbenen Ohrringen und blätterte in einer Bravo.

‚Schwanger!' entzifferte Rudolf eine Überschrift. ‚Das ist für Mädchen erst mal ein Schock.'

Er riß gähnend den Mund auf, schüttelte schnappend den Kopf wie ein Pudel, der, ohne zu wissen warum, nach einem Karnickel beißt.

Neben dem Mädchen saß ein etwa gleichaltriger Junge, den Kopf in der Kapuze von der Welt abgeschlossen; seine behandschuhten Finger griffen zuckend ins Nichts, sein Körper ruckte vor und zurück und zur Seite. Von seinen Lippen löste sich von Zeit zu Zeit ein scharfes „Nimm das!" oder „Erwischt!"

Entspannt lehnte Rudolf sich zurück. Für eine Kontrolle in einem kaum besetzten Zug war es noch zu früh, erst nach Mitternacht wurde es problematisch – die erhöhten Strafgebühren zum Ausgleich für seltenere Kontrollen waren kein Kinderspiel. Ertapptwerden ohne Fahrschein hätte ihm gerade noch gefehlt, nachdem die Tante von der Soze so zickig gewesen war mit der Sonderzuteilung. Was die so ‚Sonderzuteilung' nannten. Wenn das so weiter ging, würde Bier noch zum Luxusartikel. Scheiße.

Er zog sein Messer und fügte den Kritzeleien in der Wagenwand seine Initialen hinzu: ein X, darunter ein V, so daß eine Raute entstand, und links davon ein Strich über die gesamte Höhe, der daraus ein stilisiertes, eckiges RS machte, dynamisch-aggressiv wie Runen.

Irgendwo in der Einkaufszone stieg er aus. Kaum war er ein paar Meter gegangen, als ihm ein unangenehmer Geruch in die Nase stieg.

„Scheiße", sagte er, und tatsächlich: er war in einen Hundekegel getreten. Mit ausgestrecktem Bein hüpfte er zu einem Abfallkorb, in dem er eine alte Zeitung fand, von der er einen Fetzen abriß. ‚Waff', stand neben dem Namen der Zeitung in kinderhandgroßen Lettern und ‚gesch' darunter. So gut es ging, machte er mit dem Papier seinen Stiefel sauber.

Er stand er da und überlegte, was er tun sollte, da hörte

er hinter sich ein Johlen und Gröhlen. Als er sich umdrehte, sah er Bomber und seine Clique hinter einem McDonald's-Schaufenster. Sie winkten und schlugen gegen die Scheibe, auf der fettige Abdrücke zurückblieben.

„Hey", rief Bomber ihm zu, als er das Restaurant betrat.
„Hierher! Richy schmeißt 'ne Runde Burger."
„Was'n los?"
„Ich hab's geschafft", antwortete Richy. „Sie ham endlich kapiert, daß sie mich brauchen, um das Vaterland zu verteidigen."
„Mann, haste aber Schwein gehabt. Pommes und Pennen umsonst, Pinke bar auf die Hand, Mann."

Richy schob einen Schein in den Automaten am Tisch, und Rudolf drückte die Tasten für einen McCalamar, Extra-Majo und Cola. „Hoffentlich kriegste 'n Einsatz, die Bräute in Gambia sollen ja Spitze sein."

Sie schwelgten in all den Wunderdingen, die erzählt wurden über die Verteidigungseinsätze in den verschiedenen Krisengebieten; fast ebenso schwelgten sie im Essen, dessen chemische Zusammensetzung dem Gehirn den Wunsch nach mehr signalisierte.

Rudolf leckte sich säuberlich die Finger ab, wischte sie an der Hose trocken und rülpste. Der Geruch von Fett, Tintenfisch und Cola stieg ihm in die Nase.

Irgendjemand fragte: „Wer kommt mit ins Casimo?"
„Böh", meinte einer und: „Scheiße!" ein anderer – nicht Rudolf, denn er fand die Idee gar nicht so schlecht. Nicht schlechter als jede andere.

Im *Casimo*, einer verrauchten Halle mit ein paar Dutzend Spielautomaten, saßen sie, ein trister Haufen: Arbeitslose, Spielsüchtige, Betrunkene, Nichtstuer.

Rudolf stellte einen Fuß auf den leeren Hocker vor einem unbesetzten *Seven Submarines*-Automaten und zog einen Geldschein aus der Stiefeltasche. ‚*Goot mornink, Herr Kapitan*', stand in leuchtenden Buchstaben auf dem Bildschirm. ‚*I am u'r new first mate. Zey say I am der best one in der kreigsmarine, und u vill treat me as such, or der Fuhrer takes u to task. Now zis is ze new U-boat? She is very pretty, no?"* Neben dem Feuerhebel stand in Matrixdruckerschrift auf einem schmutzigen Zettel die Übersetzung.

Die Aufsicht auf dem Postament neben der Eingangstür sah mit ihrem mehligen Gesicht unter einer schwarzen Nylonperücke in der schummrigen, grünlichen Beleuchtung und der rauchgeschwängerten Luft aus wie ein klebriger Teigklumpen. Ohne Rudolf anzusehen, nahm sie den Schein und schob ein paar Spielmünzen über den Tisch.

Rudolf ging langsam an den Automaten vorbei. In all dem Piepsen und Quietschen wollte eine Stimme mit scheußlichem russischen Akzent wissen, welcher Teil Europas als nächster bombardiert werden sollte. Rudolf zögerte und hockte sich dann vor einen Automaten, von dem ihn Marilyn Monroe mit dreiviertel geschlossen Augen ansah; ihre Lippen, glänzend wie kandierte Äpfel, schienen sich ihm zum Kuß entgegenzurecken. Ein einziges Wort brannte wie Neonreklame auf ihrem Haar: *Interruptor*. Mit der rechten Hand stieß Rudolf eine Münze in den Schlitz, mit der anderen stülpte er die Kapuze über und packte einen Steuerknüppel. Es roch muffig, doch das war er gewohnt. Neben ihm saß der ‚Professor', ein Student, der jedem, ob er es hören wollte oder nicht, erzählte, er würde Berechnungen anstellen (Allergien? oder Rhythmen? irgendetwas in der Art); in Wirklichkeit war er Abend für Abend da, nervös, schwitzend, um eine Plastikmünze nach der anderen an die gefräßigen Mäuler zu verfüttern, vermutlich sein halbes Bafög (oder wie die Stütze bei denen sonst hieß). Er kauerte vor einem neuen Automaten – ‚Himmler in Wolfenstein' – und sprach in ein mit einem Spiralkabel daran befestigtes Mikro, das er mit beiden Händen umfaßt und dicht an den Mund gepresst hielt, als wollte er daran lecken. Seine schwarze Kapuze war auf eine Weise geschnitten, die an Uniformen der Reiter-SS erinnerte.

Marilyns Bild vor Rudolfs Augen im Kapuzeninneren und

auf dem Bildschirm, der anderen als dem Spieler das Beobachten des Spielgeschehens ermöglichte, verschwamm wie unter einer Wasserschicht und verwandelte sich in einen daumengroßen Embryo, der, halb verdeckt von einer gigantischen Nabelschnur, kaum zu erkennen war, nichts als ein bleicher, rötlicher Fleischklumpen, ein augenloses Gesicht mit dem Grinsen eines zahnlosen Nilpferds. In krakeliger Kinderschrift malte eine unsichtbare Feder an den unteren Bildschirmrand: ‚Time: 4 weeks – size: 5 mm – score: 0000000'. Während Rudolf sich durch geschicktes Manipulieren des Steuerhebels dem Embryo zu nähern versuchte, erschien eine Absaugrohr, das, sobald Rudolf mit der freien Hand den zweiten Knüppel ergriff, lebendig zu werden schien, hin- und herzuckte wie eine Kobra vor der Flöte des Schlangenbeschwörers.

Rudolf hatte noch keine vollständige Kontrolle über seine Bewegung, so daß er immer wieder vom Kurs abkam und sich dem Embryo nur langsam näherte, welcher aber nicht nur perspektivisch größer wurde, sondern auch nach den Angaben der Fußzeile wuchs: ‚6 weeks', stand da. ‚16 mm.' Deutlich war ein warzenförmiges Auge zu erkennen in einem dicht an den Bauch gepreßten Kopf und ein Loch, aus dem sich wohl ein Ohr entwickeln sollte. Die Händchen des Embryos, die bisher an Flossen erinnert hatten, zeigten bereits deutliche Einkerbungen der Finger, seine Beinchen schienen die Nabelschnur zu umklammern. Er wuchs immer weiter, immer schneller. Erst als er achtzehn Millimeter groß war, gelang es Rudolf, sich ihm soweit zu nähern, daß er mit dem Rohr einen unsicheren Stoß wagen konnte, der ihm aber, da er, obwohl auf den aufgeblähten Bauch gezielt, lediglich die Nabelschnur streifte, nur wenige Punkte einbrachte. Mit seinem Nasenschnörkel im Gesicht sah der Embryo aus wie eine Inkastatuette.

Obwohl er mehr und mehr wuchs – zwanzig Millimeter, sechsundzwanzig, fünfunddreißig – wurde es immer schwieriger, ihm mit dem Rohr nahezukommen, da seine Geschicklichkeit von Augenblick zu Augenblick größer wurde und er vor der zuckenden Öffnung nach links und rechts auswich, ja sogar

Salti schlug. Immer und immer wieder stieß Rudolf zu, doch erst als im dritten Monat der Fötus vierzig Millimeter groß war, gelang es ihm, den rechten Arm des Embryos, an dem sich die Hand in fünf Fingerchen gespalten hatte, anzusaugen und durch geschicktes Drehen des Saugrohrs aus dem Gelenk zu reißen und so den Punktestand um einige Hunderttausend zu erhöhen. Als der zappelnde Fötus gegen Ende des dritten Monats fünfundsiebzig Millimeter maß und sich abgesehen von Äderchen, die wie Tätowierungen durch die Haut des verbleibenden Arms, der Beine und der Schläfen schienen, und der gerade noch wadendicken Nabelschnur von einem Neugeborenen kaum mehr unterschied, versetzte er Rudolf unerwartet mit dem Fuß einen Tritt, so daß er weit weggetrieben wurde und einige Zeit manövrieren mußte, um sich wieder dem Ziel zu nähern. Rudolf schoß das Blut in den Kopf, als er sah, daß der Fötus am Daumen lutschte.

Der Schriftzug, der bereits den vierten Monat und eine Körpergröße von elf Zentimetern anzeigte, begann plötzlich, von Sirenengeheul begleitet, warnend zu blinken. Die gedrillte Nabelschnur des Fötus war jetzt fast durchsichtig.

Als Rudolf sich verkrampft zurückbeugte, fiel das Licht einer Deckenlampe auf sein maskiertes Gesicht, das sich im Bildschirm spiegelte und mit dem des Fötus zu einer bizarren Fratze verschmolz. *„Missile launched!"* tönte von rechts eine Stimme. *„Missile launched!"* Immer wieder. In einer einzigen Bewegung wischte Rudolfs Hand unter der Kapuze eine schweißverklebte Haarsträhne aus seinem Gesicht und fuhr zurück zum Steuerknüppel, und in diesem Augenblick gelang es ihm, die Nabelschnur des sich verzweifelt gegen das Rohr, das sich an ihm festgesaugt hatte, wehrenden Fötus vollständig abzureißen. Unter der ledernen Haut quoll eine gummiartige Masse hervor.

Der Fötus rutschte mit einem schlürfenden Geräusch durch das blutige Saugrohr und schwebte, von einer unsichtbaren Kraft getrieben, auf eine Blechmülltonne zu, die sich selbständig öffnete. Über der Tonne machte er, die Bewegung abrupt unterbrechend, Halt und fiel, den scheppernden Deckel hinter sich herziehend, hinein.

Mit einem Tusch erschien Marilyns Gesicht. Über ihre Stirn lief der Schriftzug ‚*level 2 – twins*'.

1986; überarbeitet Januar 1994

Die Wunschmaschine

Als es klingelte, wußte ich sofort, daß etwas Schreckliches geschehen würde. Natürlich klingt das im Nachhinein albern, aber es war tatsächlich so – weniger eine Vorahnung, vielmehr eine Folgerung aus den Umständen: Das Ferienhaus meines Onkels liegt einsam mitten im Wald, völlig abgeschnitten von der Zivilisation, so daß sich kaum jemand hierher verirrt, noch dazu spät nachts gegen zwei Uhr. Eine gewisse Besorgnis war also durchaus angebracht.

Ich hatte begonnen, einen Artikel über Tumorregression bei Dornhaien zu lesen und hörte mit halbem Ohr den Nachrichten im Fernsehen zu. Die US-Präsidentin hatte wieder einmal ein Attentat unverletzt überstanden. Es war nun schon das zwölfte seit ihrem Amtsantritt. Kein Wunder, eine querschnittgelähmte Afroamerikanerin wäre wohl nie die mächtigste Frau der Welt geworden, hätte sie als Vizepräsidentin nicht automatisch den Platz des Präsidenten eingenommen, als dieser gestorben war. Dieser Attentäter war, wie einige andere auch, religiös motiviert und zitierte mit Vorliebe Paulus. Aus der psychiatrischen Abteilung einer Haftanstalt ganz in der Nähe war ein Mörder entkommen, und die Bundespolizei bat um sachdienliche Hinweise. Über dem Atlantik war ein Passagier-Shuttle abgestürzt; Betroffenheit über die sich in letzter Zeit häufenden Unfälle dieser Art wurde zum Ausdruck gebracht. Der im Oktober – bei einer Kundgebung gegen die Rückführung der Flüchtlinge in die verseuchten Gebiete Montenegros nach Angleichung der zulässigen Grenzwerte – ums Leben gekommene Demonstrant war einen Sekundenbruchteil vor seinem versehentlichen leichten Kontakt mit Treibstöcken der Ordnungshüter an einem Aneurysma im Gehirn gestorben, so das Ergebnis der gerichtsmedizinischen Untersuchung. Die Hungerkatastrophe in Äthiopien hatte erschreckende Ausmaße angenommen.

Ich sah gerade von meiner Zeitschrift auf, weil ein Bericht über eine eigenartige Entdeckung eines astronomischen Satelliten gesendet wurde, dessen Anfang ich verpaßt hatte, da der vorangehende Beitrag über die Kajakpolomeisterschaften mich nicht allzusehr interessierte, weshalb ich meine Aufmerksamkeit ganz der Lektüre zugewandt hatte, als es klingelte. Grieskamp, dachte ich sofort. Das war der Name des entflohenen Häftlings.

Von meinem Onkel halte nicht sehr viel, auch wenn er mich, seine einzige Nichte, gewöhnlich in dem ihm eigenen Büttenreden-Humor als seine Lieblingsnichte bezeichnet, denn er ist ein typischer Industrieller, fast schon die Karikatur eines macht- und damit geldgierigen, über Leichen und Schlimmeres gehenden Kapitalisten, der mir das Haus, das er ohnehin so gut wie nie benutzt, nur widerwillig überlassen hatte, bis ich eine neue Wohnung finden würde. Doch immerhin war deshalb eine Videoüberwachungsanlage installiert, so daß ich nicht an die Tür gehen mußte – glücklicherweise, denn ob ich den Schock überstanden hätte, weiß ich nicht.

Ich griff nach der Fernbedienung und fragte, während der Nachrichtensprecher verschwand, noch ehe ich den Besucher wahrnahm, wer da sei. Dann erst erkannte ich, daß das Wesen, das der Bildschirm zeigte, kein gewöhnlicher Mensch war. War es überhaupt ein Mensch? Eine Mutation? Ein Tier? Es war etwa so groß wie ein Berggorilla.

Es schaukelte ruckartig den Kopf hin und her; auf Stielen, die seitlich herausragten, saßen tennisballgroße Augen, Lider hatten sich im grellen Flutlicht zu vertikalen Schlitzen verengt. Fühler oder Antennen auf der Oberseite des Kopfs bewegten sich wie Tentakel vor und zurück. Das Gesicht war geprägt von einer lang vorstehenden Schnauze wie der eines Kaimans; die Kiefer säumte eine Reihe fingerlanger, nadelspitzer Zähne, die ineinandergriffen wie die Finger betender Hände. Dunkelgrünes Blut sickerte durch einen Kopfverband. Der kugelförmige Unterleib lief in einen Bogen aus, der an das

Fußgestell eines Freischwingersessels erinnerte. Die grünliche Haut sah rauh aus wie Schleifpapier.

„Wer – was sind Sie?" fragte ich. Nicht gerade höflich, aber das Wesen wirkte doch zu merkwürdig.

Es zischte. Das Geräusch klang wie das Fauchen einer gereizten Gilaechse. Fast gleichzeitig ertönte eine klare Stimme: „Helfen Sie mir!"

Das folgende Gespräch wurde, wie übrigens auch die Annäherung des Wesens, sobald es in die unmittelbare Nachbarschaft des Grundstücks gelangte, von der Überwachungsanlage aufgezeichnet, so daß ich den Bericht darüber abkürzen kann. Nur soviel: Es überzeugte mich – trotz meiner Skepsis – daß es nicht von der Erde stammte, sein Schiff notgelandet sei und es verschiedene Materialien brauchte, um es zu reparieren. Auch angesichts der Havarie des Kernkraftwerks Müggendorf, die zahlreiche Mißbildungen zur Folge hatte und hat, war es zu fremdartig, um aus einer irdischen Spezies entstanden zu sein. Allenfalls mochte es sich um einen technischen Trick handeln, doch wenn jemand sich tatsächlich so viel Mühe gemacht hatte, dies vorzubereiten, versprach es in jedem Fall eine interessante Nacht zu werden, auch wenn die Geschichte erlogen war.

Ich hatte das Wesen nicht ins Haus gelassen, dazu sah es zu gefährlich aus, obwohl mir klar war, daß das Äußere täuschen mochte – Delphine und Flamingos lächeln nicht, der griesgrämige Gesichtsausdruck von Kamelen täuscht, und einige Schwebfliegen, Mistbienen beispielsweise, sind trotz ihrer gelb-schwarzen Streifen harmlos, wie also sollte ich das Aussehen eines Außerirdischen beurteilen? Also suchte ich, während es draußen wartete, die Dinge zusammen, die es benötigte – allesamt glücklicherweise vorhanden, Quecksilber aus einem altmodischen Thermometer etwa, Metallfolie von einer Schokoladentafel, Säure, die ich aus Essig und Kochsalz herstellte, Natriumbikarbonat aus Backpulver. Ich schlüpfte in meinen Thermoverall, wandte mich an der Tür noch einmal um und nahm den Camcorder vom Regal, in den ich eine leere

Disk einlegte. Dann verließ ich das Haus, sah mich um. Nichts Verdächtiges war zu entdecken, nur das Wesen stand da und wippte auf seinem Bogen leicht auf und ab. Ein beklemmendes Gefühl, einem intelligenten Lebewesen gegenüberzustehen, das zumindest angeblich unter einer fremden Sonne geboren war. Das klingt pathetisch, ich weiß, aber so empfand ich es.

Im Licht des Camcorder-Scheinwerfers hüpfte das Wesen wie ein Känguruh vor mir her – ich hatte darauf bestanden, das Schiff zu sehen – und zwischen die Tannen. Sein Fußbogen drang tief und mit einem merkwürdigen Geräusch in den verharschten Schnee ein, doch es hatte keine Mühe, voranzukommen. Bald konnte ich nur noch seinen Spuren folgen, bis ich es wieder an einer Stelle einholte, an der es wippend wartete, um mir dann erneut voranzuhüpfen. Nach seiner Beschreibung hatte ich geschätzt, daß das Schiff etwa eine halbe Stunde entfernt sein mußte, doch schon nach knapp zwanzig Minuten erreichten wir es. Es war kleiner, als ich es mir vorgestellt hatte, nicht viel größer als ein Haus. Unter ihm und ringsum lagen geknickte Bäume, der Boden war morastig von geschmolzenem Schnee. Der Rumpf hatte die Form eines Zwanzigflächners und stand, soviel ich im Scheinwerferlicht erkennen konnte, auf sieben unterschiedlich gekrümmten Beinen. Es erinnerte an einen Schlangenstern.

„Kann ich es von innen sehen?" fragte ich.

„Das ist unmöglich, die Eingangsschleuse läßt keine fremden Organismen hinein – weder Bakterien noch Sie."

„Schade. Das wären sicher interessante Aufnahmen geworden. Also dann ..." Ich hielt ihm den Leinenbeutel, in dem ich die Sachen verstaut hatte, hin. „Wie ist eigentlich Ihr Name?"

Es griff mit einer aus dem Oberkörper laufenden Schlinge nach dem Beutel. „*Chchch*", zischte es. „Ich fürchte, das kann auch mein Übersetzer nicht in Ihre Sprache übertragen." Es stellte den Beutel ab und hielt plötzlich einen kleinen Gegenstand in der Hand. In der Schlinge, vielmehr. „Eine Gegengabe", sagte es und bot ihn mir an.

„Oh, danke. Was ist das?" Es sah aus wie ein Kugelschreiber. Ich nahm ihn und hoffte, daß es keiner war.

„Ein psychogener Koinzidenzverstärker."

„Ein was? Ja, hm, ... einen psychogenen – äh, Koinzidenzverstärker? – wollte ich schon immer haben. Wozu, sagten Sie, dient er?"

„Nun, Sie könnten ihn als Wunschmaschine bezeichnen. Er erhöht die Wahrscheinlichkeit gewisser zufälliger Ereignisse, nur im Rahmen des physikalisch Möglichen natürlich. Die Reichweite ist auf etwa eine sechstel Lichtsekunde begrenzt, Protozoen vom Titan hierherzutransportieren oder die Sterne zu Mustern anzuordnen ist etwas viel verlangt."

„Auf dem Titan gibt es Protozoen?" fragte ich verwirrt.

„Ja. Außer diesem Planeten der einzige Ort in diesem System, der –"

„Wo ist der Haken bei der Sache?" unterbrach ich es. „Werde ich mit jedem Wunsch um zehn Jahre altern? Werden die Wünsche zu wörtlich genommen, so daß ich den dritten brauche, um den Schaden, den die beiden ersten angerichtet haben, wiedergutzumachen?"

„Natürlich nichts dergleichen; und die Anzahl der Koinzidierungen ist prinzipiell unbegrenzt, es ist lediglich je nach Schwierigkeitsgrad eine Aufladezeit von einigen Minuten, Stunden oder Tagen abzuwarten bis zur nächsten."

„Aber was –"

Es ließ mich nicht aussprechen. „Ich muß jetzt gehen, sonst verpasse ich das Startfenster, das sich in wenigen Minuten schließt. Dann würde ich für einige Jahre in diesem Sonnensystem festsitzen." Es wandte sich um und hüpfte zur Schleuse.

„Warten Sie! Wie wird –" Die Schleuse schloß sich hinter ihm, zwei oder drei Minuten lang tat sich nichts, dann hob sich das Raumschiff fast geräuschlos in die Luft und war bald darauf nicht mehr zu sehen.

Eine Weile blieb ich noch wie festgefroren in der Kälte stehen. Schließlich folgte ich unseren Spuren zurück zum Haus.

Der Stift stand mit dem flachen Ende auf der Glasplatte des

Couchtischs, so daß er aussah wie eine kleine, schwarzlackierte alte Mondrakete.

„Also schön", sagte ich. „Fangen wir mit etwas Einfachem an. Ich möchte einen Granatapfel." Nichts geschah. „Hast du gehört?" Ich nahm den Stift in die Hand. „Einen Granatapfel, das kann doch nicht so schwierig sein. Nun?" Der Stift fühlte sich kalt und glatt an, keine Veränderung zeigte sich. Es gab keine beweglichen Teile, nichts, worauf ich hätte drücken oder woran ich hätte drehen oder ziehen können. „Einen Granatapfel, *bitte*", versuchte ich. Zwecklos.

„Allzu ausgereift kannst du nicht sein", beklagte ich mich. „Bei guten Geräten ist die Bedienung selbsterklärend. Augenblick! Ich wünsche mir – hör gut zu! – ich wünsche mir eine Bedienungsanleitung für Koinzidenzverstärker." Nicht dumm, diese Idee, wenn ich das sagen darf, aber leider erfolglos. Der Stift blieb kalt, schwarz und stumm. Ich legte ihn wieder hin.

Wer konnte mir helfen? Schließlich würde ich in einem Elektrogeschäft kein großes Glück haben, wenn ich nach psychogenen Koinzidenzverstärkern fragte. Ebensogut konnte ich nach einem Spezialisten für Zeitmaschinen suchen. – Natürlich! Ein Physiker kannte sich mit so etwas am ehesten aus. Ich stand auf und wollte zu dem Sessel gehen, neben dem die Fernbedienung lag. Hinter mir hörte ich ein Geräusch: der Stift war vom Tisch gefallen. Ich legte ihn zurück, ging ein paar Schritte, wieder fiel er herunter. Ein zweites Mal hob ich ihn auf, doch diesmal beobachtete ich ihn, während ich mich entfernte. Er rutschte über die Tischplatte, genau auf mich zu, und fiel zu Boden. Ich lief im Zimmer herum, und der Stift folgte mir wie eine geprägtes Gänseküken. Es war unmöglich, sich von ihm um mehr als eineinhalb Meter zu entfernen.

Resignierend nahm ich ihn auf, ging zur Fernbedienung, setzte mich, schaltete das Fernsehgerät ein und wählte die Telefonfunktion. Ich hoffte, daß Kaj und Christina aus dem Urlaub zurück waren – irgendwann diese Woche wollten sie wieder da sein, hatten sie gesagt. Fünf, sechs, sieben Mal ertönte das Rufzeichen. Dann meldete sich Kaj: „Elfström."

„Hallo, Kaj, ich bin's, Nele."

„Nele? Was ist denn passiert?" Er aktivierte den Bildschirm, doch er hatte das Licht im Schlafzimmer nicht eingeschaltet, so daß ich ihn nur schemenhaft erkennen konnte. „Weißt du, wie spät es ist?" Er sprach leise, Tina schlief offenbar noch.

„Halb fünf", antwortete ich, obwohl mir klar war, daß er die Frage so nicht gemeint hatte. „Es tut mir leid, ich wollte nur sehen, ob ihr schon zurück seid."

„Und deshalb rufst du mitten in der Nacht hier an?" Neben ihm regte sich etwas. „Was ist los?" murmelte Tina. Sie erkannte mich auf dem Bildschirm. „Nele?" fragte sie.

„Entschuldigt, daß ich euch geweckt habe, aber es ist wichtig. Ich kann das am Telefon nicht erklären. Ich komme in zwei Stunden vorbei.

„Soll das heißen, daß du uns in zwei Stunden nochmal aus dem Schlaf reißen willst?" stöhnte Tina, verkroch sich in den Kissen und zog die Decke über den Kopf.

„Wo bist du eigentlich?" fragte Kaj, der das Zimmer hinter mir nicht kannte.

„Im Haus meines Onkels, deshalb kann ich auch erst so spät bei euch in der Stadt sein. Ich mußte letzte Woche meine Wohnung innerhalb von 72 Stunden räumen – mein Mietvertrag war vor drei Jahren einer der ersten mit der neuen Eigenbedarfsklausel. Aber das spielt jetzt keine Rolle. Ich fahre gleich los."

„Na gut, aber ich hoffe, daß du mindestens ein Heilmittel gegen Krebs gefunden hast, oder was immer du mit deinen Rochen treibst."

„Glaub mir, wegen einer solchen Lappalie würde ich dich sicher nicht um diese Zeit stören. Bis nachher." Ohne eine Antwort abzuwarten, unterbrach ich die Verbindung.

„Dann kam mir die Idee, dich anzurufen", schloß ich meinen knappen Bericht.

Kaj schüttelte zweifelnd den Kopf. „Also du willst mir

erzählen, dieses Ding" – er gestikulierte mit dem Verstärker, den er in der Hand hielt – „habe dir ein kleines, grünes Männchen vom Mars geschenkt, das hier mal kurz auf einen Sprung vorbeigeschaut hat?"

Tina, die neben ihm saß, stieß ihn unsanft mit dem Ellbogen in die Rippen, wobei es ihr gelang, nichts von dem Kaffee, den sie sich gerade einschenkte, zu verschütten. „Ein kleines, grünes Frauchen vom Mars", sagte sie. „Oder gibt es irgendeinen Grund, anzunehmen, daß es ein männliches Exemplar war, Nele? Du als Biologin solltest das doch beurteilen können."

„Bisher habe ich mich hauptsächlich mit Knorpelfischen beschäftigt, weniger mit Außerirdischen", sagte ich und deutete auf das große Aquarium, in dem etwa zwei Dutzend Silberkarauschen schwammen. Nicht, daß Zierkarpfen zu den Knorpelfischen zählten. „Wahrscheinlich könnte ich nicht einmal ein weibliches Känguruh von einem männlichen unterscheiden."

„Haben die denn auch einen Beutel?" bemerkte Kaj. „Sicher nicht, wozu auch?"

„Wozu haben Männer Brustwarzen?" fragte Tina augenzwinkernd.

Ich süßte meinen Kaffee mit Ahornsirup nach. „Das liegt ganz einfach daran, daß die Anlagen für die Brustwarzen vor der dritten Schwangerschaftswoche entstehen, also noch bevor sich das Geschlecht des Embryos ausbildet", sagte ich. „Entweder das, oder Gott hat Adam in dieser Gestalt erschaffen, so wie er ihm einen Nabel gegeben hat, ohne daß er jemals eine Nabelschnur gehabt hätte."

„Sei dir da nicht so sicher", grinste Tina. „Die Theologen waren sich über diesen Punkt ebenso uneinig, wie über die Anzahl von Engeln auf einer Nadelspitze. Deshalb haben die Maler früher Adam und Eva mit besonders großen Feigenblättern versehen, die auch die Stelle verdeckten, an die der Nabel gehört. Viele Gläubige sind heute noch der Ansicht, Männer hätten eine Rippe weniger als Frauen. Im Jahr – ich will nicht lügen, fünfzehn vierundsechzig, glaube ich – verurteilte die Inquisition den Arzt Andreas Vesalius zum Tod, weil er eine Leiche tranchiert und festgestellt hatte, daß dem Mann die Rippe, aus der Eva stammen sollte, gar nicht fehlte."

„Tatsächlich?" fragte ich. Tina gab oft solche seltsamen Fakten und Statistiken von sich, die eher gut erfunden als wahr klangen, aber gewöhnlich konnte sie sie belegen. Sie nickte bestätigend.

„Ich habe das Wesen jedenfalls als Neutrum empfunden", fuhr ich fort. „Wer sagt denn, daß es immer zwei Geschlechter sein müssen? Hier auf der Erde gibt es schließlich auch Lebewesen, die eingeschlechtig sind, einige Echsenarten beispielsweise, und Organismen, niedere allerdings, mit dreizehn Geschlechtern, wenn ich mich recht erinnere: Schleimpilze. Sogar solche, die im Lauf ihres Lebens das Geschlecht ändern, wie etwa die gemeine Pantoffelschnecke, *Crepidula fornicata*, oder *Anthias squamipinnis*, ein Flachwasserfisch, der in tropischen Meeren lebt."

„*Fornicata*?" fragte Tina. „Ist das etwas Unanständiges?"

„Eigentlich nicht, *fornix* heißt *der Bogen*; Linné gab ihnen diesen Namen wegen der gewölbten Schale, ohne ihr Verhalten zu kennen. Das ist allerdings recht interessant, sie bilden Stapel: die jüngeren Tiere, die Männchen, oben; die älteren, die Weibchen, unten; dazwischen diejenigen, die sich in einem Umwandlungstadium befinden."

„Ich dachte schon, es hätte etwas zu tun mit –"

„Vom Wortstamm her schon, in den unterirdischen Teilen großer Gebäude im alten Rom, in denen gewölbtes Mauerwerk verwendet wurde, lebten – ach, was soll's? Das ist doch nicht der Punkt."

„Wollte ich auch gerade sagen", nickte Kaj. „Das mag ja alles ganz amüsant sein, bringt uns der Lösung unseres Problems aber nicht näher."

„Es kam übrigens nicht vom Mars, nicht einmal aus diesem Sonnensystem."

„Woher dann?"

Ich schluckte. „Danach habe ich nicht gefragt."

„So ein Pech. Alpha Centauri, die nächste Sonne, ist vier Lichtjahre entfernt, und sie hat wahrscheinlich keinen Planeten. Selbst wenn, und wenn er – oder sie oder es – von dort gekommen ist, so ist das doch verdammt weit weg. Wir bräuchten im Augenblick etwa achtzig Jahre hin und zurück. Auch mit Lichtgeschwindigkeit, wenn das möglich wäre, würde es acht Jahre dauern, von der Zeitdilatation abgesehen. Etwas lang für eine Kaffeefahrt, nicht?"

„Was ist mit Hyperraumsprüngen?" fragte ich. „Oder Wurmlöchern?"

„Das funktioniert vielleicht in Science fiction-Filmen, aber nicht im wirklichen Leben. Die Reise von einem Ort zum anderen in kürzerer Zeit, als sie das Licht benötigt, ist rein rechnerisch unmöglich, sie würde die Kausalität verletzen – auch mit Hyperraumsprüngen, das ist wie die Geschichte von dem Athleten, der einhundert Meter in drei Sekunden läuft, weil er eine Abkürzung kennt. Wirklich, Nele, ich habe dich bisher eigentlich für ganz vernünftig gehalten."

„Du kannst dir deine Kausalität sonstwohin – ich weiß jedenfalls, was ich gesehen habe, und ich habe keine andere Erklärung dafür."

„Ja." Kaj schwieg einen Augenblick. „In jedem Fernsehkanal gibt es irgendeine Sendung, in der Bürgermeister sich beim Bierfaßanstich bekleckern, kleine Kinder gegen Laternenpfähle laufen und Fallschirmgleiter in Fichten hängen bleiben – jedesmal ist jemand dabei, der seinen Camcorder zufällig in die richtige Richtung hält. Nur wenn Ufos auftauchen, sieht es schlecht aus: volle Disk, leerer Akku, alles was wir haben sind ein paar unscharfe, verwackelte Fotos aus dem letzten Jahrhundert, die fatalerweise alle an Wolken, Wetterballons, Autofelgen oder Frisbeescheiben erinnern. Zu schade, daß du nicht daran gedacht hast, deinen Besucher zu filmen."

„Habe ich das nicht erwähnt?" Ich zog die Disk aus der Tasche und warf sie ihm zu.

Er fing sie, hob die Augenbrauen, stand auf und schob meine Aufzeichnung in den Recorder.

★

Das Schiff auf dem Fernsehschirm flog davon und verschwand.

„Nicht schlecht gemacht", sagte Kaj. Er legte eine Leerdisk ins zweite Laufwerk des Recorders und kopierte meine Aufnahmen. „Das sieht alles sehr realistisch aus. Sogar das Mondlicht bricht sich im Schneewasser an den Bäumen ... nur die Hopser von Flipper wirken etwas plump, findest du nicht? Oder wie hieß das Buschkänguruh – Skippy?"

„Hör zu, das ist keine Computeranimation. Ich habe es mit eigenen Augen gesehen, verstehst du?"

Er sah mich an, dann nickte er. „Ich verstehe. Tut mir leid. Aber es ist wirklich schwer zu glauben, nicht?"

„Dann paß auf." Ich nahm den Stift vom Tisch und gab ihn Kaj. „Halt ihn fest, so gut du kannst." Schnell ging ich von ihm weg; er wurde nach vorn gerissen, stolperte, der Stift flog aus seiner Hand und fiel zu Boden. „Der Verstärker scheint auf mich fixiert zu sein. Natürlich wirst du sagen, daß jeder Bühnenmagier diesen Trick imitieren kann, aber ich versichere dir, es ist keiner."

Kaj rieb die schmerzende Innenfläche seiner Hand. „Ich glaube dir", sagte er. „Ich glaube dir." Er nickte bedächtig. „Wir könnten einen Linguisten hinzuziehen, der die Sprache des Alien untersucht; das sollte nicht allzu schwer sein, das Zischen scheint der Synchronübersetzung recht gut zu entsprechen, fast wie der Stein von Rosette. Aber wir sollten damit nicht an die Öffentlichkeit gehen – noch nicht, nicht ehe wir mit diesem Ding hier zurechtkommen." Er hob den Stift auf. Wir setzten uns wieder.

„Nur schade, daß du ihn nicht darum gebeten hast, den Camcorder ins Schiff mitzunehmen, um dort Aufnahmen für dich zu machen, wenn die Schleuse für Organismen schon undurchlässig war", sagte Kaj.

„Ich denke nicht, daß dafür Zeit gewesen wäre. Immerhin war da das Problem mit dem sich schließenden Startfenster."

Kaj leerte seine Tasse. „Was ich nicht ganz verstehe", sagte er. „Startfenster spielen normalerweise nur bei interplanetaren Flügen eine Rolle, sicher nicht bei interstellaren."

„Gut", sagte Tina. „Ich will versuchen, zusammenzufassen, was wir wissen. Der Stift hat keine erkennbare Steuerungsvorrichtung, die Eingabe könnte also verbal erfolgen, oder über Gedanken. Ja, ich weiß", sie ließ Kaj nicht zu Wort kommen, „das klingt nach Psi und völlig unwissenschaftlich, aber wir sollten die Möglichkeit nicht ganz ausschließen, immerhin deutet die Bezeichnung ‚psychogen', also von der Psyche erzeugt, so etwas an. Unter der ‚Verstärkung des zufälligen Zusammentreffens verschiedener Ereignisse' kann ich mir allerdings überhaupt nichts vorstellen."

„Das könnte auf ein Übersetzungsproblem zurückzuführen sein", sagte Kaj. Ein Schneeräumfahrzeug fuhr am Haus vorbei. Geschirr und Fenster klirrten, die ganze Wohnung vibrierte. „Schließlich gibt es ein solches Gerät nicht bei uns, also haben wir keine passende Bezeichnung dafür. Was ist das lateinische Wort für Glühbirne? Was heißt Elektronensynchrotron auf Kisuaheli?"

„Mein Kisuaheli ist ein wenig eingerostet, aber ich weiß was du meinst", antwortete Tina. „Andererseits fühle ich mich unangenehm an das pseudowissenschaftliche Kauderwelsch von Wünschelrutengängern erinnert, mit dem sie wissenschaftliche Analphabeten beeindrucken können, das sich für euch aber so anhören muß, als ob jemand behauptet, ein Gewicht in Fahrenheit gemessen zu haben."

Kaj nickte. „Ich stelle mir das so vor: Der Verstärker beeinflußt einige labile Zustände, scheinbar bedeutungslose Kleinigkeiten, die sich dann in ihrer Auswirkung fortpflanzen. Der Tropfen, der das Faß zum Überlaufen, der Stein, der die Lawine ins Rollen bringt, oder, um das Standardbeispiel der Chaostheoretiker zu nennen, der Schmetterling, dessen Flügel ein paar Luftmoleküle bewegen und damit den Ausschlag geben können für die Entstehung oder Verhinderung eines Wirbelsturms. Wie diese Auswirkungen allerdings vorherbestimmt werden sollen, ist mir schleierhaft."

„Die Funktionsweise ist im Augenblick wohl eher nebensächlich", sagte ich. „Viel entscheidender ist die Bedienung, und die Frage, was das Gerät leisten kann. Die Gegenbeispiele und die Reichweite, eine sechstel Lichtsekunde – wieviel ist das eigentlich? Dreihunderttausend durch sechs, also fünfzigtausend Kilometer, das reicht spielend, um jeden Punkt der Erde zu beeinflussen – lassen auf eine unvorstellbare Mächtigkeit schließen. Mein Experiment ist dagegen fehlgeschlagen, einen Granatapfel habe ich nicht bekommen, obwohl das doch sicher kein Problem wäre. Wenn ich mich nur erinnern könnte, was die Leute im Märchen sich gewöhnlich wünschen."

„Warum so bescheiden?" fragte Tina. „Schließlich hieß es, die Wünsche seien nur auf das physikalisch Mögliche beschränkt, oder? Nicht, daß ich mir nicht eine Ausstellung wünschen würde ..." Sie deutete auf den Boden; drei Stockwerke tiefer verstaubten in ihrem Atelier Skulpturen aus Stahl, Spiegeln und Fernsehgeräten. „Euch ist offenbar überhaupt nicht klar, was für Konsequenzen der Verstärker hat. Physikalisch gesehen – entschuldige, Kaj, wenn ich mich in deinem Ressort breitmache – ist der Weltfrieden doch kein Problem. Traktoren statt Panzer, das wäre selbst ohne diese Wunschmaschine machbar. Das gleiche gilt für die Beseitigung von Hunger: du mußt nur das Vieh der Reichen, das das Brot der Armen frißt, sterilisieren; Korn wird nicht mehr an Rinder verfüttert, und zehnmal soviele Menschen, wie jetzt leben, können ernährt werden. Abgerüstete Kriegsschiffe transportieren Getreide statt Giftgas. Auch andere als die durch Viehzucht verursachte Umweltzerstörung kannst du verhindern und ungeschehen machen. Du kannst jede beliebige Krankheit heilen, sogar die Entstehung verhindern. Das sind nur die naheliegendsten Punkte."

„Zuerst müssen wir das Ding aber dazu bringen, überhaupt etwas zu tun", sagte Kaj. „Wir brauchen überschaubare, einfache Experimente, sowohl was die Wünsche, als auch was die

Eingabeschnittstelle angeht."

Tina nippte nachdenklich an ihrem Kaffee, der inzwischen sicher kalt war. „Was ich aber absolut nicht verstehe, ist, warum diese Wunschmaschine nicht in der Lage gewesen sein soll, das Raumschiff zu reparieren."

Wir starrten sie beide an. „Du hast recht", sagte Kaj gedehnt. „Das habe ich überhaupt nicht bedacht."

„Sehen wir uns die Aufzeichnung noch einmal an", schlug ich vor.

Kaj knabberte an einem Weihnachtsplätzchen, das er in der linken Hand hielt, während er mit der rechten in einem großformatigen Buch blätterte. „Hier", rief er. „Titan. Stickstoffschnee und -seen, Kohlenwasserstoffe ... komplexe organische Moleküle, aber für die Entstehung von Leben viel zu kalt. Wenn das stimmt, dann hat Skippy, was die Protozoen angeht, sich geirrt."

„Oder gelogen", sagte Tina. Sie biß ebenfalls in ein Mandelhörnchen. „Das ist das Problem mit euch Wissenschaftlern, ihr seid einfach zu naiv. Wenn ein indischer Fakir euch sagt, er könne eine Stricknadel durch seine Zunge stechen, und das auch demonstriert, dann versucht ihr, die Erklärung im Zusammenspiel von Muskelfasern, Neuronen und Hormonen oder was auch immer zu finden, statt auf die Idee zu kommen, daß der Fakir eine Tricknadel verwendet hat, die sich um die Zunge herum biegt. Mir ist das Vieh jedenfalls unheimlich mit seinem Drachengesicht, den Reißzähnen und dem Kobrazischen."

Kaj leckte Krümel von seinen Fingern. „Sich geirrt, gelogen, jedenfalls die Unwahrheit gesagt."

Ich saugte an einem Stückchen Haselnuß, das zwischen meinen Molaren eingeklemmt war. „Die Frage ist: warum?" Der Nußsplitter löste sich, und ich griff nach einem Kokoskringel. „Und natürlich vor allem: was ist die Wahrheit?" Ich nahm den angeblichen Verstärker und drehte ihn zwischen den Fingern. „Außerdem: was tut dieses Ding?"

Im Treppenhaus hallten Schritte. Es war kurz nach sieben,

die Stadt war erwacht, die Menschen machten sich auf, weitere sechs Stunden ihres Lebens mit langweiliger Routine zu verschwenden.

Der Stift in meiner Hand versetzte mir einen leichten elektrischen Schlag, ich ließ ihn fallen. Blaue Blitze schlugen daraus hervor, züngelten wie lange biegsame Finger in eine Richtung, leckten an der Wand, schienen in sie einzudringen. Draußen ein Schrei.

Wir liefen zur Tür. Auf den Stufen liegend wand sich ein Mädchen. Ich schätzte sie auf dreizehn oder vierzehn Jahre. Die Blitze, die aus der Wand kamen, liefen um ihren Kopf, einige krochen über ihren Körper bis zu den Finger- und Zehenspitzen.

Mit einem Schlag, wie ausgeschaltet, waren die Blitze verschwunden. Tina beugte sich über das Mädchen, hielt ihren Kopf. „Sandra? Bist du in Ordnung?"

Das Mädchen blinzelte, stand auf, schwankte. „Nichts passiert", sagte sie und rieb sich den Ellbogen. „Ich bin wohl hingefallen."

Tina stützte sie. „Ruft einen Arzt!" preßte sie hervor.

„Nicht nötig", wehrte Sandra ab. „Ich bin okay." Sie machte sich los, stand auf, lief die Treppe hinab. „Ich komme zu spät zur Schule", hörten wir noch undeutlich. Der Unterricht muß heutzutage wesentlich interessanter sein als früher.

Tina beugte sich über das Geländer. „Warte!" rief sie, doch schon schlug unten die Haustür zu.

In der Wohnung schepperte etwas, wie zerbrechendes Glas – und etwas wieherte. Gleichzeitig drängten wir uns durch die Tür, liefen durch den Flur ins Wohnzimmer.

Ein Pferd stand da, machte unbeholfen einen Schritt vorwärts, wieder einen zurück und zur Seite. Es hob den Kopf und wieherte. Ein umgestoßenes Regal hing schief über einem Sessel und dem Tisch, Bücher lagen verstreut am Boden, das Aquarium war zerbrochen, die Goldfische zappelten auf dem durchnäßten Teppich.

Das Pferd war schwarz bis auf eine Blesse, gesattelt und

gezäumt. Tina ging auf das Tier zu, griff nach den Zügeln und sprach auf es ein. Kaj kam mit einer wassergefüllten Schüssel aus dem Bad, ich half ihm, die Fische einzusammeln. Zwei Himmelsgucker und ein Kometenschweif waren unter den Hufen zerquetscht worden.

Langsam beruhigte sich das Pferd, stand still, schnaubte. Doch seine Augen machten noch immer einen verwirrten und ängstlichen Eindruck. Tina streichelte es und redete weiter auf es ein.

Ein Rascheln in den Büchern, die den Boden übersäten. Der Stift kroch darunter hervor und auf mich zu.

Kaj hob halbherzig das umgestürzte Regal an, ließ es dann wieder fallen. Er schüttelte den Kopf. „Wie, zum Teufel, kommt eine Stute hier herein?" Er versetzte einem der nassen Bücher auf dem Boden einen Tritt.

„Sandra", sagte Tina und deutete auf den Verstärker. „Was wünscht sich eine Zwölfjährige wohl am meisten?"

Kajs Kopf fuhr herum, mit offenem Mund starrte er das Pferd an. Ich tat wohl das gleiche.

Tina begann vorsichtig, es am Zügel hinauszuführen. Es war nicht einfach, das verängstigte Tier dazu zu bewegen, die Treppe hinunterzusteigen, aber schließlich gelang es uns, fast unbemerkt, nur eine Nachbarin öffnete kurz ihre Wohnungstür, schlug sie aber sofort wieder zu.

Vor dem Hauseingang riß das Pferd sich los, lief um die Ecke. Dort war eine Hauptstraße, aber glücklicherweise standen die Autos um diese Zeit im Stau, folglich konnte nicht allzuviel passieren. Lediglich das Hupen verstärkte sich ein wenig, so daß wir annahmen, daß die Fahrer das Pferd bemerkt hatten.

Kaj holte einen Schneeschieber aus dem Keller und beseitigte die Hufabdrücke, die zu uns führten. Was wir jetzt am allerwenigsten gebrauchen konnten, waren lästige Fragen der Polizei.

Wir versuchten, die Bescherung, die das Pferd angerichtet hatte, wieder in Ordnung zu bringen. Wenigstens hatten die Lichterscheinung die Wand zum Treppenhaus nicht beschädigt. Wohin ich auch ging, der Stift folgte mir. Ich war gerade in der Küche, um frischen Kaffee aufzubrühen, als er erneut Funken sprühte.

Die leuchtenden Blitze tasteten nach dem Herd, dessen Induktionsfläche begann, bläulich zu glühen, und durchdrangen die Wand zur Nachbarwohnung. Ich rief nach Kaj und Tina. Kaum hatten sie die Küche betreten, hörten die Entladungen auf, der Stift lag ruhig und unschuldig da als sei nichts geschehen. Die Wand war unbeschädigt, wies keinerlei Spuren auf. Nur die Herdplatte war heiß.

„Wir müssen nach Lopiano sehen", sagte Tina. Wir gingen los, doch nach zwei Schritten hielt Tina abrupt an. „Nicht alle zusammen, das fällt auf." Sie nahm eine Tasse vom Wandhaken. „Ich frage ihn, ob er uns etwas Salz borgen kann."

Kaj und ich räumten weiter auf. Ein paar Minuten später kam Tina zurück. „Er hatte kein Salz", sagte sie und stellte die leere Tasse ab. „Aber davon abgesehen, scheint es ihm gut zu gehen."

Wir alle spürten ein unangenehmes Kribbeln im Bauch. Lopiano hatte sich sicherlich kein Pferd gewünscht.

„Was ist das?" Kaj hob eine Stück Papier vom Boden auf. „Ein Lottoschein? Ausgestellt auf deinen Namen, Nele! Und mit deiner alten Adresse."

„So ein Unsinn. Für wie dumm hältst du mich eigentlich? Ich bin zwar nur Biologin, aber daß die Wahrscheinlichkeit für sechs Richtige aus 49 eins zu dreizehn Millionen beträgt, weiß ich auch. Als ob ich Lotto spielen würde."

„Natürlich nicht." Tina nahm ihm den Lottoschein aus der Hand, ging zum Fernsehgerät und ließ sich mit der automatischen Auskunft der Lottogesellschaft verbinden. Sie verglich die Zahlen auf dem Bildschirm mit denen auf dem Schein. „Herzlichen Glückwunsch", sagte sie. „Ich hoffe, daß dabei für uns eine neue Wohnzimmereinrichtung abfällt. Und der Teppich ist auch ruiniert."

„Soll das heißen ..." Kaj warf einen Blick auf die Quoten, die auf dem Schirm zu sehen waren. „Zwei Komma vier Mega-Ecu?"

Tina nickte. „Fast zweieinhalb Millionen, nicht schlecht. Zuerst Sandra, dann Fabio Lopiano." Sie zeigte auf den Verstärker, der am Boden lag. „Damit dürfte wohl klar sein, daß das Ding nicht *deine* Wünsche erfüllt, sondern –"

Der Verstärker begann zu glühen, Blitze zuckten, in einer Pfütze aus Licht hüpfte er auf und ab wie Tofuwürfel in einer heißen Pfanne. Die Lichtfinger bohrten sich in den Fußboden. Der Stift schwebte in einer Höhe von zwei Zentimetern, dann verschwand das Licht, und er fiel wie eine Marionette, deren Fäden zerschnitten worden sind.

„Ich bin schon unterwegs", seufzte Tina und griff nach der Salztasse.

„Sie lallt zwar und kann kaum aufrecht stehen", berichtete sie, als sie zurückkam, „aber das ist normal. Und an ihrer Leberzirrhose und dem Gehirnschaden ist der Verstärker sicher auch nicht schuld. So kann das nicht weitergehen. Wer weiß, was sie sich gewünscht hat. Wir müssen etwas tun."

„Schon möglich", sagte ich, „aber ich brauche jetzt erst einmal eine Dusche. Ich habe seit vierundzwanzig Stunden nicht mehr geschlafen."

Ich ging ins Bad, zog den Duschvorhang beiseite, rutschte aus und landete rückwärts in der Badewanne, die, wie ich jetzt erst bemerkte, mit einer stinkenden Flüssigkeit gefüllt war. Ein Teil davon wurde von meinem Körper verdrängt und schwappte klatschend über den Wannenrand.

Tina und Kaj standen in der Tür. „Was ist das?" fragte Kaj.

„Wasser, Hopfen, Malz, Hefe, Zucker, Zuckercouleur, künstliche Aromastoffe und Geschmacksverstärker, schätze ich." Ich versuchte aufzustehen, rutschte ein zweites Mal aus und fiel zurück in die Wanne. Die Brühe schäumte.

„Jetzt brauchst du ganz sicher eine Dusche", sagte Tina. „Wenn du fertig bist, komm bitte ins Atelier. Und vergiß nicht, den Stift mitzubringen." Sarkasmus lag in ihrer Stimme. „Kaj, legst du ihr ein paar meiner Sachen zum Anziehen zurecht? Wir müssen endlich etwas unternehmen. Wenn der Verstärker Runkel erwischt, steht womöglich plötzlich der Führer vor der Tür."

„Welcher Führer?" fragte ich geistesabwesend und stieg triefend aus der Wanne.

„Adolf Hitler, Politiker, Staatsmann, deutscher Reichskanzler. Mann des Jahres 1936 im Time Magazine. Dieser Führer. Ich bin im Atelier." Sie machte kehrt.

„Was hast du vor?" rief Kaj ihr nach, doch sie antwortete nicht.

Ich zupfte an meinem biergetränkten Pullover, zog ihn aus und versuchte, ihn über der Wanne auszuwringen. „Wer ist dieser Runkel?" Der Pullover tropfte immer noch. Ich gab auf und ließ ich ihn fallen.

Kaj deutete zur Decke. „Hartmut Runkel. Wohnt über uns. Mitglied der Jungen Christnationalen."

Es war noch immer dunkel. Ich fuhr im Schrittempo über die sich windende Straße, die nicht viel mehr war als ein asphaltierter Waldweg, von Dorf zu Dorf. Nur das Summen des Motors störte die winterliche Stille. Frischgefallener Schnee knirschte unter den Reifen.

Der Verstärker lag neben mir auf dem Beifahrersitz. Tina hatte in ihrem Atelier versucht, ihn in einen Stahlkasten einzuschweißen. Vergeblich, er war mir weiter gefolgt, hatte im Kasten eine Tür zerstört. Selbst eine Wand konnte ihn nicht aufhalten, er fuhr durch die zwei Zentimeter starke Stahlplatte und die Mauer wie ein Messer durch eine überreife Banane. Beängstigend.

Also hatten wir beschlossen, ihn wegzubringen, zurück ins Haus meines Onkels, aus der Nähe irgendwelcher Menschen mit merkwürdigen Wünschen. Außerdem wollte ich die Landungsstelle des Raumschiffs bei Tag filmen.

Kaj würde im Institut verschiedene Meßinstrumente besorgen, um den Stift zu untersuchen. In ein paar Stunden sollten er und Tina nachkommen.

Es begann wieder zu schneien, viele Spuren der Landung würden wohl nicht mehr zu sehen sein, von den geknickten Bäumen abgesehen. Im Licht der Scheinwerfer wirbelten mir Schneeflocken entgegen. Obwohl ich langsam fuhr, rasten sie an mir vorbei wie die Sterne an Hollywoods Raumschiffpiloten. Und auf dieser Straße gab es fast ebensowenig Gegenverkehr wie im All.

Ich war schon über zwei Stunden durch den Wald gefahren, ohne, außer im einen oder anderen Kuhdorf, einem Wagen zu begegnen. Dann sah ich Lichter, blendete die Scheinwerfer ab. Der andere Fahrer bemerkte mich kurz darauf, denn er tat das gleiche. Dicht fuhren wir aneinander vorbei, und im selben Augenblick sprühte der Verstärker wieder Funken. Blitze durchdrangen ungehindert meine Heckscheibe und die des schwarzen BMW. Im Rückspiegel sah ich, wie der Wagen an den Straßenrand fuhr und die Warnblinkanlage sich einschaltete – offenbar die Totmannautomatik, denn der Fahrer konnte dazu kaum in der Lage gewesen sein, es sei denn, es saßen mehrere Personen darin, und eine andere war betroffen.

Ich hielt an und stieg aus. Ein scharfer Wind warf mich fast um. Die Blitze hörten auf. Halb lief ich, halb schob der Wind mich. Ich öffnete die Fahrertür des BMW. Der Mann sah mich verwirrt an. Er war allein. Hätte er einen weniger teuren Wagen, ohne Totmannsicherung, gefahren, wäre er wohl nicht so glimpflich davongekommen.

„Geht es Ihnen gut?" fragte ich. Die Anzeige des Autotelefons ließ erkennen, daß es bereits einen Notruf abgesandt hatte.

„Ja", sagte er, „nur ein kleiner Schwächeanfall." Er zog die Tür zu, griff nach dem Telefonhörer, gab Gas. Die Räder drehten kurz durch, dann fuhr der Wagen davon.

„Nichts zu danken", sagte ich. Ich kämpfte mich gegen den Wind zu meinem eigenen Auto zurück und fuhr weiter. Meine Füße waren eiskalt, ich spürte die Zehen kaum noch. Also drehte ich die Heizung etwas höher.

Was hatte der Mann sich gewünscht?

Ein paar Sekunden später tauchte im Scheinwerferlicht eine Gestalt auf. Im Schneegestöber war sie nur undeutlich zu sehen. Ich hielt an. Die Gestalt kam näher, ich öffnete die Beifahrertür.

„Kannst du mich mitnehmen?" Es war ein Kind.

„Natürlich! Steig ein, du holst dir sonst noch den Tod! Was machst du denn hier draußen, bei Eis und Schnee?" Ich legte den Verstärker vom Sitz auf die Ablagefläche des Armaturenbretts.

Wortlos stieg das Kind ein und zog die Tür hinter sich zu. Die Schneeflocken auf seinem Anorak verwandelten sich in glänzende Wasserperlen. Es schlug die Kapuze zurück. Ein kleines Mädchen, sicher nicht älter als zehn oder elf Jahre.

Ich fuhr weiter. Die Scheibenwischer hatten Mühe, die Windschutzscheibe sauber zu halten. In dicken Krusten klebte der Schnee am Glas, dort, wo die Wischer ihn nicht erreichen konnten. Von Zeit zu Zeit rutschte ein Brocken auf einer Schicht Schmelzwasser ab.

„Ich heiße Nele."

Das Mädchen schwieg. Ihr Gesicht war im schwachen Licht der Armaturen kaum zu erkennen.

„Willst du mir deinen Namen nicht verraten?"

Sie blieb stumm. Eine Ausreißerin? Was sonst würde sie hier tun, am frühen Morgen, ganz allein im Wald, mitten im Winter? Das Schneetreiben wurde immer stärker, Schnee fiel nicht nur von oben, der Wind wirbelte ihn auch vom Boden auf.

Sie holte einen Gegenstand aus der Tasche, zielte damit in meine Richtung. Eine Schußwaffe. „Fahr in den nächsten Waldweg und halt an", befahl sie mit leidenschaftsloser Stimme.

Innerlich fluchte ich. In der Stadt sind Carjacker keine Seltenheit – Kinderbanden machen sich einen Spaß daraus, an Ampeln Fahrer zum Aussteigen zu zwingen und mit den gestohlenen Wagen über die Autobahn zu rasen; noch schlimmer ist es, wenn sie Hubschrauber stehlen, da sie natürlich den Autopiloten deaktivieren – aber hier? Noch dazu ein einzelnes Mädchen?

„Das kann doch nicht dein Ernst sein", sagte ich so ruhig wie möglich. „Willst du dir nicht lieber einen Lamborghini besorgen als dieses alte Wrack? Ich schlage vor, ich lasse dich im nächsten Dorf aussteigen, und wir vergessen die Sache, einverstanden?"

„Das Auto interessiert mich nicht."

„Was dann? He, Bargeld habe ich nicht."

„Da vorn rechts abbiegen."

Ich gehorchte und hielt vor einer Schranke an. Niemand war zu sehen. „Du kannst mich doch hier nicht ... ich werde erfrieren! Das kannst du nicht machen."

Sie schaltete die Innenbeleuchtung ein, öffnete den Reißverschluß ihres Anoraks, schlüpfte aus einem, dann aus dem anderen Ärmel, wobei sie die Pistole von der rechten in die linke Hand wechselte und ständig auf mich gerichtet hielt. Sie ließ mich nicht aus den Augen. „Ausziehen!" sagte sie.

„Was?"

Sie zerrte an ihrem Pullover, er zerriß wie Papier. Ihre Haut war braungebrannt, als käme sie geradewegs aus einem Urlaub von den Malediven.

Wenigstens war jetzt klar, was der Soziopath im BMW sich gewünscht hatte.

„Los!" Sie gestikulierte mit der Waffe. „Worauf wartest du?"

„Du willst mich doch nicht erschießen, oder?" Vorsichtig hob ich die Hand und strich ihr über den Kopf. Der Lauf senkte sich kaum merklich.

Ich startete den Motor, fuhr zurück auf die Straße und dann weiter.

„Was machst du?" Ihre Stimme überschlug sich. „Anhalten!" Gänsehaut bildete sich auf ihrem bloßen Oberkörper. Widerstand war nicht eingeplant gewesen. Ihre Finger umklammerten den Griff der Pistole, sie berührte nicht einmal den Abzug.

Ich schaltete die Innenbeleuchtung aus. „Möchtest du etwas essen? Ein heißes Bad vielleicht, du mußt ja ganz ausgefroren sein. Es ist nicht mehr weit bis zu mir nach Hause." Tatsächlich lagen zwischen hier und der Abzweigung zum Haus meines Onkels nur noch zwei Ortschaften, die Lichter der nächsten waren bereits als Schimmer zwischen den wirbelnden Schneeflocken zu sehen. Es war kaum anzunehmen, daß sie wirklich schießen würde. Wenn ich sie ausfragen konnte ... woher war sie gekommen? Wie? War sie ein echtes menschliches Wesen mit Erinnerungen, einer Vergangenheit? Oder war sie erst vor ein paar Minuten entstanden, erschaffen von der Wunschmaschine?

Aus den Augenwinkeln sah ich undeutlich, wie sie die Fetzen ihres Pullovers ordnete und den Anorak wieder anzog. Die Pistole hatte sie neben den Verstärker gelegt.

„Mach dir keine Sorgen", sagte ich. „Es kommt alles wieder in Ordnung." Zumindest hoffte ich das.

Sie riß die Tür auf und ließ sich hinausfallen. Zum Glück fuhren wir nicht allzu schnell. Ich bremste. Ein paar Meter entfernt rappelte sich die kleine Gestalt im Schein meiner Rücklichter auf und lief davon. Ich sprang aus dem Wagen. „Bleib stehen!" rief ich. Sie war verschwunden. „Komm zurück! Du mußt keine Angst haben. Bitte!" Schneeflocken brannten auf meinem Gesicht. Ich stieg wieder ein und wartete.

Nach zehn Minuten schlug ich wütend auf den Steuerknüppel, dann fuhr ich weiter.

Tina betrachtete die Pistole, die neben ihrem Teller lag. Sie nahm einen zweiten Maiskolben aus der Pfanne. „Es war wirklich eine gute Idee, hierherzufahren. Von uns hat wenigstens keiner solche perversen Phantasien."

„Hoffentlich sind wir weit genug entfernt von den anderen", sagte ich zwischen zwei Bissen. „Wenn das stimmt, was Skippy über die Reichweite des Verstärkers gesagt hat ... "

„Wenn. Ich bezweifle, daß irgendetwas davon wirklich wahr ist. Skippy schien es ziemlich eilig zu haben, nicht?"

„Das Startfenster –"

„Pipapo, Startfenster. Das heimtückische Biest wollte nur deinen Fragen ausweichen."

„Aber was sollte das ganze bezwecken?"

„Vielleicht ..." Ein Maiskorn hüpfte aus Kajs Mund auf seinen Teller. Er schluckte. „Vielleicht finden wir etwas heraus, wenn wir den Stift untersuchen." Er hatte aus dem Institut einen ganzen Lieferwagen voller Meßgeräte mitgebracht, deren Namen ich zum Teil nichteinmal kannte. Über den Wandschirm liefen erneut meine Aufzeichnungen. Er zeigte gerade eine Großaufnahme des Gesichts des Außerirdischen.

„Grünes Blut", bemerkte Tina. „In einem Roman würde ich das für ein Klischee halten. Muß Blut denn nicht rot sein, so wie Blätter grundsätzlich grün sind, weil sie Chlorophyll brauchen?"

„Nicht unbedingt. Denke an Krebse, manche Spinnentiere, Muscheln, einige Schnecken, Tintenfische, die blaues Blut haben. Das Rot unseres Bluts stammt vom Hämoglobin, das dem Sauerstoff- und Kohlendioxidtransport dient, aber es gibt durchaus andere Moleküle, die die gleiche Funktion erfüllen, und die zum Beispiel Kupfer statt, wie bei uns, Eisen enthalten, so daß das Blut in Verbindung mit Sauerstoff blau erscheint." Die Aufzeichnung war zu Ende, der Bildschirm schaltete um auf ein kitschiges, prasselndes Kaminfeuer. „Einige Ringelwürmer haben grünes oder violettes Blut. Es gibt sogar grünblütige Glattechsen. Sie haben zwar auch Hämoglobin, wie wir, aber ihr Blut enthält außerdem das Gallpigment Biliverdin, das ihr gesamtes Gewebe, einschließlich der Eier, grün färbt, weil es die rote Farbe überdeckt, habe ich kürzlich irgendwo gelesen. Augenblick, sind Skinks nicht lebendgebärend? Was weiß ich ... In unserem Blut ist, soviel ich weiß, übrigens auch Biliverdin enthalten, ebenso wie Bilirubin, die aus Hämoglobin durch Oxidation bzw. Reduktion entstehen. Deshalb sehen Blutergüsse auch grünlich aus, das

Biliverdin wird nicht so schnell vom Umgebungsgewebe abgebaut. Glaube ich jedenfalls. Das grüne Blut ist also durchaus –"

Es klingelte. Wir sahen uns an.

„Ich gehe schon", sagte Tina, legte den leergenagten Maiskolben hin und stand auf.

Kaj deutete auf den Wandschirm. „Wir sollten lieber erst nachsehen, wer es ist."

Aber Tina war schon an der Haustür und öffnete sie. Sie kam zurück und deutete mit dem Daumen hinter sich. Sie war bleich, zitterte. „Für dich", sagte sie zu mir.

Zwei außerirdische Wesen betraten das Zimmer. „Verzeihen Sie die Störung", sagte eines von ihnen zischend. Die Haut in seinem Gesicht schien abzublättern, darunter kamen dunkelgrüne Stellen zum Vorschein. „Mein Name ist *Chchchchch*, und dies ist *Chch*. Leider müssen wir dieses Gerät konfiszieren." Es deutete auf den Koinzidenzverstärker, der auf dem Tisch lag.

Das andere hielt etwas in der Handschleife, das, auf den Verstärker ausgerichtet, in rascher Folge Piepstöne von sich gab. Es nahm ihn auf, steckte ihn in etwas, das wie ein Bleistiftspitzer aussah, und drehte ihn kurz um. Das Piepsen verstummte, und es verstaute alles in einer großen Tasche.

„Was soll das heißen?" fragte ich. Nicht, daß es mir unangenehm gewesen wäre, dieses Danaergeschenk endlich loszuwerden.

„Eigentlich müßten wir Sie wegen illegalen Drogenbesitzes verhaften", fuhr das erste Wesen fort. „Aber unter diesen Umständen..." Es machte eine allumfassende Geste mit einer seiner Schlingen.

„Drogen? Was meinen Sie damit? Gibt der Verstärker irgendwelche Chemikalien ab?"

„Verstärker? Ist es das, was *Chchch* Ihnen gesagt hat? Wir sind ihm schon lange auf der Spur, und wissen, daß das nur eine seiner vielen Lügengeschichten ist. Nein, ein Mißverständnis, es handelt sich nicht um biochemische Drogen, sondern um eine elektromagnetische Beeinflussung des Gehirns."

„Es wirkt halluzinogen?"

„Ganz recht. Es projiziert Halluzinationen, erzeugt im Bewußtsein der betroffenen Personen eine Scheinwelt, die nichts mehr mit der Wirklichkeit zu tun hat, und nur auf Wunscherfüllung ausgerichtet ist."

„Eine technologische Variante der Religion also", warf Tina ein. „Das heißt, wenn wir in unsere Wohnung zurückkommen, die von einem eingebildetet Wunschpferd verwüstet wurde, werden wir sie völlig intakt vorfinden?"

Das Wesen schüttelte in einer menschlich anmutenden Geste den Kopf. „Wohl kaum. Es ist eher anzunehmen, daß Sie diese Verwüstungen, von denen Sie sprechen, selbst angerichtet haben, ohne sich dessen bewußt zu werden.

„Ganz wie ich es mir dachte", nickte Tina. „Ein Religionsautomat. Deshalb konnte Skippy damit sein Raumschiff nicht reparieren, falls es überhaupt beschädigt war. Es ist schwierig, ein Auto gesundzubeten – Maschinen glauben einfach nicht daran."

„Künstlich induzierte Paranoia", präzisierte ich. „Aber wozu?"

Tina hob abfällig die Schultern. „Weil es Macht über die Abhängigen verleiht, ganz einfach." An das Wesen gewandt fragte sie: „Aber wieso wurden nicht unsere Wünsche erfüllt, sondern die anderer?"

„Ist das so?" Es fauchte etwas, das nicht übersetzt wurde, und das andere antwortete ebenso. „Tatsächlich. Wie es scheint, ist das Gerät defekt, falsch justiert." Wieder zischte es, und beide wandten sich zur Tür. „Jedenfalls müssen wir Sie jetzt verlassen, das letzte Startfenster für die nächsten Jahre schließt sich in kurzer Zeit."

Tina sah ihn mißtrauisch an. „So etwas hat der andere auch gesagt."

Das Wesen erwiderte ihren Blick. „Nun, das war eine Lüge", sagte es, und die Außerirdischen hüpften davon. Wir folgten ihnen zur Haustür, doch sie machten im Freien so großen Sprünge, daß sie bald darauf außer Sicht waren. Nur die hufeisenförmigen Spuren im Schnee waren noch kurz zu sehen. Der Schneefall war jedoch so stark, daß sie fast augenblicklich bedeckt wurden.

Soviel also zu unserer Begegnung der Dritten Art. Nur ein – nicht ganz unwesentliches – Detail bleibt noch nachzutragen. Jetzt, wo wir nicht mehr unter dem Einfluß der künstlichen Halluzination stehen, sehen die Videoaufzeichnungen ganz anders aus. Tina hatte völlig recht, als sie sagte, daß wir oft in der falschen Richtung nach Erklärungen suchen.

Ihr Videoarchiv enthält, das nannte sie als ein Beispiel von vielen, einen jahrzehntealten Bericht über die „weinende Madonna von Peru". Sie spielte die Disk für uns ab – die miserable Bildqualität ließ darauf schließen, daß es eine Kopie von einer Analogaufzeichnung war, doch der Inhalt sprach eine deutliche Sprache. Das Land, schon damals in einem desolaten Zustand, schöpfte wieder Hoffnung: fünf Madonnenstatuen weinten, eine sogar Blut. Präsident Fujimori bat persönlich um Wunder, und prompt stieg seine Popularität. Da wir von Koinzidenzen sprachen: eine der Figuren stand im ehemaligen Wahlkampfzentrum des Präsidenten, eine andere gehörte der Schwester des Regierungsfotografen. Die Kirche sah die Wunder mit wohlwollender Zurückhaltung, ein Bischof sagte, das Volk brauchte Motivationsspritzen zur Steigerung der Religiosität. Ob dieses Wortspiel wirklich unbeabsichtigt war? Damals wurden Drogen noch häufig mit Spritzen injiziert. „*Lagrimas de la virgen son auténticas*", schrieb das Massenblatt *El National*. „*¿Ahora qué dirán los incrédulos...?*" Diese Ungläubigen verwiesen vergeblich darauf, daß ein Pfarrer mit chemischen Mitteln eine Inka-Figur hatte weinen lassen. Die Gläubigen brachte auch eine Schrift des Geheimdiensts nicht ins Wanken, die für schlechte Zeiten Wunder empfahl: die wundergläubigen Peruaner, so hieß es da, seien dadurch von der Misere des Landes abzulenken.

Fujimoris Vorgänger Garcia hatte es angeblich zwei Jahre zuvor abgelehnt, Maria auf einem Berg über Lima erscheinen zu lassen – unnötig, zu sagen, daß er nicht wiedergewählt wurde.

Ulrich Wickert, der Nachrichtenmoderator, der den Bericht kommentierte, bemerkte dazu, es sei gut, daß der Stasi nicht auf diese Idee gekommen sei, sonst hätte er die DDR vielleicht gerettet, wenn in Ostdeutschen Amtsstuben plötzlich alle Honeckerbilder in Tränen ausgebrochen wären.

Heute jedenfalls, wo *Opus Dei* fast ganz Lateinamerika beherrscht, weinen viele Madonnen – manche Blut, einige davon menschliches, und ein paar davon haben sogar die gleiche Blutgruppe. Seit langem sind Wunder dort etwas ganz Natürliches. Aber waren sie das nicht schon immer?

Die erste Disk, die von der Videoüberwachungsanlage aufgezeichnet wurde, zeigt nicht das außerirdische Wesen, das ich in dieser Nacht und wir alle später in den Aufnahmen zu sehen geglaubt hatten. In Wirklichkeit stand Grieskamp vor der Tür, der angebliche Mörder. Das Blut, das durch seinen Kopfverband sickerte, war rot. Warum er mir den Projektor gab? Ich weiß es nicht. Vielleicht hielt er das für das bestmögliche Versteck, getarnt durch seine Geschichte vom Außerirdischen. Immerhin war er auf der Flucht.

Auf der zweiten Disk ist nicht etwa ein Raumschiff zu sehen, sondern einen gewöhnlichen Helikopter.

Und es existiert eine dritte Aufzeichnung, die von den verschiedenen automatischen Kameras in der Umgebung stammt.

Die beiden Männer, die für uns wie Außerirdische ausgesehen hatten, traten aus dem Haus. In unsere Gehirne ließen sich Halluzinationen projizieren, die Videoaufzeichnung blieb davon unberührt. Sie gingen langsam, fast gemächlich, und doch hatten wir ihre Fortbewegung als rasches Hüpfen wahrgenommen. Sie verließen das Grundstück, aber das Zoom folgte ihnen, und die Richtmikrophone zeichneten ihren Wortwechsel auf.

„Werden sie uns glauben?" fragte der, der angeblich *Chch* hieß. Er war etwa zweiundzwanzig.

„Natürlich." Der andere, der sich *Chchchch* genannt hatte, war wesentlich älter, grauhaarig, vielleicht Ende sechzig. „Dazu sind die Halluzinationen schließlich da. Wir haben Dr. Grieskamp immerhin monatelang verfolgt, ehe wir gestern die erste Spur von ihm fanden, obwohl er nur einen Prototypen gestohlen hatte. Selbst ihm ist es gelungen, sie zu täuschen, was sollte also mit unserer ausgereiften Version schiefgehen? Wir sind, was die Halluzinationen angeht, dicht genug an der Wahrheit geblieben, um glaubwürdig zu bleiben, und weit genug davon entfernt, um uns nicht zu gefährden. In jedem Fall müssen wir sie überwachen. Jetzt sollten wir Grieskamp weiter verhören, wer weiß, was er noch angerichtet hat." Sie waren bei einem Hubschrauber angekommen. „Sie können unseren Projektor jetzt ausschalten, Roßner."

„Ja, selbstverständlich." Roßner holte einen schwarzen Gegenstand in Form und Größe einer Zigarette aus der Tasche und schraubte an einem Ende.

Sie stiegen in den Hubschrauber. Die Rotoren begannen sich zu drehen, er hob ab und flog davon. Die wirbelnden Rotorblätter verwandelten den treibenden Schnee in einen Miniaturtornado, doch das Zoom zeigte deutlich auf dem Rumpf eine Erkennungsnummer der Bundespolizei.

Es wird ihnen nichts nützen, uns abzuhören. Morgen gehen an alle seriösen Zeitungen, Magazine, Fernsehsender und Computernetze Kopien dieses Berichts und meiner Videoaufzeichnungen.

Sie werden versuchen, es zu vertuschen, dann dementieren, und zuletzt wie üblich einen Sündenbock finden; Roßner tut mir fast leid. Aber wenigstens werden sie eine Weile daran zu beißen haben.

Oktober 1992

Atlantis

Der Ozean ... eine trübgrüne Brühe wie die Biomilch eines längst vergessenen Jahrhunderts. Winzige Kräuselwellen auf Wasserhügeln und diese auf Bergen und Tälern täuschten unvollkommen Selbstähnlichkeit vor.

Myriaden blaugrüner Algen färbten die See, als Einzelwesen dem bloßen Auge unsichtbar, doch als Konglomerat eine komplexe, den Globus umspannende Kultur, wenn auch unorganisiert und vom Bewußtsein eines Ameisenvolks weiter entfernt als eine Ameisenlarve von Marie Curie oder Lise Meitner. Es war kein denkender Ozean, und es kostete Mühe, Leben darin zu finden, um ihn nicht einen toten Ozean nennen zu müssen. Denn abgesehen von unzähligen Miesmuscheln und aasfressenden Seesternen, denen die Kadaver der Muscheln einen reichlich gedeckten Tisch bereiteten, waren die Algen die nahezu einzigen Organismen darin.

Im Norden stand die Sonne, deren Kraft kaum genügte, die graugelben Wolkenkissen am Himmel zu durchdringen. Ihr spärliches Licht ertastete zwei Dinge, die in der wogenden Umgebung völlig fremd wirkten: einen Felsen, aus der Brandung ragend, und eine Gruppe von drei Frauen, deren Körper, lose eingehüllt in wehende, kaum von den sie umfließenden Nebelschwaden unterscheidbare Gewänder, aufrecht einige handbreit über den höchsten Wellenkämmen schwebten. Gischtschauer trieben in Windböen von der winzigen Küste her an ihnen vorbei.

Der Felsen erinnerte an ein ungeheures Tortenstück. In den Schnittkanten des steil abfallenden Kliffs waren deutlich die Schichten von Buttercreme und Biskuit auszumachen. Am Fuß der Steilküste lagen, halb im Wasser, halb an der Luft, wie Krümel runde Brocken schwarzen Basaltgesteins, abgeschliffen wie Kiesel, doch niemand hätte den kleinsten von ihnen mit den Armen umfassen können. Verfaulter Grünalgenschleim beschmierte stinkend die Grenze zwischen Wasser und Land, die Äonen zuvor der erste Nichtmehr-Fisch überschritten hatte. Braune Schaumberge türmten sich vor den tosend brandenden Wellen auf.

Früher muß hier ein ganzer Kontinent gewesen sein ..., sang Aljuscha. Es waren nicht diese Worte, die sie sang, vielleicht nicht einmal Wörter überhaupt, vielmehr mathematischmusikalische Bedeutungsfelder in Klängen, verknüpft durch logische oder formale Operationen über Rhythmus und Melodie, doch es war eine so simple Äußerung, daß ihre ungefähre Bedeutung in gewöhnlicher Sprache auszudrücken ist. Der Klang ihrer Worte war wie Kalk. Wie alle Menschen konnte sie quasigleichzeitig viele verschiedene und voneinander unabhängige Gespräche führen; getrennte Segmente waren nur durch eine lautunabhängige Eigenschaft verbunden, die, auf akustische Phänomene reduziert, vielleicht als Klangfarbe bezeichnet werden könnte; es ist unmöglich, diesen Tonfall anders zu beschreiben, als ihn durch völlig wesensfremde Begriffe anzudeuten: die Konsistenz von Kalk, die Farbe von Bromdämpfen, der Geschmack gekühlter Wassermelone oder die Zähigkeit von Honig. Gedankensprünge wie in einem Buch, aus dem wahllos Seiten gerissen werden, kennzeichneten gewöhnliche Unterhaltungen. Tagealte Gesprächsfetzen wurden fortgesetzt, die zusammenhangslos zu sein schienen wie Jahrhunderte zuvor die Fabrikation von Konzertflügeln, die Ausrottung afrikanischer Elefanten, die Abholzung tropischer Wälder und damit die Veränderung des Weltklimas, wie der Ausbau des internationalen Transportwesens und die Absenkung der Kontinentaltafeln, wie Landwirtschaft und Gehirnschäden Neugeborener. Doch es gab kausale Ketten, hier wie dort: Wie in Mägen von Kühen und in unter Wasser gesetzten Reisfeldern Methan entstand, das in den oberen Luftschichten das Ozon zerstörte, dreiatomigen Sauerstoff, der bis dahin einen Großteil des ultravioletten Anteils des Sonnenlichts abgeschirmt hatte, Lichtwellen, die wiederum das Erbmaterial in den Zellen der menschlichen Haut schädigten, verbunden mit einem Anstieg der Häufigkeit maligner Melanome, weshalb Touristen in äquatornahen Ländern ausblieben; die Folge war eine Verarmung der ansässigen Bevölkerung, worauf an den Küstengebieten wieder vermehrt gefischt wurde, was wegen der sinkenden Fischpreise und des verstärkten Einsatzes der Fischereilobby zu erhöhtem Fischverzehr führte, gefolgt von Schädigungen menschlicher Föten durch eine Zunahme des Quecksilbergehalts in der Nahrung der Mutter. So linear hingen Ursache und Wirkung natürlich nicht zusammen: Die Ozonschicht wurde auch durch Fluorchlorkohlenwasserstoff zerstört; viele Touristen mieden die Strände nicht wegen der Krebsgefahr, sondern wegen der Algenpest, die wiederum durch Landwirtschaft und Industrie verursacht wurde; Quecksilber war nicht der einzige Schadstoff in Fischen; Föten wurden auch durch polychlorierte Biphenyle geschädigt ... was als Kette erschien, entpuppte sich als engverflochtenes, unüberschaubares Netz.

Ja, gab Lyn wortlos im Kalkton zurück, indem sie halb die Augenlider schloß, ein reduziertes Nicken, das sich als Zeichen der Zustimmung erhalten hatten, während Mimik und Gestik als Mittel der Kommunikation einen Facettenreichtum erlangt hatten, der allein schon genügt hätte, eine Lautsprache zu ersetzen. Auch Berührung, körperliche Kontakte jeder Art, waren Formen der Verständigung. Selbst Ektohormone – Pheromone, Duftstoffe – dienten oftmals dem Austausch von Information, wenn auch nicht hier, in dieser giftigen Atmosphäre, die ein Mensch nicht überleben konnte. Neben Stickstoff und Wasserdampf war die dünne Luft reich an atembarem Sauerstoff, doch auch Giftgase wie Ozon oder verschiedene Kohlenstoffverbindungen waren vorhanden, und mit den Wassertröpfchen sprühten in der Gischt strahlende Teilchen in die Luft. Häufig war es so heiß, daß das Meer an der Oberfläche zu sieden begann. Zwar rochen die Frauen die warme Luft, die gesättigt war mit Sumpfgas, das längst die letzten Reste des Ozongürtels zerstört hatte, und sie fühlten den Wind und das

Wasser auf der Haut, doch ihre wirklichen Leiber ruhten lichtminutenweit entfernt in scheintotem Zustand. Was hier über dem Ozean schwebte, waren homomorphe Abbildungen, die die wahrgenommenen Informationen zeitgleich an ihre Dualkörper übermittelten.

Es war ein Anblick von pervertierter Schönheit, der sich ihnen bot, und sie empfanden ihn wie sie die pilzförmige Rauchwolke, die bei der Explosion einer Atombombe in der Lufthülle entsteht, empfunden hätten, wie Mitleid für die gequälten Menschwesen in Bildern einer Käthe Kollwitz oder wie das kindlich-verspielte, welpenhafte Suchen eines Schwertwals nach Zuneigung, eines Wals, dessen Zahnreihen es gewohnt sind, das Fleisch von Seehunden zu zerreißen. Doch sie erfuhren nicht nur den Zustand dieser Welt über die Gesamtheit ihrer dualen Sinne, sie wußten auch um ihre Vergangenheit und ahnten ihre Zukunft.

Früher mochten Ozeanriesen wie Leviathane diese Wellen befahren haben. Doch längst gab es keine Schiffe mehr, die mit Ballastwasser oder geernteten Fischen und Muscheln Algenstämme von einem Weltmeer zum anderen verschleppten oder das Meer mit Öl und giftigen Chemikalien verseuchten.

... *Atlantis vielleicht*..., sang Aljuscha, Kalk in der Stimme. Sie und Lyn waren Anfang oder Mitte Zwanzig, doch auch in fünfzig oder hundert Jahren würden sie nicht viel älter aussehen. Twi, die Dritte in der Gruppe, hatte hennarotgefärbtes Haar, was darauf schließen ließ, daß ihre Menarchefeier noch keine Woche zurücklag. Das war der Anlaß für ihren Besuch auf diesem Planeten.

Die Dualkörper von Lyn und Aljuscha hielten sich an den Händen: Sie liebten sich, waren ein Paar, Twis Eltern; Twis biologische Mutter war Aljuscha.

Diese Elternschaft war nicht wesentlich anders als die der eingeschlechtigen Rennechsen, von denen immer noch einige Exemplare in Twis und Lyns und Aljuschas Zuhause in einem hermetisch verschlossenen, binnengeregelten Biotop lebten; viele noch nicht ausgerottete Arten hatten bei der Flucht von der Erde erhalten werden können, auch Orcas gab es einige, wenn auch keine Grundel mehr, keinen Dickkopffalter, keinen Plumplori, keinen Klippschliefer und keinen Mann. Alle Menschen waren Frauen. Bei den texanischen Echsen war das Pseudosexualverhalten mehr als ein archaischer Trieb aus der Zeit der zweigeschlechtigen Fortpflanzung: Die Balz regte die Entwicklung der Eierstöcke an. Das Gehirn der Echsen war wie das aller Wesen mit zwei Geschlechtern mit männlichen wie weiblichen Verhaltensmustern gleichermaßen ausgestattet, so daß es, als die Männchen verschwanden, für die Weibchen kein Problem war, periodisch auf typisch männliches Verhalten umzuschalten und mit anderen Weibchen zu balzen. Das Gehirn paßte sich den veränderten Bedingungen an.

Es gab auch zweigeschlechtige Arten von Rennechsen. Die unisexuellen waren aus der Kreuzung nahe verwandter Arten hervorgegangen, deren Nachkommen Klone waren, genetisch mit der Mutter identische Individuen.

Und wie bei den Echsen war auch bei den Menschen die körperliche Liebe unbedingte Vorraussetzung, eine Parthenogenese, die Entwicklung unbefruchteter Eizellen, auszulösen. Und so war Lyn in gewisser Weise mehr als nur soziales Elter für Twi.

Niemand weiß, sang Lyn zu gerade diesem Thema, ein Wochen zurückliegendes Gespräch aufgreifend, und ihre Stimme klang jetzt wie der Duft von altem Heu, *¿war es eine natürliche Mutation? ¿oder das Ergebnis von Genmanipulationen?*

Gemeinsam tauchten sie ihre Dualkörper ins Wasser. Wabernde Farben und Formen umgaben sie. Phytoplankton trieb vorbei, vielschuppige Goldalgen, Verbände einzelliger Kieselalgen. Ihren Vorfahren hatten ungereinigte Abwässer als Nahrung gedient, salzarme braune Fahnen voller Phosphor- und Stickstoffverbindungen aus überschüssigem Dünger und ungeklärter Masttierjauche, die aus Flußmündungen ins Meer geströmt waren. Sauerstoff war in den Ozeanen geschwunden. Schnecken und Krebse überlebten. In Meeren und Flüssen ertranken die Fische.

Die drei Frauen schwammen durch einen Wald aus Blatttang, in den wie silberne Perlenketten die Laichschnüre von Nacktschnecken verwoben waren. Pulsierend näherte sich ihnen eine Ohrenqualle auf der Jagd nach algenfressender Beute. Vergeblich versuchte Twi mit ihr zu kommunizieren.

Kein einziges Luftbläschen entwich aus Aljuschas dualem Mund, als sie jetzt sang, mit einer Stimme, als ob die Sonne durch eine Zitronenscheibe betrachtet wird: *Ein Waldmensch* – Orang-Utan war es wohl, was sie meinte – *wird kaum fragen: ¿Gibt es kletternde Wesen auf anderen Bäumen? Doch schon der Südaffe wollte wissen: ¿Gibt es keulenschwingende Feinde im nächsten Tal? Und der angeblich weise Mensch begehrte zu erfahren: ¿Gibt es intelligentes Leben auf anderen Welten? und horchte mit technischem Brimborium in den Raum. ¿Aber wer, wer fragte nach ethischen Wesen? ¡Niemand ... niemand!*

Und Twi erwiderte Lyn, wie Heu: *In jedem Fall war es eine nützliche Veränderung. ¡Auch, als es noch Männer gab!* Denn wo der Genaustausch überflüssig war, war das Erbgut wesentlich weniger anfällig für Schäden durch Umweltgifte oder Radioaktivität. Und sie war erst recht von Vorteil, als nicht nur Milliarden Frauen, sondern die gesamte männliche Bevölkerung an etwas so lächerlich Klingendem wie einer der Schweinehüterkrankheit verwandten Spirochätose, die eigentlich dazu gedacht gewesen war, feindliche – hauptsächlich männliche – Armeen zu vernichten, gestorben waren und keine Jungen mehr geboren wurden. Es gab weitere Anpassungen, die in die selbe Richtung drängten: Die Plazenta der Frauen bestand nicht mehr nur aus drei, sondern aus sieben Schichten, um eine bessere Trennung zwischen Mutter und Kind zu erreichen, so daß Unterschiede im Erbgut nicht dazu führen konnten, daß das Kind als Fremdkörper behandelt und abgestoßen wurde.

Dann sang Twi wie Essig Dinge, die sich nicht formulieren lassen.

Aljuscha antwortete in essighafter Stimme, dann fuhr sie

mit Heu auf den Lippen fort: *Natürlich hat es schon in früheren Zeiten Fälle von menschlicher Parthenogenese gegeben, wenn auch nicht wie in verklärten, abergläubischen Mythen. Denn ein durch Jungfernzeugung entstandenes Kind war nicht nur notwendigerweise weiblich, sondern wegen des einfachen Chromosomensatzes körperlich und geistig behindert. Doch die Töchter der Neuen Menschen sind diploid.*

Die Haare der drei Frauen schwebten unter Wasser wie in Schwerelosigkeit, eine Parodie auf die geisterhaft tastenden Tentakel des düsteren Tangs. Lyn und Aljuscha trieben nach oben, durchstießen die Oberfläche und glitten langsam nordwärts.

Die Wolken waren verflogen, die brennende Sonne im Nordosten stach mit gleißenden Fingern nach ihnen und ließ die Schatten der Sträucher auf dem Felsen wie Klauen nach ihnen greifen.

Wie der Geruch von Regen in der Straßenschlucht einer Beton- und Asphalt-Stadt, ein Geruch, den Lyn nicht kannte, sang sie von einem uralten psychologischen Versuch, in dem Gruppen von Männern und Gruppen von Frauen verschiedene Aufgaben zu lösen hatten. *Die Männergruppen*, resümierte sie, *kamen eindeutig zu mehr Lösungen.*

Aljuscha kannte den Versuch, und sie ergänzte: *Ja, doch die Lösungen der Frauen waren deutlich besser. Und all diese Unterschiede waren durch nichts als gesellschaftliche Mißstände bedingt.*

Ein Schwarm der dominanten Landlebensform schoß vorbei und durch die dahingleitenden Dualkörper hindurch, ohne sie zu beachten: Schaben, Nachkommen der *Blatella germanica*, bereit zum Luftangriff auf die Felsenfestung, die vor ihnen lag, winzige, vier Zentimeter lange Kamikazeflieger auf dem Weg zu den Ritzen und Spalten, in denen der Feind sich verborgen hatte. Der Feind: *Periplaneta americana*, Amerikanische Schaben, verkrochen in der feuchten Wärme, die sie so sehr liebten.

Twi folgte den beiden anderen Frauen, streifte mit ihren bloßen, dualen Füßen verdorrte, halbverfaulte, in der brennenden Sonne trocknende Büsche auf dem Scheitel des Eilands und sang, nach ein paar unübertragbaren Sätzen wie saurer Wein, mit kalkigem Ton: ... *oder Australien.*

August 1989

Veni, vidi

Als die Gameten meiner Eltern verschmolzen, war meine Mutter sechzehn und süchtig. Sie hatte angefangen, Drogen zu nehmen, bald nachdem sie mit elf zum ersten mal vergewaltigt worden war, um die Angst vor dem nächsten Mal und die Angst vor der Hölle in sich abzutöten, der Hölle, in die Gott sie, so war ihr gesagt worden, unweigerlich schleudern würde, wenn sie irgendjemandem ein Sterbenswörtchen verriete. Alkohol zuerst – zum Teil teurer Meßwein, mit dem sie ruhiggestellt wurde –, dann Leim und Tabletten, später härtere Sachen.

Eine Abtreibung kam natürlich nicht in Frage, dazu waren sie und vor allem ihre Mutter zu katholisch. Zwar erlaubt der katholische Katechismus das Töten der Geborenen – etwa in „gerechten Kriegen" oder als Todesstrafe – aber das Töten von Ungeborenen, dieses schwere Vergehen gegen das menschliche Leben, wird unweigerlich mit Exkommunikation bestraft. Vom Verbot der Abtreibung gibt es keine Ausnahme, es gilt immer und überall, „unabhängig von den weiteren Absichten der Handelnden und von den Umständen", so verkündete Papst Johannes Paul II. in seiner Enzyklika „Glanz der Wahrheit". Das war damals auch, Jahre vor der Enzyklika, die Ansicht des Pfarrers, der meine Mutter und ein Dutzend anderer Kinder regelmäßig mißbraucht hatte und der, als seine Kirchenoberen die Gerüchte nicht mehr länger ignorieren konnten, in eine andere Diözese versetzt wurde. Ich habe ihn daher nie kennengelernt, und es fällt mir schwer, ihn als meinen Vater zu sehen. Ironischerweise habe ich all dieser Qual mein Leben zu verdanken, und getauft bin ich auf den Namen Viktor.

Schließlich kam meine Mutter in ein kirchliches Heim für schwangere Teenager. Das Kirchliche daran war selbstverständlich nicht etwa die Finanzierung – für diese kam wie üblich der Staat auf, auch wenn die Kirchenpropaganda das erfolgreich vertuscht –, sondern Einstellungspolitik und gesetzlich geregelter Tendenzschutz, so daß einer weiteren Indoktrination mit Hölle und Verdammnis, Schuld und Sünde Tür und Tor offen standen. Wenn aber dein rechtes Auge dir Anlaß zur Sünde gibt, so reiß es aus und wirf es von dir. Auge um Auge ...

Damit ersetzte sie die Chemikalien, von denen sie abhängig war, durch ein geistiges Methadon; nun, nicht ganz, ich erinnere mich noch, wie, als ich gerade mein Studium begann, die Grünen wieder einmal Bedenken gegen den Verbrauch von Weihrauch vorbrachten, weil er zwischen 11 und 14% Haschisch – dessen Wirkstoff, genauer gesagt – enthält, so daß also auch Kinder in Gottesdiensten zentnerweise diesem Stoff ausgesetzt werden, denn jährlich werden mehrere Tonnen Weihrauch verbraucht. Und dabei bleibt es.

All die Drogen, die meine Mutter konsumiert hatte, wirkten sich jedenfalls auf den Embryo aus. Den Embryo, recht sachlich und neutral klingt das, als ob nicht ich es gewesen wäre. So wurde ich also nach knapp sieben Monaten geboren, winzig, schwach, kaum lebensfähig; das Licht der Welt, wie es so schön heißt, erblickte ich nicht, denn ich war blind.

Die blutenden Birken sind wohl meine erste bewußte Erinnerung. Es machte mir Angst. Vier, fünf Jahre alt, in ständiger Dunkelheit, und um mich plötzlich diese Stimmen, Stimmen, die sprachen, und doch nichts sagten. Heute weiß ich, daß es Dialekt gewesen sein muß, doch damals hielt ich die Wesen um mich für Dämonen, jene unheimlichen übernatürlichen Wesen, von denen, so hatte meine Mutter mir erzählt, die Menschen gepeinigt wurden.

Die Erscheinungsstätte Heiliger Berg Heroldsbach war wirklich ein besonderer Fleck auf Gottes Erdball. Eine Heilquelle sprudelte an diesem Wallfahrtsort. Drei Jahre lang hatte es Visionen der lieben Gottesmutter des Jesuskindes, vieler Engel und Heiligen und der Heiligsten Dreifaltigkeit gegeben.

Wirklich. Dreihundert Pilger sahen die Gottesmutter, tausend das große Sonnenwunder. Dazu kamen noch die Russenvisionen, was immer das sein mag.

Und jetzt, ganz frisch, rechtzeitig zum Pfingstfest 1992, erneut ein Wunder: Im nahen Wäldchen bluteten die Birken. Pilger wischten Menschenblut von Birkenstämmen: „Betet und tut Buße zur Abwendung des Unheils", verstand ich hier und da zwischen all dem dämonischen Stimmengewirr. „Das ist echt, hundertprozentig." – „Wunder gibt's, daran glaube ich." Von allen Seiten.

Nun, nicht von allen. Zehn Kilometer weiter gäbe es das gleiche Phänomen, hörte ich jemanden erklären – es muß wohl der Forstdirektor gewesen sein, der ein Interview gab. Das sei ganz normal, Birken harzten eben. „Ich vermute", erklärte der tapfere Mann, „wenn der liebe Gott uns ein Wunder zeigen will, macht er's nicht am armseligen Saft einer Birke."

Meine Mutter zog mich rasch fort.

Mit acht, in Lourdes, wo Bernadette Soubirous in der Grotte von Massabielle Marienerscheinungen gehabt hatte, sah ich das schon viel gelassener. Ich wußte, daß nicht alle Menschen Deutsch sprechen, und die babylonische Sprachvielfalt um mich faszinierte mich weit mehr als die langweiligen Litaneien, mit denen der allmächtige zornige liebende strafende Gott dazu bewegt werden sollte, mir durch das wunderkräftige Quellwasser mein Augenlicht wiederzugeben. Gott aber war gerade damit beschäftigt, Menschen in San Francisco zu erschüttern und konnte sich nicht um meinen Gesichtssinn kümmern.

Es dauerte lange, bis es mir gelang, diesen Aberglauben abzuschütteln, mich freizumachen von der krankhaften Theodizee, denn all das Leid in der Welt, so hieß es, war von Menschen verursacht, denen Gott nicht ihren freien Willen nehmen wollte, und in meinem Fall war es, auch wenn ich das damals noch nicht herausgefunden hatte, tatsächlich die Schuld der Menschen: die Sucht meiner Mutter, die zu meiner Blindheit geführt hatte, und die seltsame Nächstenliebe, durch die sie in die Sucht getrieben worden war. Hungersnöte waren nicht etwa von Gott gewollt, sondern lagen an der ungerechten Verteilung der Nahrungsmittel. Oder sie schoben alles Böse dem Satan in die Schuhe, der Tanklaster aus der Kurve trug und Tschernobyl zu Ehren meiner Geburt in die Luft gejagt hatte – ohne zu erklären, wie der Teufel den allmächtigen Gott überlisten konnte, oder weshalb Gott, dem in seiner Allwissenheit klar gewesen sein mußte, was geschehen würde, den Teufel und damit das Böse überhaupt erst erschaffen hatte. Niemand wurde gezwungen, auf der San-Andreas-Verwerfung zu leben, warum also sollte Gott Erdbeben verhindern? Und hatte er nicht selbst schon durch eine weltweite Flut fast alle Menschen ersäuft, weil sie Sünder waren? Welche Sünden die Kinder und Tiere, die dabei, hätte die Sintflut wirklich stattgefunden, ums Leben gekommen wären, und wessen freier Wille eingeschränkt wird, wenn ein Kind nicht an Leukämie stirbt, danach fragte ich damals nicht. An dem Tag, an dem ich zur Vernunft kam, war ich dreizehn.

„Fußballspielen kann ich nicht ausstehen", sagte ich.
„Aber warum denn? Das macht doch Spaß."
Rafael war fast zwei Jahre älter als ich, doch ausgesprochen kindisch. Er hatte mit der Pistole seines Vaters gespielt, und häufig ist es so, daß ein solch traumatisches Ereignis – Polio etwa oder, wie in Rafaels Fall, Blindheit durch einen Kopfschuß – dazu führt, daß der Betroffene in der Entwicklung stehenbleibt. Er war ein Zehnjähriger im Körper eines bald Erwachsenen, fehlender Gesichtssinn ging mit fehlender Einsicht einher. Viele in der Blindenschule waren derart retardiert; integrierter Unterricht war damals noch nicht allgemein üblich, was das Problem noch verstärkte. Blind geboren zu sein hat auch Vorteile.

Ich mochte Rafael nicht besonders und wich ihm lieber aus, aber seine Eltern hatten mich über die Ferien zu sich eingeladen, wohl, weil ich anscheinend ebenso religiös war wie sie, und aus Höflichkeit hatte ich zugesagt. Nun ja, die Tatsache, daß seine Eltern reich waren, hatte sicher auch eine Rolle gespielt. Ihre Villa im Tessin war ganz bestimmt ein angenehmerer Aufenthaltsort als die Schule.

Es war heiß, die Sonne brannte mir ins Gesicht. Das Wasser im Pool plätscherte verlockend. Rafael litt, nach dem Geruch der Salben zu schließen, die er wohl fingerdick auftragen mußte, unter unreiner Haut. Heute würde ich ihn wohl fragen, wieso er sich von einem Gott Erlösung erhofft, der nicht einmal in der Lage ist, Akne zu kurieren – gemein, ich weiß, aber das Bohren in kariösen Zähnen kann weh tun.

Ich versuchte, das unbestimmte Gefühl zu verbalisieren. „Es muß doch albern aussehen, wenn wir über den Rasen stolpern, einem piepsenden Ball hinterher, uns ständig anrempeln." Ebenso albern, wie wenn Sehende das tun, aber das war mir damals nicht klar.

Wir hatten den gesamten Vormittag über Bücher gehört und langweilten uns. Der Beckenrand war zehn Schritt entfernt, und ich spielte mit dem Gedanken, ein paar Züge im abkühlenden Wasser zu schwimmen; nur der Chlorgeruch hielt mich davon ab. Stattdessen trank ich einen Schluck Limonade. Die Eiswürfel klirrten. Kondenswasser machte das Glas glitschig, beinahe wäre es mir aus der Hand gefallen.

Rafaels kleine Schwester, Elsa, saß am Becken und patschte mit den Füßen im Wasser. Mit fiepsender Stimme sprach sie mit dem Dobermann, erzählte, daß nächste Woche ihr vierter Geburtstag sei, worauf der Hund bellend antwortete. Ein riesiges Vieh, sein Kopf reichte mir bis zur Brust, und es stank fürchterlich. Zweimal schon war es mir zwischen die Beine geraten und hatte mich zu Fall gebracht. Es war nicht gerade intelligent, von Rafael hätte es doch den Umgang mit Blinden gewöhnt sein müssen. Rafaels Blindenhund, eine Schäferhündin namens Diana, war zwei Monate zuvor an Altersschwäche gestorben.

Der Dobermann blaffte, Elsa kreischte. Ein lautes Platschen. Sie schrie und strampelte im Wasser.

„Elsa?" rief Rafael. „Elsa!"

Mit einem klatschenden Geräusch wuchtete der Hund sich an Land. Er schüttelte das nasse Fell aus, bellte zweimal. „Kann sie schwimmen?" fragte ich. „Ob sie schwimmen kann?" Ich griff in die Richtung, aus der Rafaels Stimme kam, erwischte seinen Arm und schüttelte ihn. „Antworte!"
„Was? Nein, nein, mein Gott."
Elsa schrie nicht mehr, nur das Schwappen des Wassers an der Beckenwand war zu hören. Ich sprang auf, lief. Ich mußte mich verschätzt haben, verlor den Boden unter den Füßen und stürzte ins Wasser. Ich war völlig desorientiert, schwamm, bis ich gegen den Rand stieß. Das Chlor brannte in meinen Augen.

Von Elsa war kein Laut zu hören. Der Hund winselte. Ich schwamm los, wirr, ohne Ziel, machte kehrt, tauchte. Minuten, Stunden schienen zu verstreichen. Mehrmals prallte ich gegen die harten Kacheln; als ich endlich mit etwas Weichem zusammenstieß, packte ich zu. Ich schleppte den leblosen Körper hinter mir her, hievte ihn aus dem Wasser, kniete daneben nieder.

Ich griff an ihren Hals. Blut pulsierte durch die Schlagader, sie lebte. Ich tastete weiter. Das klebrignasse, rüschenbesetzte Bikinioberteil lag still, ihr Brustkorb hob und senkte sich nicht.

Der Dobermann hechelte mich an, die stinkende Luft aus seinem Maul verursachte mir Übelkeit. „Nimm das Vieh weg!" herrschte ich Rafael an, ohne zu wissen, wo er steckte, doch er rührte sich nicht.

Ich überstreckte Elsa im Nacken, schloß ihren Mund mit dem Daumen und preßte vorsichtig Luft durch ihre Nase. Nicht viel, sie war noch so klein. Während ich den Kopf hob, um Atem zu schöpfen, begann der Hund schlabbernd, ihr Gesicht zu lecken, beinahe wäre ich gegen seine Schnauze geprallt. Ich stieß ihn energisch beiseite, zum Glück ließ er es sich gefallen.

Der nächste Atemzug, noch einer, langsam, regelmäßig. So regelmäßig es in der Aufregung ging.

Stöckelschuhe klapperten vom Haus her über die Steinplat-

ten. „Elsa!" rief Rafaels Mutter. „Oh, mein Gott!" Eine Unterbrechung im regelmäßigen Tacktack: sie war umgeknickt, schleuderte einen Schuh davon, der mit einem Rascheln in die Büsche fuhr. Humpelnd lief sie weiter.
Elsa zuckte, hustete, wand sich, dann begann sie zu weinen. Sie würgte und spuckte. Aber sie atmete.
Jeden Augenblick mußte der nette Herr vom Arbeitersamariterbund kommen, um mir ein Lob auszusprechen.
„Gott sei Dank", sagte Rafaels Mutter schluchzend. „Gott sei Dank!"
Etwas brach in mir auf. Nicht, daß sie Gott dankte statt mir, auch wenn es mehr als nur eine Redewendung war. In ihren Augen, das sagte sie später mehr als nur einmal, war es Gott gewesen, der Elsa gerettet hatte und mich lediglich als Werkzeug benutzt. Was den Ausschlag gab, war, daß es für mich selbstverständlich gewesen war, das Mädchen aus dem Wasser zu ziehen. Ich hatte keinen Gedanken daran verloren, daß das etwa ihren freien Willen oder den des Hundes, der sie hineingestoßen hatte, beeinträchtigen würde. Gott, der allmächtige, liebende Gott, stand alltäglich dabei, wie Kinder in Bangladesch ertranken, in der ganzen Welt, verhungerten, überfahren wurden, mißhandelt, krank, ohne etwas dagegen zu tun. Gäbe es ihn wirklich, müßte er sich wegen milliardenfacher unterlassener Hilfeleistung verantworten.
Im Jahr darauf starb meine Mutter an einer Überdosis Schlaftabletten.

Briefträger, Schauspieler, Elektriker oder Maler kam für mich als Beruf zwangsläufig nicht in Frage (obwohl ich mir bei Kunstmalern inzwischen nicht mehr sicher bin), und ich wollte auch nicht mein Leben lang Bürsten binden oder Leierkasten spielen. Vom Hiob-Syndrom war ich geheilt, und mein Gehirn war frei für nützliche Dinge. Eine Zeitlang trug ich mich mit dem Gedanken, Mathematik zu studieren, denn viele Zweige der Mathematik sind so theoretisch, so abstrakt, daß Vorstellungsvermögen wesentlich wichtiger ist als Sehen, ja sogar entscheidend. Mit siebzehn allerdings ersetzte ich meinen weißen Stock durch einen Handschuh, den ich entwickelt hatte (und der übrigens den Regionalwettbewerb ‚Jugend forscht' gewann und beim Landeswettbewerb den zweiten Platz erreichte). Ich nannte ihn WYSIWYF, *what you see is what you feel*. Sensoren vermaßen den Abstand zur Umgebung, und ein haptisches Feedback wie bei einem gewöhnlichen Dataglove ermöglichte es, die Gegenstände quasi aus der Ferne zu ertasten. Dies erfordert zwar etwas Übung, aber das gilt auch für den Stock, und dieser ist dem Handschuh deutlich unterlegen. Finanziell war der FingerView, so die kommerzielle Bezeichnung, für mich kein Erfolg, da ich es versäumt hatte, mir die Patentrechte zu sichern, doch von da an stand mein Berufsziel fest.

„Ich wußte nicht, daß du –" Betreten schwieg Hannelore.

„Daß ich blind bin? Ist das ein Problem?"

„Nein, nein, das nicht, aber ..."

„Darf ich nicht erst einmal eintreten? Zeig mir doch bitte, in welchem Zimmer ich schlafe." Ich wollte in Hannover zur CeBit gehen, und die Mitwohnzentrale hatte mir dieses vorübergehend leerstehende WG-Zimmer vermittelt. So etwas ist allemal angenehmer, und vor allem billiger, als ein Hotel. Als Student mußte ich sparsam sein, trotz der Zuschüsse wegen meiner Blindheit. Der freie Eintritt im Zoo nützte mir nicht viel, und warum sollte ich mir auch die Schreie eingesperrter Tiere anhören, deren Angstschweiß und die Ausscheidungen riechen, mit denen sie sich gegenseitig unfreiwillig drangsalieren, den Gestank im Affenhaus antun, das modrige Wasser, in dem ein Nilpferd dahinvegetiert, den scharfen Geruch der Raubkatzen, das nach toten Fischen riechende Robbenbecken? Jemand, dessen Sinne von visuellen Wahrnehmungen dominiert werden, kann vielleicht die Gitterstäbe aus dem, was er sieht, ausblenden. Wegsehen kann ich nicht.

Jedenfalls stand ich nun, vom Leitsystem meines Chipboards geführt, vor der Wohnungstür und war gezwungen, mit dieser Frau über Einlaß zu verhandeln, obwohl eigentlich alles mit der Mitwohnzentrale geklärt war, Dauer wie Preis.

Zögernd öffnete sie die quietschende Tür vollends, und ich trat ein. „Es ist schon spät, ich bin müde. Gehst du bitte voran?" bat ich. Die Dielen knarrten unter ihren Schritten, ich mußte nicht einmal den WYSIWYF benutzen, um ihr zu folgen. Sie trat in ein Zimmer. Es war kühl. Sie ging um etwas herum (das mußte das Bett sein) und schloß das Fenster, dessen immer wieder überpinselte Farbschichten knirschend aneinanderrieben.

„Wenn es hell ist, siehst du von hier aus –" Erschrocken brach sie ab. „Entschuldigung", murmelte sie. Ihre Stimme verriet mir, daß sie den Kopf abgewandt hatte.

„Schon okay", sagte ich achselzuckend. Solche Gesten hatte ich mir erst vor kurzer Zeit bewußt angewöhnt. Bis dahin mußte ich auf andere Menschen wie eine unbeholfene Marionette gewirkt haben, steif und ohne jede Mimik.

Sie ging zur Tür. „Brauchst du noch etwas?"

„Danke. Wo ist die Toilette?"

„Wenn du hier rauskommst, gleich rechts." Sie schloß halb die Tür, die über den zu dicken Läufer scharrte. „Gute Nacht. Du weißt ja: Was du in der ersten Nacht in einem fremden Bett träumst, geht mit Sicherheit in Erfüllung."

„Tatsächlich? Davon habe ich noch nie etwas gehört. Gute Nacht."

Am nächsten Morgen am Frühstückstisch schlug sie raschelnd eine Zeitung auf. „Oh", sagte sie. „Es stört dich doch nicht, wenn ich lese?"

„Aber nein, warum sollte es? Was geht denn so vor sich in der Welt?"

„Scheidung!" las sie. „Steffis Fans in Tränen." Sie legte die Zeitung beseite. „Hast du gut geschlafen?"

„Oh, danke." Mein Rücken schmerzte, irgendwie mußte ich schief gelegen haben.

„Kein Wunder", sagte sie. „Wir haben Alufolie unter allen Matrazen."

„Wozu das denn?"
„Als Abschirmung gegen die Erdstrahlen natürlich."
Erdstrahlen. Ich hasse es, wenn Leute, die nicht bis drei zählen können, behaupten, das Viereck habe eine fünfte Seite, die Mathematiker hätten sie nur noch nicht entdeckt. „Die Physiker bezeichnen Alpha-, Beta- und Gammastrahlen aus radioaktiven Bestandteilen des Bodens oder des Gesteins als Erdstrahlen", sagte ich, „aber ich nehme an, du sprichst von den physikalisch nur durch Pendel und vor allem Wünschelruten nachweisbaren Strahlen, die von Wasseradern, Klüften und Spalten ausgehen und Gesundheitsschäden verursachen, nicht? – So gut habe ich nun auch wieder nicht geschlafen. Ich habe schlecht geträumt. Ich träumte, ich hätte Kopfschmerzen. Ich tastete meinen Kopf ab, es fühlte sich feucht an zwischen meinen Haaren. Ich sah irgendwie von oben auf mich herunter – im Traum konnte ich sehen – und entdeckte einen klaffenden Spalt in meiner Schädeldecke. Darin steckte eine Scheibe Toast, weich, vollgesaugt mit Liquor. Ich zog sie mit einem Ruck heraus. Die untere Hälfte war blutgetränkt. Es tat weh, aber dieses Loch und die blutige Toastscheibe darin zu sehen war ein viel abscheulicheres Gefühl als der Schmerz." Das war ein bißchen gelogen, denn den Traum hatte ich schon vor Wochen gehabt. Heute war ich nicht während einer REM-Phase aufgewacht und konnte mich folglich nicht daran erinnern, was ich geträumt hatte, aber die, sagen wir, wissenschaftlich unpräzise Esoterik machte mich ein wenig ungehalten. „Zu dumm, daß das, wie du sagst, in Erfüllung geht."

„Du mußt es symbolisch sehen. Ich meine ... Kaffee?"

„Ja, danke. Muß ich? Eine symbolische Toastscheibe in meinem Kopf macht mir mehr Spaß? Ich weiß nicht."

Sie schenkte Kaffee ein. „Nun, allzu gut habe ich in letzter Zeit auch nicht geschlafen. Die Folien sind schon ein paar Wochen alt und zu stark aufgeladen, ich muß sie bald auswechseln."

„Danke", sagte ich und nahm die Tasse von der Stelle, an der

das Plätschern zu hören gewesen war. Der Henkel war auf der falschen Seite, und ich drehte sie um. „Vorhin hast du noch behauptet, ich hätte dank der Abschirmung gut geschlafen, jetzt ist sie zu stark – aufgeladen? Merkwürdig."
„Zucker? Milch?"
Ich schüttelte den Kopf. „Schwarz. Jedenfalls strahlt die Erde alles mögliche ab, Magmawärme, einfallendes Sonnen- und Mondlicht, Radioaktivität – aber deine Erdstrahlen gibt es ebensowenig wie siebenstrahlige Schneeflocken. Oder hat die Wissenschaft die auch nur noch nicht entdeckt?"
„Ich habe anfangs selbst nicht daran geglaubt, dann habe ich es versucht, und es hat funktioniert."
„Daß du nicht wenigstens ein bißchen daran geglaubt hast, kaufe ich dir nicht ab, denn sonst hättest du es gar nicht erst versucht. Und ‚funktioniert' hat es ebenso wie die Wunder in Lourdes oder Plazebos: Einbildung, Scheinwirkung. Wenn etwas eine echte Wirkung hat, sei es Gott, Ufos oder Erdstrahlen, dann muß diese Wirkung unterscheidbar, erkennbar sein, denn sonst wäre es überflüssig, sie zu postulieren." Worauf hatte ich mich da wieder eingelassen?

„Du glaubst also nur Dinge, die du ... die du –"
„Die ich sehe, wolltest du sagen? Das war wohl nichts. Ich habe die Sonne nie gesehen, und auch den Schiefen Turm von Pisa. Radioaktive Strahlung wirkt selbst, wenn du nicht daran glaubst, ja sogar, wenn du nichts davon weißt. Die Schwerkraft kann ich nicht sehen, aber ich kann ihre Wirkung wahrnehmen. Der Apfel fällt vom Baum. Daran können natürlich auch telekinetisch begabte Venusianer schuld sein oder kleine, unsichtbare Elfen, die ihn zu Boden schubsen, aber das ist ein anderes Problem." Meine Tasse war noch nicht ganz leer, aber ich griff an die Stelle, an der Hannelore die Kanne auf das Stövchen gesetzt hatte. „Ich darf doch?" Sie nickte, nehme ich an, denn das „Sicher" kam reichlich verspätet. Ich öffnete halb den Schraubverschluß, goß mit einer Hand ein, bis die Wärme, die die steigende heiße Flüssigkeit abstrahlte, den Zeigefinger meiner anderen, den ich unauffällig in die Tasse hielt, erreich-

te.

„Ich glaube jedenfalls daran, und bei mir funktioniert es. Es kann schließlich nichts schaden, oder?"

„Glaubst du? Immerhin behindert die Folie die Luftzirkulation – was denkst du, weshalb Betten gewöhnlich auf Beinen stehen? Damit du tiefer fällst? Vom Abfall, vom Energieaufwand zur Herstellung der Metallfolie ganz zu schweigen. Und wenn jemand wirklich krank ist und sich auf Alufolie oder Gebete verläßt, statt sich behandeln zu lassen ..." Ich machte eine Kunstpause. „Aber sprechen wir doch von etwas anderem. Was tust du beruflich? Ganzheitliche Psycho-Farbberatung, nehme ich an? – Dabei fällt mir ein: Kennst du SIRDS?"

„Wen?"

„Das heißt nein, nehme ich an. SIRDS, Autostereogramme ... waren Mitte der neunziger Jahre populär, sind inzwischen aber in Vergessenheit geraten, schließlich ist Stereovision heute alltäglich. Wirklich schade, du hast noch nie davon gehört?"

„Nein, was soll das denn sein?"

„Nun, ich fürchte, ich muß etwas ausholen. Bilder sind gewöhnlich zweidimensional, räumliche Tiefenwahrnehmung wird ermöglicht durch Perspektive, Schatten, Farben und Intensitäten, Größenverhältnisse ... bei drei Dimensionen kommen zwei Effekte hinzu. Erstens die Konvergenz der Augen, also die Wahrnehmung zweier unterschiedlicher Bilder." Ich hielt einen Zeigefinger hoch. „Sieh mir ins Gesicht und kneife anwechselnd das linke und das rechte Auge zu. Der Finger müßte hin- und herspringen, richtig?"

„Natürlich."

„Das zweite ist die entfernungsabhängige Akkommodation – Nah- und Ferneinstellung der Augenlinse durch Spannen und Entspannen des Ziliarmuskels. Wenn du mir ins Gesicht siehst, ist der Finger unscharf, nicht? Jetzt sieh den Finger an: mein Gesicht verschwimmt."

„Das ist doch logisch. Worauf willst du hinaus?"

„Augenblick, dazu komme ich gleich. Du ... dein Gehirn kann die Entfernung des betrachteten Punkts abschätzen, indem es die Ziliarmuskelspannung sozusagen mißt. Das Verschmelzen zweier Halbbilder zu einem räumlichen Eindruck wird Stereopsie genannt. Sie erfordert getrennte Bilder für jedes Auge, Stereogramme eben, das heißt, es werden gewöhnlich Hilfsmittel benötigt, ein Stereoskop, eine Polarisations- oder eine Rot-Grün-Brille beispielsweise, um die beiden Teilbilder dem entsprechenden Auge zuzuordnen. Du hast bestimmt schon Bilder aus dem letzten Jahrhundert gesehen von Leuten im Kino, die 3D-Brillen trugen."

„Sicher; sie wirkten so glotzäugig, als wären sie einem der Horrorfilme entstiegen, die sie da ansahen."

„Schön. Julesz und Miller erkannten nun 1962, daß für die Tiefenwahrnehmung Stereopsie ohne weitere Hinweise wie Perspektive usw. völlig ausreicht und zeigten dies durch Zufallspunktmuster zur Betrachtung im Stereoskop. Tyler und Clarke schließlich vereinigten 1990 Zufallspunkt-Stereogrammpaare zu einem Bild: Die *Single Image Random Dot Stereograms* waren entwickelt. Dabei sind die Punkte in einem einzigen Bild so angeordnet, daß jeder gleichzeitig für beide Halbbilder verwendet wird. Das Berechnungsverfahren ist im Prinzip denkbar einfach: Zwei Punkte an den Stellen der Bildebene, die beim Betrachten eines Punkts auf einem Objekt die ‚Sehstrahlen' beider Augen schneiden, müssen zwangsläufig die gleiche Farbe haben. Die Entfernungsinformation bleibt, da der Abstand dieser Schnittpunkte sich mit der Entfernung des Objektpunkts ändert, erhalten. Die Gleichungen hierfür ..." Hannelore schwieg, doch ich bemerkte, daß sie unruhig wurde. Vermutlich hörte sie überhaupt nicht mehr zu, sondern ließ, was ich sagte, an sich vorbeirauschen. Vielleicht hätte ich einige Begriffe wie ‚Aura' oder ‚kosmische Energie' einfließen lassen sollen, um ihre Aufmerksamkeit zu wecken. „Nun, die Details würden hier zu weit führen. Jedenfalls müssen die Punkte des Bilds nur noch pseudozufällig eingefärbt werden (wobei der Zufall eingeschränkt ist durch die

Zwangsbedingungen gleicher Farbe, die, wie oben beschrieben, für jeden Punkt des abzubildenden Objekts ermittelt wurden), und ein SIRDS ist entstanden. Natürlich können auch vorgegebene Muster den Zufall beeinflussen, dann wird es einfach SIS genannt, *Single Image Stereogram*."

„Und was soll das ganze?"

„Das war vielleicht ein bißchen zu abstrakt, oder? Warte..." Ich holte mein Chipboard, klappte den Braille-Schirm zur Seite und startete die SIRDS-Demo.

„Ich sehe nur ein gesprenkeltes Bild", sagte Hannelore.

„Es ist nicht ganz einfach, in einem SIRDS mehr zu erkennen. Ihr Sehenden seid, was das angeht, ebenso blind wie ich. Du mußt einen Punkt fokussieren, der *dahinter* liegt, etwa im gleichen Abstand wie der zwischen deiner Nasenwurzel und dem Bild. Stell dir vor, der Bildschirm wäre nicht da und du würdest jemanden ansehen, der dir gegenübersitzt. Hast du's? Jetzt mußt du auf das Bild selbst akkommodieren, also versuchen, es scharf zu sehen, aber ohne die Blickrichtung zu verändern. Ich weiß, es ist nicht leicht. Wenn du es erst einmal geschafft hast, das Bild räumlich zu sehen, ist der Effekt allerdings frappierend, die Objekte scheinen greifbar aus der Bildfläche zu ragen. Alkohol oder andere Drogen sollen dabei nützlich sein, wie bei religiösen Erscheinungen – nur sind die SIRDS wirklich und nachweisbar vorhanden. Das entspricht natürlich nicht dem üblichen Sehen, es erfordert einige Übung. Manchmal Minuten oder Stunden, vielleicht sogar –"

Hannelore schrie auf.

Ein paar Semester lang generierte ich in meiner Freizeit unzählige Autostereogramme und auch andere Computergrafiken durch Modellieren virtueller Lehmklumpen. Doch ich wurde den Verdacht nicht los, daß die Anerkennung, die sie fanden, lediglich auf meine Blindheit zurückzuführen war, ich war ein Freak, eine Kuriosität. Beethoven war ein tauber Komponist, ich ein blinder Grafiker. Aber vermutlich ist Beethovens Musik besser als meine Bilder. Die Farben, die ich damals verwendete – nur digital definiert, ohne zu wissen, wie sie aussahen – sind jedenfalls außerordentlich eigenartig.

Es ist nicht so, daß ich keine Farben sehen konnte. Mein Cortex war glücklicherweise unbeschädigt, lediglich ein Teil meiner Augäpfel war defekt. Wie jeder Sehende auch konnte ich durch Drücken auf die geschlossenen Lider wunderschöne Farbspiele wahrnehmen. Nur sah ich nichts vor meinen Augen, und ich wußte ich nicht, wie die Farben hießen, die ich sah.

Einige Zeit versuchte ich, dies auszunutzen, die Phosphene, dieses innere Feuerwerk, durch mechanische und elektrische Reizung auszulösen, kurz, selbst zu sehen. Doch es war zwecklos, der Druck, den ich ausübte, verteilte sich im Glaskörper, selbst das Fingerspitzengefühl des besten Roboters, dessen ich habhaft werden konnte, genügte zwar beinahe, um mit Atomen zu jonglieren, hierfür aber war es zu grob. Und auch Strom führte zu keinem verwertbaren Ergebnis. Es war enttäuschend.

Dann traf ich Tisha.

Wir gingen im Park spazieren. Der Regen, der warm über unsere Gesichter lief, störte uns nicht. Die Grünflächen mußten frisch gemäht worden sein, ein intensiver, aus den Schnittstellen austretender Duft vermischte sich mit dem des Regens. Wir waren zusammen ausgegangen, Tisha hatte das Restaurant ausgesucht. Ich mochte griechisches Essen nicht besonders, öltriefend und zu weich gekocht, aber diesmal war es anders. Ich spürte noch den Nachklang der Dolmades im Mund, den eigenartigen Geschmack der Weinblätter, der mit Zitrone gesäuerten Reisfüllung.

Wie immer hatte ich den Handschuh ausgezogen und meinen Arm bei Tisha eingehakt. Ich fühlte die Wärme ihres Körpers. Es hat auch Vorteile, blind zu sein.

Tisha war herrlich unbefangen, was das angeht. „Manche Menschen reagieren auf das Wort *blind* allein schon, als sei es ansteckend", sagte ich.

Sie hob die Schulter. „Es gibt Schlimmeres."

Ich lachte. „He! Das ist mein Text! Was ist denn deiner Ansicht nach schlimmer?" Das Leben meiner Mutter, aber das sagte ich nicht.

„Tetraplegie."

„Halsquerschnitt, nicht?"

„Zum Beispiel."

„Ja, das sehe ich auch so. Nichts tun zu können, sich nicht regen, vom Hals abwärts – ich bin nicht sicher, ob ich das ertragen würde."

„Paraplegie dagegen ... ich weiß nicht, aufs Laufen ohne Prothesen könnte ich wohl eher verzichten als aufs Sehen."

„Ich auch. Aber die unterer Hälfte des Körpers hat schließlich noch andere Aufgaben, allein die gestörte Ausscheidungsfunktion wäre noch erträglich, aber..."

Vor uns flogen laut flatternd ein paar Tauben auf. „Du glaubst gar nicht", sagte ich, „wie peinlich berührt manche Menschen sind, wenn sie *Auf Wiedersehen* sagen oder *wir sehen uns*, und dann plötzlich bemerken, was das heißt. Die Sprache ist voller solcher Fallstricke – als ob mich das kümmern würde: Ein blindes Huhn findet auch mal ein Korn..."

„Das sieht ein Blinder mit dem Krückstock", erwiderte sie lachend.

„Er ist blind wie ein Maulwurf", entgegnete ich.

„Blindschleiche", gab sie den Ball zurück. Ihrer Stimme war das Schmunzeln anzuhören.

„Einen Augenblick." Wir machten ein Spiel daraus.

„Das ging beinahe ins Auge."

„Dann solltest du keines zudrücken."

„Balken und Splitter in deinem und meinem."

„Oder ein Dorn."

„Ach was, ein winziger Dorn, mit bloßem sieht man ihn gar nicht."

Langsam wurde es schwieriger. Ich dachte nach. „Er sagte es mir unter vier Augen."

„Besser, als es vor aller zu zeigen."

„Hm. Nachts sind alle Katzen grau."
„Na, das gilt nicht!" Wir lachten beide.
„Jedenfalls bekomme ich viel zu wenige Ansichtskarten", sagte ich in quengelndem Tonfall.
„Oh, und Absicht, Vorsicht, Nachsicht, Einsicht. Wozu hast du eigentlich ein Fernsehgerät?"
„Um Videotext zu lesen natürlich, für Bankabbuchungen, Homeshopping usw. Ich verwende ein Interface zu einem meiner Rechner, um es in Brailleschrift zu lesen. Außerdem sind Blinde von Rundfunk- und Fernsehgebühren befreit."
„Ach ja, wie dumm von mir. Und nach welchen Kriterien hast du die Bilder ausgesucht, die bei dir an der Wand hängen?"
„Taktil. Nachdem sie mit einem Sobel- oder Kirschoperator bearbeitet wurden. Und machmal sagen mir auch Leute, was zu sehen ist."
„Machst du Kopien mit – wie heißt das? Schwellpapier? Du weißt schon, das Zeug, das sich bei Erwärmung an den geschwärzten Stellen ausdehnt?"
Das gefiel mir an Tisha: Obwohl sie nicht vom Fach ist, mußte ich ihr nicht erklären, daß diese Operatoren nichts anderes sind als Kantendetektionsverfahren durch Faltung des Bilds mit einer einfachen Matrix. „Nein, ich benutze den Braille-Schirm meines Chipboards, das ist billiger."
„Reicht die Auflösung denn aus?"
„Sicher, die Nadeln sind fein genug. Bei der farblichen Abstimmung habe ich allerdings gewisse Schwierigkeiten. Deshalb hängen an meinen Wänden ausschließlich schwarzweiße Fotos. Und der Spiegel im Bad ist nur für Besucher da."
„Einige davon sind ganz schön pervers, finde ich. Das mit dem Bleistiftverkäufer ..."
Das Foto zeigte einen Mann, der ein beschriftetes Schild trug:

Except for the Grace
of God there Stand I

IM BLIND
Please Buy A Pencil

„Natürlich ist es pervers, von der falschen Schreibweise ganz abgesehen", sagte ich. „Das ist ja Sinn der Sache."

„Eines der Bilder kenne ich ... ist das nicht aus dieser Computeranimation aus den Vierzigerjahren?"

„Pascal Vuongs *The Invisible Man in Blind Love*." Der Unsichtbare auf dem Szenenbild betrachtete versonnen ein Foto seiner Geliebten. Die Sonnenbrille, die sie trug, deutete an, weshalb seine Unsichtbarkeit sie nicht störte. „Allerdings gab es in den Vierzigern noch keine Computeranimation."

Sie fauchte mich an. „Ach was? Natürlich sieht es nur so aus wie die Filme damals; zu der Zeit wurden Computer nur für ballistische Berechnungen verwendet, das ist mir auch klar. Übrigens können Unsichtbare selbst nichts sehen, da die Photonen ihre Retina wie den Rest ihres Körpers ungehindert durchdringen und folglich keinen Reiz auslösen."

Wir hielten, sie stellte sich dicht vor mich.

„Ich schau dir in die Augen, Kleines", sagte ich theatralisch.

Sie lachte. „Woher hast du das denn?"

„Irgendwo gelesen. *Gesehen* habe ich den Film nicht – es hat auch Nachteile, blind zu sein. Anscheinend ist die Synchronisation völlig falsch, Gerüchte sagen, Bogart würde im Original einen Trinkspruch ablassen, weil er sturzbetrunken gewesen sei und den Text vergessen hätte. Ob das stimmt ..."

Ihr Gesicht kam näher, ich spürte ihren Atem auf meiner Haut – fuhr zurück.

„Was hast du?" fragte sie erschrocken.

„Entschuldige – der Wein, den du getrunken hast. Du weißt, wie ich darüber denke."

„Ach, Viktor, nun übertreib nicht", sagte sie ärgerlich. „Ein Glas, was ist das schon? Du hast schließlich auch Weinblätter gegessen, oder?"

„Weinblätter, Trauben, Korn, Mohn haben nichts mit Wein, Bier – Reben- und Gerstensaft, wie treffend – oder Opium zu tun, im Gegenteil, Dolmades, Traubensaft, Brot, Mohnzöpfe sind etwas Schönes. Aber Drogen ... Hopfen und Malz, Gott erhalt's. – Es tut mir leid, vielleicht reagiere ich in diesem Punkt ein bißchen überempfindlich – aber kannst du es nicht wenigstens verstehen?"

Sie verstand es, und wir blieben zusammen, sind es heute noch, ein fünftel Jahrhundert später. Es hat sich gelohnt. Allein der Spaß, den wir früher auf Parties hatten, wenn wir vor Fremden so taten, als wüßte ich nicht, daß ihre Vorfahren Afrikaner waren, und rassistische Bemerkungen machte, während sie den Zuhörern verschwörerisch zublinzelte; als ob ich die Farbe ihrer Haut hätte sehen müssen: ihre Haare fühlen sich ganz eigentümlich an, nicht seidig glatt, eher wie Glaswolle; und was ist erotischer als permanent wie lasziv geweitete Nasenflügel? Die Reaktionen waren oft bemerkenswert, wenn wir auch immer seltener zu Parties eingeladen wurden.

Ein fünftel Jahrhundert. So lange brauchten wir, Tisha und ihre Kollegen vom biomedizinischen Institut, und wir, die Robotiker, um die Sehprothese zu entwickeln. Das Schwierigste daran war natürlich die Anbindung der mechanischen an die biologischen Teile, die kybernetische Schnittstelle zwischen Apparat und Organismus. Herzschrittmacher, Ersatzarme, eiserne Lungen, Dialysegeräte zählen nicht: ich bin der erste Cyborg.

Prothese: das Wort klingt nach Notbehelf, doch das ist es nicht. Meine Augen sind besser die jedes anderen Menschen, mit Zoomfunktion, Bildverstärkung, Nachtsicht. Die Technik hat die Evolution – die blinde Evolution – längst überflügelt.

Die Kosten waren natürlich enorm, die Finanzierung problematisch. Es werden sich wohl militärische Nutzanwendungen finden lassen, fürchte ich. War nicht auch die Entwicklung des Röntgenlasers zunächst unmöglich, bis jemand auf die Idee kam, daß sich damit ausgezeichnet feindliche Satelliten ausschalten lassen? Ich hatte kein sehr gutes Gefühl dabei. Und in Ländern der Dritten Welt gibt es Millionen Menschen, die durch grauen Star oder ein Trachom, eine viröse, eitrige Bindehautentzündung, erblindet sind und durch Operationen zum Preis von ein paar Pfennigen wieder sehen könnten. Auch das gefiel mir nicht.

Das Erschreckendste aber war die Gewißheit, daß einige glauben würden, ich sei Gottes Werkzeug, das der Vorsehung, um andere Blinde sehend zu machen, und so meine Blindheit rechtfertigen.

Mir war klar, daß ich erst würde sehen lernen müssen, aber ich freute mich darauf. Doch ich hatte auch Angst. Ich stellte mir die Welt schön und bunt vor und wußte doch, daß sie grau und schmutzig ist.

Als ich aus der Narkose erwachte, war um mich noch immer Dunkelheit, ein tieferes Schwarz als je zuvor in meinem Leben. Ich roch nur das Krankenhaus und hatte einen scheußlichen Geschmack im Mund. Meine Augenhöhlen waren angefüllt mit flüssigem Blei. Jemand hielt meine Hand. „Tisha?" fragte ich, und sie sagte: „Es ist alles gut." Dann schlief ich wieder ein.

Es dauerte lange, viel zu lang, bis der Verband entfernt werden konnte. Dann war das erste, was ich sah (außer dem Bett, den glitzernden Apparaten, dem medizinischen Personal, das in dem Zimmer zusammengepfercht war), das erste, was ich sah, Tishas Gesicht.

Jemand, dem zum ersten Mal ein SIRDS aus einem flachen Stück Papier entgegenspringt, kann vielleicht ganz, ganz schwach nachvollziehen, was ich empfand.

Ich erkannte sie augenblicklich. Und ich wollte sie lange ansehen. Ich wollte einen Sonnenuntergang sehen, und den Schiefen Turm. Spatzen, die durch die Luft wirbeln. Die *Demoiselles d'Avignon*. Casablanca. Das Blasen der letzten Buckelwale. Grünes Gras. Die Sterne.

Vor allem die Sterne.

Das Auffallendste ist der Geruch, obwohl ich sehe. Es riecht nicht nach Weihrauch.

Zum ersten mal seit über drei Jahrzehnten bin ich wieder in einer Kirche. Zum ersten mal in meinem Leben sehe ich einen solchen Ort von innen. Ich bin Tourist. Sie ist eine Sehenswürdigkeit, heißt es, eine Touristenattraktion. Warum? Die Glasscheiben sind blaue Filter, das ist alles. Die Kirche ist nicht alt genug, nicht so alt wie, sagen wir, der Kölner Dom, der doch zumindest als Schand- und Mahnmal für die christliche Ausplünderung der Menschen bis aufs Blut dienen könnte. Dieser Teil wenigstens; der alte wird spöttisch „hohler Zahn" genannt, und so sieht er auch aus: abgebrochen, von der Karies der Bomben des zweiten Weltkriegs zerfressen und nicht restauriert, eine ständige Anklage: Seht, was sie getan haben, unser Gotteshaus zerstört – hätten sie sich nicht auf Krankenhäuser und Kindergärten beschränken können?

Blaues Licht dringt durch die Fenster. Sehenswert? Sonst finde ich blaues Licht schön... aber hier gefällt es mir keineswegs. Es wirkt makaber, wie Verzierungen an einem Henkerbeil, das Schild des blinden Hausierers, eine Zitrone im Maul eines toten Schweins.

Es riecht nicht nach Weihrauch, nicht nach der üblichen, abgestandenen, toten Kirchenluft. Es riecht nach Urin, wie die Eingangshalle eines Bahnhofs. Obdachlose haben offensichtlich eine sinnvolle nächtliche Verwendung für diesen Bau gefunden.

Die Fenster lassen nur diffuses, blaues Licht ins Innere der Kirche fallen. Sie schotten den Blick nach draußen ab, ein Symbol für die innere Blindheit der Gläubigen, der Menschen überhaupt. Die wirkliche Blindheit. Nichts sehen, nichts hören, nichts sprechen.

Ich sehe zu hautbespannten Skeletten abgemagerte Kinder, von Granaten zerfetzte Körper, angstgeweitete Augen der Tiere im Schlachthof.

Ich sehe. Doch ein Gefühl des Siegs will sich bei mir nicht einstellen.

Februar 1994

Glogauer pflügt

Obwohl es einen Mond auf Mariä Lichtmeß war und die Sonne eine Handbreit hoch stand, schnitt noch immer die Kälte ins Fleisch. Der Winter war hart und lang gewesen. Sie darbten nach einem verregneten Sommer, der das Getreide hatte verfaulen lassen. Während Glogauer mechanisch hinter dem Pflug herstapfte, dachte er an die kalten Tage und Nächte in der Stube, die auch die Ausdünstung des Viehs in der Stallhälfte des Hauses nicht hatte erwärmen können. Er erinnerte sich an das Klappern der Holzlöffel, die aneinanderschlugen, wie sie in der fast leeren Schüssel nach den Resten der Mehlsuppe suchten, wenn er, die Bäuerin, Mägde, Knecht und Kinder sich um den Tisch versammelt hatten. Sein Jüngstes war an der galoppierenden Schwindsucht heimgegangen im Herrn, die beste Zuchtsau, eine Schwäbisch-Hällische mit schwarzem Kopf und Hinterteil, hatte den Veitstanz bekommen und gemetzelt werden müssen, und Wendel, der Knecht, war dem Wundbrand erlegen, nachdem ihm beim Schuheschnitzen die Klinge in die Hand gefahren war.

Der Bodenfrost hatte Steine nach oben getrieben, die jetzt an der Pflugschar kratzen und scharrten. Dunkle Wolken bargen die Sonne, im düsteren Licht sah Glogauer nur vage den Falben, ein rheinisch-deutsches Kaltblut, das mit dampfender Kruppe schwerfällig vor dem Pflug herging. Das Tier schien die Last nicht zu spüren, während seine Hufe an plumpen, schwarzen Köten teils unsicher tastend auf der unebenen Erde Halt suchten, teils den festen, feucht-lehmigen Boden durch sein Gewicht niederdrückten. Und Glogauer fühlte kaum die Sterzen des Pflugs in seinen schwieligen Händen.

Die Pflugschar kreischte, und auf Glogauers „Brr!" verharrte das Schrittpferd. Der Bauer bückte sich und hob den Granatsplitter auf, der das Geräusch verursacht hatte. „Granat?"

dachte er verwirrt. Wie war er darauf gekommen? Was er in der Hand hielt, war kein Schmuckstein, es war nichts weiter, als ein gewöhnliches Stück Felsbrocken. Achtlos warf er es an den Rain, trieb dann zügelschlagend mit einem „Hü!" das Zugtier wieder an.

Scholle um Scholle warf die Schar herum, verdorrte Welschkornstrünke mit Erde bedeckend. Eine Katze haschte in der aufgewühlten Furche nach mancherlei Gewürm, es zu fressen. Glogauer wußte, daß der Acker der Brache bedurfte, doch er brauchte ihn. Ein weiteres mageres Jahr würden sie nicht überstehen. Stattdessen würde er Kunstdünger ausbringen. Glogauer erstarrte, während seine Beine wie von selbst weiterschritten. Was war das? War er denn Alchimist, daß er Blei in Gold oder Steine in Dung wandelte? „Heilige Maria, Mutter Gottes", flehte er, „bitte für uns Sünder!" Suchten ihn die Sukkuben nun schon am Tage heim, schlimmer noch als in der Nacht, da sie sein Fleisch versuchten, schlüpften sie in seinen Geist, nagten an seinen Gedanken? Was er hatte bedenken wollen, war, den Rat der Hauserin zu befolgen, bei Neumond zu pflügen. Doch das war nicht bar der Gefahr. Die Hauserin kannte manches Kräutlein, litt an Osteoporose – Herr im Himmel! wieder ein solches Wort ... war eine Hexe, und erst zu Johannis hatten sie, so hieß es, im Thüringischen wieder eine Teufelsbuhle gebrannt.

Glogauer dachte an das bevorstehende Jahr, die Mühsal der Arbeit, das Pflügen und Eggen, Säen und Mähen in brennender Sonne, wie sie mit Flegeln das Stroh leerdreschen, im Wind Spreu und Weizen trennen, wie Bremsen, von Pferden und Kühen mit Schweif und Quaste vertrieben sie stechen würden, wie das frische Heu, wenn sie es auf die Wagen gabelten, juckend auf ihren schweißnassen bloßen Leibern kleben würde.

Er warf einen Blick zum Haus, wo Anna, eine seiner Töchter, am nahen Ackerrain Märzbecher schnitt. Hinter der dunklen Fensterhöhle, kaum zu ahnen, stand Rosa, die Bäuerin, am Herd. In Bälde würde sie von einem Kind genesen. Neun hatte sie bereits getragen, von denen sechs noch unter ihnen weilten, wenngleich es nur Mägdlein waren. Diesmal würde sie ihm, so Gott wollte, einen Sohn schenken, und auch die Hauserin hatte ihr Teil dazu getan, mit einem Gebräu aus Wolfsmilch, Natternhemd und Krötenzahn. Vielleicht würde auch die Schwangerschaftsgymnastik – ein Dämon saß auf Glogauers Brust, drückte ihn nieder, zerriß mit Klauen und Zähnen seine Eingeweide. „Herr", rief er stumm, „was habe ich nur getan, daß du mich so strafst?"

Anna erhob sich und ging durch eine Schar freilaufender Wyandottenhühner zum Haus. Freilaufend? Was hatte das zu bedeuten? Sollte er das scharrende Federvieh etwa anketten wie einen Hund oder ins Geschirr spannen? Ein Radio spielte hinter dem Haus ein Lied. „Laßt ab, ihr Buhlgeister, laßt ab von mir!" Nichts war da; hinter dem Haus war kein – was ihm gerade in den irrenden Sinn gekommen war. Nur Lisbeth war dort, die Magd, nicht dem Gestern oder dem Morgen gedenkend, eine Weise auf den Lippen, ihr Los nicht achtend.

Das Pferd blieb, am Ackerrand angekommen, stehen, und Glogauer bohrten sich schmerzhaft die Sterzen in den Leib. Gemeinsam mit dem stampfenden Tier kehrte er den ächzenden Pflug. Er warf einen Blick auf sein Handgelenk, gewahrte, daß er keine Armbanduhr trug, schlug entsetzt das Kreuz und sah nach der Sonne. Sie stand hinter Wolken über den kahlen Tannenwipfeln eines nahen Gehölzes. Nur waren die Zweige nicht kahl, wovon auch? Im spärlichen Unterholz lag, wie ein bleicher Schädelknochen, die Betonruine eines Bunkers.

Glogauer sank in die Knie, preßte die Stirn gegen das kalte Metall der Schleifsohle. Findling! Das war das Wort. Findling! Findling! Nicht Betonbunker. Ein solches Wort gab es nicht. „... bitte für uns, jetzt und in der Stunde unseres Todes!" War es das? Stand der Sensenmann schon für ihn bereit? Welches Böse labte sich an seinem wirren Geist, fraß an seinen Gedanken, wie der Rost an dem alten Traktor? Nein! Es gab keinen Traktor – nur einen Heuwagen mit gebrochener Deichsel. Das

Pferd schnaubte wie vor Ungeduld.

Ein Tiefflieger zerkratzte donnernd den Himmel. Glogauer fiel vornüber, schmeckte ein feuchtes, salziges Gemisch aus Erde und Blut im Mund. Er konnte sich nicht rühren, die harzzähe Luft umschloß ihn, erstarrte, hielt ihn gefangen wie eine Fliege im Bernstein. Er versank in widernatürlicher Nacht und erkannte, daß der große Schnitter ihn holte. Denn was folgte, mußte das Höllenfeuer sein: Als er erwachte, auf trügerisch weicher Bettstatt, eilten Teufel wie falsche Engel herbei, huschten um ihn herum, Teufel beiderlei Geschlechts in weißen Kitteln, selbst die weiblichen ungeziemlich sündhafte Beinkleider tragend, Teufel, die in Zungen sprachen, seine fleischliche Hülle mit Nadeln spießten.

März 1991

Das Modell BGR

Buddelschiff **Wolkenflaschen**

Verwirrungen

Mona

Träumen Androiden
von elektrischen Schafen
IIIa

Marsbananen

Alice und die Schmetterlinge

Reigen

Winter

Eis

Splitterungen BGR

Frühling

Die Ausgangstür
führt hinein II BGR

Reigen der Würmer
(Standbild aus der Animation
Occursusus cum novo)

Träumen Androiden von
elektrischen Schafen? II

Die Ausgangstür
führt hinein

Baum 30

Grenzfluß

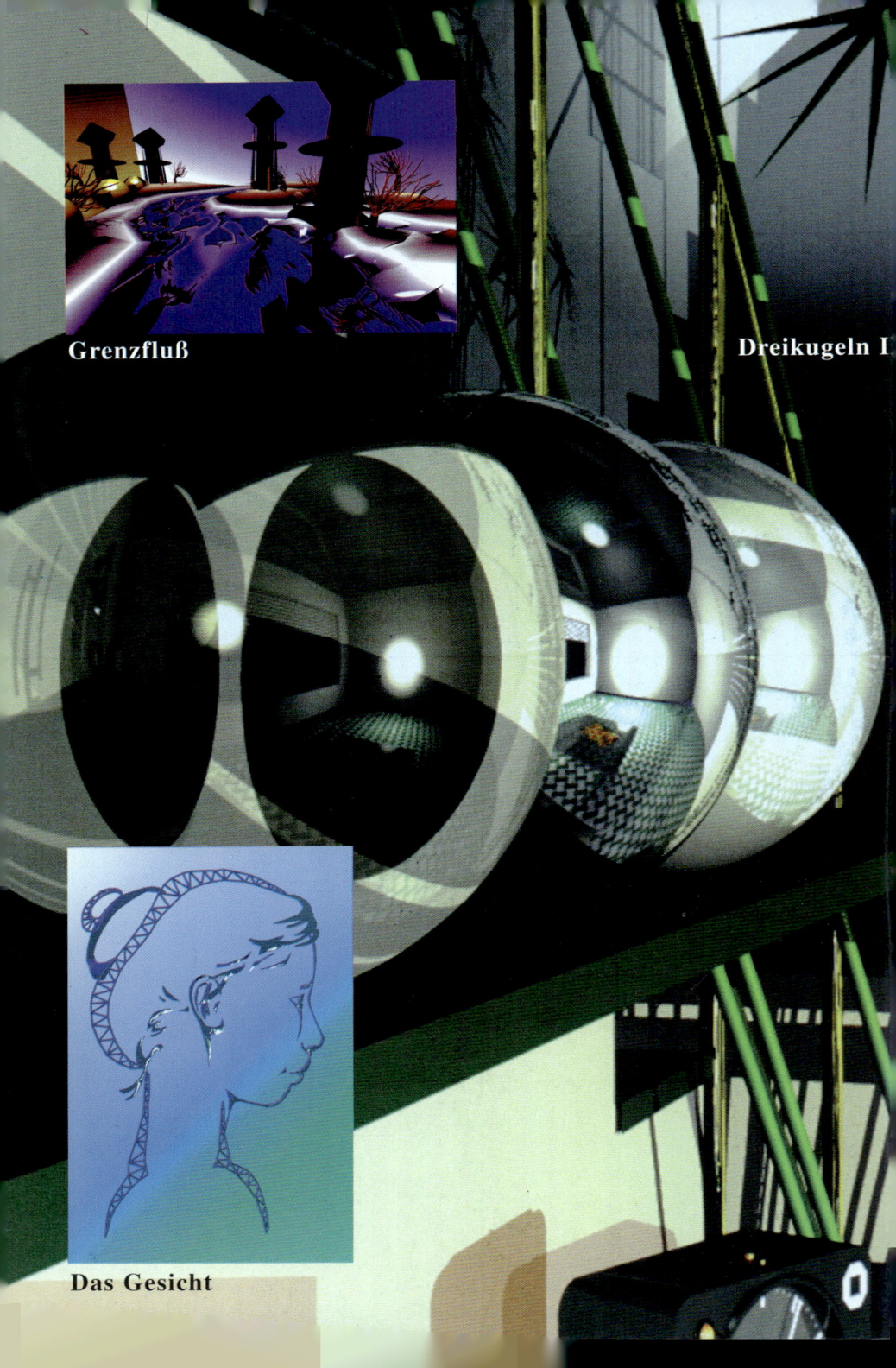

Dreikugeln I

Das Gesicht